颜湘茹 编著

叠合的中华文化与传播

中山大学出版社
·广州·

版权所有　翻印必究

图书在版编目（CIP）数据

叠合的中华文化与传播/颜湘茹编著. —广州：中山大学出版社，2022.2
ISBN 978 - 7 - 306 - 07451 - 5

Ⅰ.①叠…　Ⅱ.①颜…　Ⅲ.①中华文化—文化传播—研究　Ⅳ.①G125

中国版本图书馆 CIP 数据核字（2022）第 030588 号

DIEHE DE ZHONGHUA WENHUA YU CHUANBO

| 出 版 人：王天琪
| 策划编辑：王旭红
| 责任编辑：王旭红
| 封面设计：林绵华
| 责任校对：李昭莹
| 责任技编：靳晓虹
| 出版发行：中山大学出版社
| 电　　话：编辑部 020 - 84110283，84113349，84111997，84110779，84110776
| 　　　　　发行部 020 - 84111998，84111981，84111160
| 地　　址：广州市新港西路 135 号
| 邮　　编：510275　　传　真：020 - 84036565
| 网　　址：http://www.zsup.com.cn　E-mail：zdcbs@ mail.sysu.edu.cn
| 印 刷 者：佛山市浩文彩色印刷有限公司
| 规　　格：787mm×1092mm　1/16　20.5 印张　357 千字
| 版次印次：2022 年 2 月第 1 版　2022 年 2 月第 1 次印刷
| 定　　价：62.00 元

如发现本书因印装质量影响阅读，请与出版社发行部联系调换

国际中文教师成长与文化传播复合意义

——评《叠合的中华文化与传播》

（代　序）

国际中文教育基于中文教学，融合语言学、教育学、心理学、文学艺术和文化等多个学科。不同学科背景的从业者进入该领域后都要面对一个问题：如何在这个交叉学科中找到自己的位置和研究路径。

中山大学中文系国际汉语中心颜湘茹老师的教材《叠合的中华文化与传播》，为汉语国际教育专业硕士学生（以下简称"汉硕生"）提供了传播能力、研究能力和实践能力相结合的复合培养框架；同时展示了作者用教学和研究实践拓展出的成长路径：在国际中文教育领域，文学背景的从业者可以运用原有专业优势，结合工作需求，走出一条新路。

我阅读该书，想到汉硕生培养与国际中文教师成长，颇有感触，谈三点看法与大家共享。

一、搭建叠合框架，培养复合型人才

作者所在的中山大学，是首批招收汉语国际教育硕士的单位，国际中文教育硕果累累。作者 2007 年起承担汉硕生中华文化类课程教学工作，经多年实践，形成复合型课程教学框架和教材。

首先，教材厘清了汉语国际教育硕士（简称"汉硕"）核心课程"中华文化与传播"中"中华文化"和"传播"的定义及其叠合的特点，即对第二语言者不能像对母语者那样介绍中华文化，而应该在跨文化理念指导下进行具备亲和力的有效传播。其次，从汉硕生文化传播能力、文化教学能力、文化教学研究能力的培养三方面出发，突出课程对汉硕生的能力培养。其中，前两项能力涵盖一般能力和专业能力。文化传播能力即传输文化信息的能力，具体指应对文化活动中第二语言者的提问并有效开展文化活动的能力。文化教学能力，指面向不确定教学对象的课堂文化教学能力。文化教学研究能力，属专业能力，指国际中文教育从业者在教学传播工作中应具有的研究能力。

教材希望通过对核心概念的梳理以及三方面能力培养内容的细化，搭建起叠合的中华文化与传播课程框架，使案例与理论有机融合，教学研究与实践相辅相成，最终助力汉硕生成为高水平的汉语国际教育复合型人才。

二、依托学术背景，展现学科融合的新思考

教材第二编指出，汉语文化教学研究成果丰硕，在具体课程教学中，教师可自行选择合适的论文作为范例。该编之所以选择作者历年来教学研究与探索成果作为范例，是基于复合意义层面的考虑：一方面为汉硕生文化教学研究提供新角度，另一方面展示作者作为国际中文教育领域从业者，依托原有学术背景，找到新成长路径的轨迹。

2004年初，作者开始从事汉语国际教育，彼时正逢中山大学国际汉语学院成立。2007年，汉语国际教育硕士专业学位开始招生，学院安排颜湘茹担任中华文化与传播课程的教师。学期末的课程评估据说还不错，但我却意外收到她的邮件，大意是：本人能力有限，无法胜任研究生文化课教学工作。作为主管教学科研的副院长和高年资教师，我回邮件鼓励她坚持下去，把课程问题变成研究动力。她答应了。接下来几年，汉硕生人数不断增加，还有不少国际汉硕生；再后来，学院变身为系，再变为中心，学生也变成清一色中国人；中华文化与传播课程的授课教师倒是一直没变。

充满变数的十几年里，颜湘茹早想出一部汉硕生文化教材，也曾草拟过目录等内容征询我的意见。我的回复是一个问题：如果教材仍然是常见的中国文化知识介绍，而没有与跨文化传播融合，怎么能叫中华文化与传播课程教材呢？这促成了颜湘茹的不断思考。

2011年，颜湘茹在北京参加了为期一个月的首期"中华文化与传播"师资培训班，回来后汇报说，她在培训讨论中提出课程应分为传播能力、研究能力和实践能力三大板块。沿着这条思路，她在后续教学实践中，不断充实三大板块的内容，希望用叠合的三大板块结构呼应汉硕生复合型人才的培养要求。

颜湘茹的学术背景为中国文学，读博士期间涉猎了文化批评理论和文化传播理论，这让她在进入国际中文教育领域之后，对文化教学研究始终抱有浓厚的兴趣，会沿用一些文化研究和分析方法关注汉语教材和教学。经过多年教学实践和思考，她认为中华文化与传播的融合，应凸显汉语国际教育视域下的"中华文化"处于多重文化时空的叠合状态。今天的中华文化，既有复数的传统文化与现代文化的层累，又有中华文化与西方文化的交叠。而汉

语国际教育的专业特点、培养目标、就业现状、具体课程本身的特点，都对中华文化的"传播"提出叠合的要求。汉硕生需要了解面向第二语言者开展中华文化活动或课程教学时与传输信息相关的复合性内容。也就是说，中华文化叠合的背景自然导致"叠合的传播"。

符号研究也给她带来启发，使她在教材中强调文化展示中的 PPT 选图必须谨防歧义。图片是符号，可以是现实的透明表现，也可以传达情绪。文化展示 PPT 往往图文并置，更要关注叠加的符号功能。符号理解是因人而异的。如在介绍中国婚俗案例时，有一个案例出现漫画图片和配图文字"有货啦"，这会让人联想到图片上的新娘为"货"。图片作者可能想突出婚俗当中的物质彩礼内容，却忽视了中国婚俗中另外的复杂信息。

原有的叙事学理论和性别研究背景，使她在编写教材第二编时，选择通过多篇论文介绍文化教学研究的内容、角度和方向，如：教材文化点和人物设置，少儿教材的性别呈现，影视与文化课教学设计，等等。具体如第九章对比两套不同国家出版的少儿汉语教材，聚焦性别角色建构的区别，不仅表现了中国性别角色的状况，而且显现了教材背后不同国情的区别。同是中华文化，由不同文化背景的编者设计，所呈现的是"中华文化＋叙述者区域国别文化"的叠加景象，使读者对中华文化在不同国家的呈现，以及不同国家编写者作为该国读者解读并呈现的中华文化都有所了解。汉语教材让读者看到的，是学习者所在国家编者"眼中的中华文化"。

第十三章通过对一部中国当代喜剧电影的复合三层次教学内容设计，引导留学生发现对成功的追求属于人类文化共性。留学生可以在课程中学习语言点、了解故事、理解电影中的中国文化观念，即当代中国人跟世界上大部分人一样向往成功，在追求成功的道路上也会遭遇各种不平等。这一章成功地通过电影解读向留学生讲述了普通中国人的故事，通过逐层分析，向外传播和塑造了可信、有小缺点但可爱的中国人形象。

三、总结教学流程，传播中国当代故事

第三编通过共六章的内容，帮助汉硕生从汉硕课程调查及研究、汉硕教学实践相关研究等多方面了解叠合的文化教学实践能力构成。如第二十章通过"当代中国旅游"专题试讲，总结案例中的经验和不足，从试讲的目标、内容、方法、手段和效果等方面综合考察；并通过借鉴 BOPPPS 教学模型，帮助汉硕生整合形成面向留学生的中国文化课一般教学流程。

2021 年 5 月 31 日，习近平总书记在主持十九届中共中央政治局第三十

次集体学习时强调，讲好中国故事，传播好中国声音，展示真实、立体、全面的中国，是加强我国国际传播能力建设的重要任务。要围绕中国精神、中国价值、中国力量，从多个视角进行深入研究，为开展国际传播工作提供学理支撑。要更好地推动中华文化走出去，以文载道、以文传声、以文化人，向世界阐释推介更多具有中国特色、体现中国精神、蕴藏中国智慧的优秀文化。要注重把握好基调，既开放自信也谦逊谦和，努力塑造可信、可爱、可敬的中国形象。要采用贴近不同国家、不同区域、不同群体受众的精准传播方式，推进中国故事和中国声音的全球化表达、区域化表达、分众化表达，增强国际传播的亲和力和实效性。

教材的目标是提高汉硕生国际传播能力。第三编案例中对当代中国"黄金周"旅游盛况的介绍，可以培养汉硕生作为未来的国际中文教师的跨文化视角，通过案例所展示的"当代旅游"的丰富多样性，可以精准地让留学生群体了解当代中国人的旅游故事。案例所展示的西安、北京、杭州等旅游城市的火爆实况，增加了中国故事中的区域性表达，"黄金周"旅游景点榜单、出行方式介绍和语言点学习的结合，具化了向第二语言学习者传播当代中国声音的分众化表达，增强了国际传播的亲和力与实效性。

该教材不仅提供了传播能力、实践能力、研究能力的复合培养框架，还展示了颜湘茹用自己的教学和研究拓展出的一种成长路径。国际中文教师可以通过自身教学和研究经历向留学生讲好中国故事，还可以培养更多的汉硕生成为善于跨界的汉语教师和中国故事讲述者。

目前，国际中文教育缺乏针对性强的汉硕生课程教材。该教材的面世，在汉硕生培养方面做了积极有益的尝试。教材后记提到，我给了作者一个非常有意义的提问，因而才有这本书的面世。为此，她恳请我为之作序。我感谢她的信任，也很高兴看到汉语教学领域有人乐于在文化教学方面孜孜探索，致力于切实讲好中国故事，传播中国声音。也借此机会向更多的国际中文教育从业者（现在的、未来的）和其他读者推荐这样一部饱含着一线教师心血的学术结晶，期望来自不同专业背景的教师可以从中受到启发。

教学之途绝非坦途，研究之路，道远迢漫。愿有志者在国际中文教育领域努力钻研，早日走上适合自己的成长路径。更愿国际中文教育领域中人不负时代，在百年未有之大变局中，不仅自己成为、更要努力培养优秀的中国故事讲述者，让世界听到中国的声音。

北京语言大学汉语国际教育研究院
周小兵
2021年8月于广州

前　言

从 2007 年国家设立汉语国际教育专业硕士学位开始，我就承担起了中山大学汉硕生的中华文化相关课程教学工作。这些年，我曾迎来本校第一批汉硕生，也目送了一批批毕业生踏上各自的工作岗位。汉硕生人数从 15 人到 63 人到 92 人再到 63 人，我目睹了这个专业的发展，也亲历了一次次变化。

第一变，顶层机构名称与专业名称之变。1987 年成立的国家汉办（全称"中国国家汉语国际推广领导小组办公室"），在 2020 年更名为教育部中外语言合作交流中心。"对外汉语教学"名称之后，有"汉语国际教育"之名，还有"国际中文教育"之名（为行文方便，本教材统称为"汉语国际教育"）。

第二变，课程名称几易其名。从最初的"当代中国概况"到"中国文化"，再到"中华文化与传播"。

第三变，本教学单位归属几经变化。2007 年，我是中山大学国际汉语学院的一员，后来学院并入外语学院，更名为"国际汉语系"。再后来，2018 年夏天，我成为汉语言文学系（简称"中文系"）一员，具体归属国际汉语中心。

"变是恒常"，不过，相较于由"学院"到"系"再变为"中心"的过程，中华文化与传播课程名称的变更则细雨无声，唯有任课教师，如本人，始终关注它的变化，并思考这变化背后的意义。

文化的定义林林总总，而中华文化似乎也还没有一个清晰统一、毋庸置疑的定义，再加上"传播"二字，使得"中华文化与传播"的课程名称及课程内容，在不同院校、不同教师中都有不同理解。为了统一认识、促进课程发展，2011 年 7 月 21 日—8 月 21 日，首期"中华文化与传播"师资培训班在北京师范大学举行，我也有幸参加了这次培训。

培训班由国家汉办、全国汉语国际教育硕士专业学位教育指导委员会和北京师范大学人文宗教高等研究院共同举办，来自全国 36 所汉语国际教育专业硕士培养院校的 40 位教师参加了培训。培训班将名家讲座、案例分析、主题研讨、集体备课和学员试讲等形式融会贯通，邀请了许嘉璐、杜维明等

19位中外著名学者做了20场讲座。此外，学员们还进行了17次分组讨论，分享各校文化类课程的设置情况，编写了中华文化与传播课的教学大纲和示范案例。本次培训班是首次针对国际汉语教师进行的中华文化集训，也是汉语国际教育硕士课程的一项重要改革。

在此之后，虽然参加集训的教师集思广益试编了《中华文化与传播课程教学大纲（草案）》，但该草案并未得到后续推广，各院校汉硕生中华文化与传播课程仍然处于自行发展、少人研究的状态。

在《全日制汉语国际教育硕士专业学位研究生指导性培养方案》中，"中华文化与传播"和"跨文化交际"是两门独立的核心课程，中国汉硕生的"中华文化"类课程比国际汉硕生的多了"传播"的要求。中华文化本就博大精深，"传播"二字的加入，更让人感觉这门课程对授课教师和学生都是挑战。于是各培养院校在实际教学中各显神通，逐渐摸索出一些适合本校教学实际情况的做法：或从中国文学切入，进行中华文化专题教学；或由学生认领专题，自行讲授中国文化；或通过课堂体验学习中华文化。在多年教学实践中花样翻新，我将上述做法一一尝试，然后逐渐将课程内容定型。

在2011年首期"中华文化与传播"师资培训班讨论中，我曾明确提出，中华文化与传播课程应分为三大板块——中华文化知识学习、文化教学研究和教学实践，且将三者综合将有利于复合型汉语教学人才的培养。此后经过十年不断完善，在吸取历届汉硕生对课程的反馈以及本人在不同角度不断探索的基础上，我萌生了出版教材的念头并终于付诸实践。

十四年的汉硕生课程教学让我真切体会了教学相长。从这一视角出发，本教材收录了过去十余年中聚焦在文化教学方面的研究成果，包括面向留学生的文化活动和教学案例以及可资借鉴的传播理论视角、文化教材研究、对汉语国际教育相关课程和教学实践的讨论等内容。出版这部教材的初衷，是希望为我承担的汉硕生中华文化与传播课程提供一部合适的教材，方便教师授课和学生学习。当然，如果能抛砖引玉，通过本教材的出版就教于专家和同行并得到指点，则更令人惊喜和感激。

理想向来非常美好，而现实还有待检验，恳请各位方家不吝赐教。

颜湘茹
2021年5月于广州

目　　录

绪　论 ··· 1
　　第一节　汉语国际教育视域里叠合的中华文化 ·· 2
　　第二节　叠合的传播 ·· 11

第一编　叠合的文化传播 ·············· 23
　　导语一　引言及教学步骤安排 ·· 24
　　导语二　中华文化与传播课程案例教学界定 ··· 27
　　导语三　案例分析主题选取 ·· 29
　第一章　中国饮食文化活动案例分析 ·· 34
　　第一节　中国饮食文化案例展示 ··· 34
　　第二节　提问与讨论 ·· 38
　　第三节　分析与反思 ·· 40
　　第四节　从三方面产出知识 ·· 42
　第二章　中国茶文化活动案例分析 ·· 47
　　第一节　中国茶文化活动案例展示 ··· 47
　　第二节　提问与讨论 ·· 49
　　第三节　分析与反思 ·· 50
　　第四节　从回应对比类和变化类问题中产出知识 ·· 51
　第三章　中国服饰文化活动案例分析 ·· 58
　　第一节　中国服饰文化活动案例展示 ··· 58
　　第二节　提问与讨论 ·· 61
　　第三节　分析与反思 ·· 62
　　第四节　从回应异同类和变化类问题中产出知识 ·· 64
　第四章　中国教育文化活动案例分析 ·· 70
　　第一节　中国教育文化活动案例展示 ··· 70
　　第二节　提问与讨论 ·· 73
　　第三节　分析与反思 ·· 73
　　第四节　从回应否定类问题中产出知识 ·· 75

第五章　中国婚俗文化活动案例分析 …………………………… 79
　　第一节　中国婚俗文化活动案例展示 …………………………… 79
　　第二节　提问与讨论 …………………………………………… 81
　　第三节　分析与反思 …………………………………………… 82
　　第四节　从回应案例存在类和衍生类问题中产出知识 ……… 84

第六章　中国民俗禁忌文化活动案例分析 ……………………… 91
　　第一节　中国民俗禁忌文化活动案例展示 ……………………… 91
　　第二节　提问与讨论 …………………………………………… 96
　　第三节　分析与反思 …………………………………………… 97
　　第四节　从回应案例问题中产出知识 ………………………… 98

结　语 ………………………………………………………………… 103

第二编　叠合的文化教学研究 ……………………………………… 117

导语一　汉语国际教育文化教学研究现状 ……………………… 118
导语二　有针对性地建构文化教学研究能力培养框架 ………… 119

第七章　本科留学生中国文化课教学模式研究范例分析 …… 121
　　第一节　范例展示 ……………………………………………… 121
　　第二节　提问与讨论 …………………………………………… 130
　　第三节　分析与产出研究角度：信息准确 …………………… 131

第八章　中级精读课文文化点对比研究范例分析 ……………… 133
　　第一节　范例展示 ……………………………………………… 133
　　第二节　提问与讨论 …………………………………………… 140
　　第三节　分析与产出研究角度：需求导向 …………………… 141

第九章　少儿汉语教材性别角色研究范例分析 ………………… 143
　　第一节　范例展示 ……………………………………………… 143
　　第二节　提问与讨论 …………………………………………… 156
　　第三节　分析与产出研究角度：受众理论 …………………… 157

第十章　汉语国际教育口语教材人物形象研究范例分析 …… 159
　　第一节　范例展示 ……………………………………………… 159
　　第二节　提问与讨论 …………………………………………… 165
　　第三节　分析与产出研究角度：固定层次抽象 ……………… 165

第十一章　汉语国际教育文化教材人物设计研究范例分析 … 168
　　第一节　范例展示 ……………………………………………… 168
　　第二节　提问与讨论 …………………………………………… 176

　　　　第三节　分析与产出研究角度：类别思维与偏向 …………… 177
　第十二章　留学生中国电影与文化课程需求范例分析 ……………… 179
　　　　第一节　范例展示 ………………………………………………… 179
　　　　第二节　提问与讨论 ……………………………………………… 189
　　　　第三节　分析与产出研究角度：使用与满足理论 ……………… 189
　第十三章　影视文化课及其教学内容设计范例分析 ………………… 192
　　　　第一节　范例展示 ………………………………………………… 192
　　　　第二节　提问与讨论 ……………………………………………… 201
　　　　第三节　分析与产出研究角度："文化三角形"与叙事时间 … 202
　第十四章　中国当代电影女性人物形象研究范例分析 ……………… 204
　　　　第一节　范例展示 ………………………………………………… 204
　　　　第二节　提问与讨论 ……………………………………………… 213
　　　　第三节　分析与产出研究角度：文本分析 ……………………… 214
　结　语 …………………………………………………………………… 216

第三编　叠合的文化教学实践 ………………………………………… 223
　导语一　汉硕生课程及实习研究现状 ………………………………… 224
　导语二　有针对性地建构文化教学实践能力培养框架 ……………… 227
　第十五章　汉硕中华文化与传播课程研究范例分析 ………………… 229
　　　　第一节　范例展示 ………………………………………………… 229
　　　　第二节　讨论分析与产出实践参考关注点 ……………………… 239
　第十六章　汉硕教学实习情况调查分析 ……………………………… 241
　　　　第一节　范例展示 ………………………………………………… 241
　　　　第二节　讨论分析与产出实践参考关注点 ……………………… 246
　第十七章　国内实习课堂管理案例分析 ……………………………… 248
　　　　第一节　案例展示 ………………………………………………… 248
　　　　第二节　讨论分析与产出实践参考关注点 ……………………… 260
　第十八章　国内实习对教师形象的要求案例分析 …………………… 262
　　　　第一节　案例展示 ………………………………………………… 262
　　　　第二节　讨论分析与产出实践参考关注点 ……………………… 271
　第十九章　海外实习教材适用性研究案例分析 ……………………… 273
　　　　第一节　案例展示 ………………………………………………… 273
　　　　第二节　讨论分析与产出实践参考关注点 ……………………… 281
　第二十章　汉硕模拟文化教学案例分析 ……………………………… 284

第一节　案例展示 …………………………………………… 284
　　　第二节　讨论与分析 …………………………………………… 286
　　　第三节　分析与反思 …………………………………………… 289
　　　第四节　从试讲案例产出文化课教学流程 ………………… 292
　结　语 …………………………………………………………………… 297

参考文献 ………………………………………………………………… 302

后　记 ………………………………………………………………… 313

鸣　谢 ………………………………………………………………… 315

绪论

第一节　汉语国际教育视域里叠合的中华文化

随着中国经济的高速发展，世界各地对汉语学习的需求不断增强，对汉语教师的需求量也不断增加。2007年，以主要培养汉语国际教育教师为目标的"汉语国际教育"专业硕士学位设立。之后该专业飞速发展，相关的学科建设和专业建设也受到学界重视，但其中存在争议的方面也不少，例如，关于专业名称的讨论、教学中语言与文化的关系等。

本节拟讨论的问题是，汉硕生将要在哪里教谁学汉语？教什么文化内容？

一、叠合的专业名称

"国际汉语教学"或"汉语国际教育"专业，相较于20世纪80年代出现的"对外汉语教学"，更新、更科学，适用范围也更为广泛。但"对外汉语教学"这样一个似乎不怎么经得起推敲、一直受到诟病的名称，其实并未被抛弃。名称变化背后需要思考的问题是，汉语国际教育是培养面向来华留学生的对外汉语教师，还是培养在海外任教的汉语国际教育教师？抑或二者其实并无区别？

目前的实际情况是，无论培养对象面向国内还是海外，汉语国际教育硕士研究生都在同一个系统内接受培养。刘珣认为，已经用了多年的"对外汉语教学教育"一词代表着事业、学科和专业发展的全过程，代表着中国广大的对外汉语教师和学者们在这条战线上所做的开创性贡献，国家的很多重要文件里也都是用的这个词语。这个词已经为大家所习惯，特别是在国内的汉语教师心中根深蒂固。它并未成为过去，也不可能消失，今后还会继续被使用下去。今天的学科和专业是在近70年的对外汉语教学的宝贵传统和深厚积淀的基础上发展起来的。今天大多数汉语教师和学者（包括海外的同行）所主张的汉语教学法理念或者汉语教材编写的原则，乃至所颁布的各种汉语的教学大纲和标准，都不是凭空出现的，也不是近几年才产生的，其源头都可以追溯到20世纪80年代甚至是更早的20世纪50年代。同样，今天专业建设的成果，像在培养目标、培养模式和课程体系等方面所形成的共识，也是经历了几十年的探索、累积的过程，经过了几代人实践经验的总结。所以，"对外汉语教学"与"国际汉语教学/汉语国际教育"两组名称都适用。

2021年3月，《国际中文教育中文水平等级标准》（GF0025—2021）发布。该标准是由中华人民共和国教育部中外语言合作交流中心组织研制的国家语委语言文字规范，自2021年7月1日起正式实施。

上述标准的公布，使得在目前教学实践中，对外汉语教学、汉语国际教育、国际中文教育三个名称事实上处于并置状态，类似于层叠整合，即"叠合"的状态。

文化研究认为，人类文化发展，往往存在着"多重文化时空层叠整合"的现象。所谓"多重文化时空层叠整合"，其基本内涵是，当一个地区的文化由于长时期的发展变异与积累而出现新文化现象的时候，旧文化现象的许多主要部分并不是以消亡为基本特征，而是经过选择、转换与重新解释以后，依然被一层一层地重叠和整合在新文化结构之中。这种新旧并存，并不在于力量的消长方面，新的暂时还不能消灭旧的，需要在时间的发展中逐渐完成新旧替代的过程，而是从一开始就实现了新旧文化形态之间的相互理解、协调、包容、让步。也就是说，原先的文化并没有消亡，依然是一种有生命的东西。另外，对于由传播途径而来的异地文化，也是通过选择、转换与重新解释，被一层一层地重叠和消融在新文化结构之中。于是，不同时间、不同地域发生的文化现象便凝结、层累、整合在同一种文化结构之中。而且这种文化时空的层叠整合，并不是只有一次，而是发生了多次。早一些发生的文化与晚一些发生的文化重叠并整合以后，当更晚一些的文化发生时，这种被重叠整合了的文化又被重叠整合到新的文化中去；因此，文化发生的时间越靠后，越是被堆积起更多、更复杂的时空内涵（朱炳祥，2000）。

对外汉语教学、国际汉语教学/汉语国际教育、国际中文教育三个名称的情况就颇类似这种层叠整合的状态。

对外汉语教学、国际汉语教学/汉语国际教育、国际中文教育，其正式学名应该是"汉语作为第二语言或外语的教学/教育"，"国际汉语教学/汉语国际教育"从正名和定位来看是比较科学、比较恰当的学科和专业的名称。但三者在基本内涵上是一致的。第一，教学的对象都是"各国母语非汉语者"；第二，教学的内容都是"'作为第二语言或外语'的汉语以及相关的文化"，通俗来说就是教外国人学汉语和相关的文化，这是最根本的点，三个名称在这方面是一致的。"汉语国际教育"出现于汉语加快走向世界、海内外汉语教学大发展的21世纪初，孔子学院涌现于世界各地，我国每年都要应很多国家的要求派出成千上万的志愿者教师和公派教师，帮助当地开展汉语教学。在这样的形势下，海外的汉语教学自然成了本学科关注和研究的重点。但不论现在海外汉语教学的任务有多重，国内仍有近50万（2018

年统计）来自世界各地的留学生。对来华留学生的汉语教学任务不但仍然存在，而且还大大加重了，丝毫忽视不得。而国内的汉语教学与国外的同样重要，不能顾了外头忘了家里。因此，"汉语国际教育"名称的出现和使用不宜说成是"由对外汉语教学发展成国际汉语教学"，也不意味着汉语教学任务从国内向国外转变（刘珣，2020）。

所以，这个专业名称的叠合使用状态估计仍然会维持很长一段时期，这是汉语国际教育硕士面对的本专业名称使用的现状。为行文方便，以下在这一背景下有关汉语国际教育硕士的课程讨论统称为汉语国际教育视域下的讨论。

二、汉语国际教育视域下的语言与文化关系

首先需要说明的是，本教材认为，"中国文化"与"中华文化"只是提法不同，实质同一。

如果说汉语国际教育视域里的"汉语"二字已经毋庸置疑，那么这一视域里的中华文化究竟应该如何定义？在汉语教学领域，关于语言与文化的关系一直受到关注。

从上述关于专业名称的讨论中也可以看出，汉语教师本就面对一个需要整合的学科性质。就理论角度而言，厘定语言教学中语言与文化的内在关系问题是关键和基点。语言教学与文化教学不可分割早已是学界共识，分歧主要在于两者应以怎样的方式相融合。就外语教学的演进来看，语言文化教学经历了四个阶段：语言文化兼并阶段、交际法影响下的语言文化融合阶段、跨文化交际中的语言文化综合阶段以及多元文化互动阶段。文化在语言教学中的范围逐步扩大，其性质从被视为"知识"，到被视为"行为"，又转变为由意义相连的统一综合体。

而近期汉语教学出现的新变化、新问题和新任务，也从思想意识方面给人们提出了新要求。一是要认识汉语作为第二语言教学的学科性质：汉语教学是一个以汉语言文字教学为基础的、关涉其他许多学科（如应用语言学、教育学、心理学、文学、艺术等学科）的交叉性学科。二是要认识汉语国际教育教师的特殊性。汉语教师必须注意知识结构的整合性，应该对中国的政治、经济、文化、艺术、音乐、民俗、宗教、哲学以及某些科技知识，甚至当前时代特点、国际形势与发展趋势，都要有所关注与了解（周芸、杨恬，2008）。

这些都点明了汉语国际教育专业培养目标的整合性特点，这一特点其实

从未变过，高标准复合型人才始终是汉硕专业培养的目标。

高志怀（1994）认为，文化与语言是本质与形式、决定与被决定的关系。因此，要正确与熟练地掌握语言，应在学习语言形式的同时，了解这种形式所反映的社会内涵，以期达到用对事物本质的了解来增进实际运用语言形式的水平的目的。陈申（1999）认为文化越来越以一种由知识、态度、情感所构成的有机系统的面貌，完整地呈现在学习者面前。语言学习与文化学习如同一枚硬币的两面，共同塑造着学习者鲜明丰富的人格个性。20世纪八九十年代以来，汉语国际教育学界对"交际文化"与"知识文化"的划分以及偏向于交际文化教学的主流趋势，体现出以二元对立的眼光来看待语言和文化的关系问题。这种视角人为地破坏了语言与文化有机融合的本质联系，同时也使与之密切相关的对文化大纲的研究左右摇摆、模棱两可。以完整的、多元合一的眼光来分析语言文化的关系问题，则更有利于把握其本质特征。从语言文化相融合、相统一的视角出发，重新审视汉语国际教育的根本目标与本质特征，将成为汉语教育的趋势。

汉语教学绝不是一种单纯的语言教学，张英（2009）提出从理论的角度充分考虑语言与文化的内在关系。总之，"语言加文化式的博雅教育将会成为对外汉语教学和汉语国际教育的主要观念"（崔希亮，2010）。新时代的汉语国际教育目标越发呈现出多元化、通识性的特点，彰显着浓厚的人文主义精神。与之相应的教学理念势必兼容语言与文化，为学习者呈现完整、系统化的文化图景。许多学者均主张以文化观念为根本来贯联语言学习与文化学习（赵炜，2020）。

刘珣（2014）认为，结构、功能和文化是汉语国际教育的三个主要内容，三者应完美结合，不以结构拒功能，也不因功能弃结构，同时重视文化的体现。夏中华（2016）认为深层次的语言传播和学习，更多是以文化的传播为目的。但要大雪无痕，方能润物无声。潘文国（2017）强调，不应该仅仅关注汉语教学，还要重视中国文化的传播，应该两条腿走路，语言教学和文化传播并重。

总之，在汉语教学中，人们已经清醒地认识到，将语言与文化一分为二的割裂式观念将不利于汉语教学，而以完整的、多元合一的眼光来认识语言和文化的关系，认识到这属于事实上的一体（汉语教学）两面（语言与文化），这样综合性地认识才更有利于面对实际上叠合的专业培养背景。

三、杂糅、汇聚与叠合的中华文化

在汉语教学领域讨论语言与文化关系，自然须厘清这一视域下的"文化"定义。因为文化的定义林林总总，中华文化的核心定义也处于讨论之中。

什么是文化——堪称当代学界的一道斯芬克斯之谜，其现存的定义已有数百种。究其原因，一是文化内涵本身博大宽广，二是定义者看文化的视角不同。以涵盖范围来区分，各种定义可归为广、狭两类：前者指人类社会历史实践过程中所创造的物质财富和精神财富的总和；后者指社会的意识形态，以及与之相适应的制度和组织机构［《辞海》1980版，转引自张英（2006）］。

联合国教科文组织（UNESCO，2002：9）将文化看作是"社会或某个社会团体拥有的精神、物质、智力和情感的系列特征，还包括除艺术、文学外的生活风格、生存方式、价值体系、传统和观念"。Levine 和 Baxter（1987）把文化比作海洋中的冰山。露出水面的部分称为显性文化，如语言、饮食、衣着、身体语言等；隐藏在水下的部分为隐性文化，如观念、价值、态度等［转引自文秋芳（2016）］。葛兆光（2017）认为文化是使民族之间表现出差异性的东西，它时时表现着一个民族的自我和特色。中华文化的特色，即中华文化之所以为中华文化，其独特性何在？事实上，"没有哪一种文化是孤立形成的，它们都是复杂的互相作用、互相联系的历史产物"（鲍尔德温 等，2004：180）。中华文化也是如此。

葛兆光（2014）指出，中国文化传统是复数的，而不是单数的。古代中国的文化在历史上曾经历了若干次"叠加"与"凝固"，中国文化史的主轴正应当在于书写这一凝固与叠加的复杂过程。讲"国学"不能窄化为汉族之学，讲"传统"也不应该把汉族中国文化窄化为儒家一家之学。中国文化的复数性也就是中国文化的复杂性、容摄性与开放性。从中国文化史的角度出发，可以看到中国的文化是在几千年中不断叠加、凝固、再叠加、再凝固的历史过程，所以中国文化传统是复数。中国文化在晚清民初以后的百年渐渐处于断续之间的状况，说明复数的中国文化传统，在今天仍然需要持开放的胸怀，接受各种外来文化的再次叠加和凝固。

秦汉一统王朝继承下来并且扩而大之的"中国"，原本是一个杂糅了各种民族、思想、文化和地域，彼此混融交错的空间。不过，汉族"中国"的民族认同、国家意识和文化取向，却在秦始皇大一统时代，将这些杂糅的元素凝固重铸起来。长达四百余年的两汉，似乎确立了"中国"的文化世界。但是尽管如此，中国与周边地域的文化交融仍然没有停歇。实际上，从秦汉到魏晋南北朝，再到隋唐，四方辐辏、彼此交融的情况更加明显，特别是东汉之后到隋唐时期，更是一个各种异文化重铸中国文化的重要时期。从民族上来说，两汉时代，西方与西域三十六国、北方与匈奴、南方与百越，南北朝时期与鲜卑、羌，交往都相当多，各民族互相融合。不止北方有胡汉的交融，南方也一样，有着汉族文化的南侵和"蛮族"文化的加入，正因为异域血缘融入汉族，才出现了陈寅恪所说的"取塞外野蛮精悍之血，注入中原文化颓废之躯，旧染既除，新机重启，扩大恢张，遂能别创空前之世局"的大唐盛世现象。

在中古时期，不仅各种珍奇、药物、香料、葡萄、紫檀、莲花，也包括百戏、胡舞、胡服、胡粉等纷纷进入中国。涌入中国的各种外来宗教，一方面引起了传统儒家的危机感，另一方面也在危机感产生的抵抗中，渐渐彼此汇合生成新的思想与文化。宋代开始在国家（朝廷）和士绅（地方）的双重推动下，逐渐重新建立了以汉族传统、儒家伦理为中心的文化同一性，"中国文化"再一次"凝固"。大清帝国则逐渐包容了满、汉、蒙、回、藏、苗诸多民族，成为一个"多民族大帝国"，各种异族文化诸如宗教信仰、生活方式、思想观念、语言形式等，又再一次容纳到"大清"这个大帝国文化系统之中，使得文化再一次出现叠加现象。经历了晚清民初帝制王朝变成共和制国家，经历了"五四"以来的新文化浪潮，经历了种种政治变更尤其是"文化革命"，现代中国的文化已经不是传统中国的文化了。

但传统本不是固定的，"中国"也不是，文化在历史中形成，而历史一直在对文化做"加法"与"减法"。所谓"加法"，就是对不断进入的外来文化，借助传统资源进行创造性的解释（正如中古时期中国读书人对印度佛教知识的"格义"，使外来观念变成中国思想）；所谓"减法"，就是对本土固有文化中的一些内容，进行消耗性的遗忘或者改造（如古代中国对一些不符合伦理秩序的风俗进行改造，或现代中国用科学对迷信进行的批判）。因此，并没有一个固定的、一成不变的文化传统。古代中国的历史说明中国文化是复数性的，古代中国文化中曾有多种族群与多种文化因素。

毫无疑问，"中国"不是一成不变的，而是逐渐从中心向四方弥漫开来，又从四方汇聚中央的空间。"中国文化"也不是单一的文化，而是以汉族文化为核心，逐渐融汇各种文化形成的共同体。既然在古代是"众流汇聚"的文化共同体，而现在中国又是一个多民族国家，那么我们一定要意识到中国文化的复数性。中国文化是朝向国家、民族与疆域的弥散与兼容，逐渐形成各种文化的融合与变异（葛兆光，2014）。

按照钱穆（1994：21，148-149）的看法，中国文化的历史，如同河流，是主干逐段纳入许多支流小水而汇成一大水系，形成种族与文化的融合，民族界限或国家疆域，妨碍或阻隔不住中国人传统文化观念一种宏通的世界意味，而新元素的进入只引起了中国社会秩序之新调整，宗教新信仰之传入，只扩大了中国思想领域之新疆界。

葛兆光（2017）提出用五个明确的特征来界定中华文化。第一，用汉语思维思考，用汉字表达。以前有"汉字文化圈"的提法，比如日本、朝鲜、越南都使用过汉字，但是他们用汉字书写却不用汉语思考，也不用汉语进行日常交流。第二，家族性。费孝通在《乡土中国》中提到了中国的家庭、家族和家族共同体，"家国同构"又使家和国在组织结构上具有共通性，家是国的缩小，国是家的放大。而这样的社会，是以儒家思想和儒家礼仪制度为基础的。第三，中国的宗教信仰特点是儒释道合一。儒家、道教、佛教都没有绝对性和唯一性，彼此融合，没有宗教性冲突。儒家管社会治理，佛教管精神修养，道教管身体修炼。第四，理解和解释宇宙的"天人合一"思想、阴阳五行学说，以及从这套学说基础上衍生出来的一系列知识、观念和技术。在这一点上，中国人是以独特的视角在观察世界、掌握世界、改造世界。第五，中国人特有的天下观，以及由这些观念产生的政治制度，比如朝贡等政策体系。这些才是中国文化特有的、比较明显的特点。

而且无论提中国象征也好，还是提中国元素也好，更重要的是背后要有精神来贯穿。没有这个精神的贯穿，表面上样样都是"中国"，内涵恰恰不是"中国"。如果画面出现的时候，来一个红色中国结，奏交响乐的时候，突然插上两段锣鼓和京胡，这是不是中国化？是不是呈现了中国？未必。因为中国传统是一个整体，是一个有历史、有精神的文化（葛兆光，2011）。

所以，汉语国际教育视域下的"中华文化"处于多重文化时空的"叠合"状态。今天的文化中，既有着复数的传统文化与现代文化的层累，又有着中国文化与西方文化的交叠，尤其要注意的是统一的整体，特别是支撑这个整体的精神文化。

四、汉语国际教育视域下的"文化"辨析

我们已明确了在汉语教学中，不可将语言与文化进行一分为二的割裂，也明确了中华文化的"叠合"特点，但在汉硕生的核心课程中华文化与传播中，仍然需要辨析应当被培养成具有较高中华文化素养和传播能力的汉硕生，走上工作岗位之后如何面对文化教学。

（一）"汉语国际教育中的文化教学"和"汉语国际教育文化教学"不同

在当今的教学实践中，"汉语国际教育中的文化教学"和"汉语国际教

育文化教学"是两种共存的教学形式,它们相关,但不相同。"汉语国际教育中的文化教学"指的是在语言教学中所包含的文化因素,教学的侧重点是以字、词、句层面的"文化"为主。虽然这类教学有时会因课文是一个"文化平台"而传导出更多的文化内容,其最终也只能让学习者进行到"知其然"的境地。因为教学的性质和目的决定了它必须把"语言"而不是"文化"放在第一位,在文化教学方面只能适可而止。而"汉语国际教育文化教学"则不同,教学的性质和目的决定了它必须把"文化"而不是"语言"放在第一位,既要让学习者"知其然",还要让学习者"知其所以然"。基于教学性质和教学目的的差别,"汉语国际教育中的文化教学"和"汉语国际教育文化教学"所依托的教材及其体例等应该是不同的。毕竟,语言课的最终目标是培养语言技能,而文化课传授的则是知识,它培养的是理解语言的能力而不是技能本身(张英,2004)。

而汉语国际教育硕士的核心课程"中华文化与传播"中的"文化"应该指涉的是"汉语国际教育文化教学",也就是说核心课程培养的是汉硕生将来工作中的"汉语国际教育文化教学"能力,而不是"汉语国际教育中的文化教学"能力,前者需要将文化放在首位,后者指语言技能教学中的"文化"内容,属于语言技能教学。

(二) 文化因素和文化知识不同

前文已明确了核心课程培养的是汉硕生将来工作中的"汉语国际教育文化教学"能力,即需要将文化放在首位,但这个"文化"是指文化因素还是文化知识,仍需要进一步辨析。

汉语国际教育文化教学属于第二语言教学,它突破了就语言教语言的传统窠臼,其所包含的内容,不是一个泛文化的概念,而是与汉语国际教育的教学性质和目的密切相关的,即文化关涉的内容与培养学习者的语言能力、交际能力、跨文化交际能力相关。由此可以确定,一般意义上的文化与汉语国际教育中的文化不属于一个概念,后者的范围相比前者要小得多。

文化教学是第二语言教学发展的产物,这不仅揭示了语言与文化的内在关系并运用于教学实践,还通过实践明确了第二语言教学的最终目的在于培养学习者跨文化交际的能力,而文化教学的内容,就以此来划界。怎样从浩瀚的文化中确定与汉语国际教育相关的文化范围,其着眼点必须回到语言与文化的关系上,确定文化在汉语国际教育中的存在形态与对跨文化交际能力的影响,锁定文化教学的内容或范围。

关于语言与文化的关系,各派语言学家有着不同的观点,但归纳起来,不外乎如索绪尔所言的两类，即一类着眼于语言内部，一类着眼于语言外部。而历史语言学、社会语言学、文化语言学的研究及相关理论，使语言研究和语言应用得到两个方面的突破：一是语言的文化性质和语言的文化价值得到充分认识，二是语言的社会性即语言与外部世界的关系得到充分认识。所谓语言的文化性质，指的是语言本身就是文化，是一种文化现象。语言是文化的凝聚体，是文化总体的一个组成部分（张公瑾，1998）。所谓语言的文化价值，指的是语言包含着丰富的文化内容，是体现文化和认识文化的一个信息系统，即语言与语言之外其他文化现象的关系问题，诸如语言与文学、哲学、宗教、历史、地理、法律、风俗以至于物质行为、社会制度、思维方式、民族性格等文化现象的相互关系问题（张公瑾，1998）。从理论角度看，语言的文化性质和文化价值是文化语言学研究的主要内容；从应用角度看，文化语言学研究的成果可以运用到第二语言文化教学之中。换言之，汉语国际教育中的文化教学内容，就包含在这里边。所谓语言的社会性，指的是语言是人类社会活动的产物，语言的运用规则和交际中所遵循的社会规约和文化规约是语言与外部因素之间的重要联系。从理论角度看，这是"外部语言学"研究的重要内容；从应用角度看，"外部语言学"的研究成果可以帮助我们确定汉语国际教育文化教学的内容和范围。因此，一般意义或文化学意义上的文化定义有广、狭两种，汉语国际教育文化教学中的文化属于狭义范围的文化；汉语国际教育中的文化的范围不等同于狭义文化的范围，其内容和范围涵盖在"内部语言学"和"外部语言学"所涉及的文化范围之内，即存在于语音、语法、语义、语用等层面的文化是汉语国际教育中的"文化因素"的教学内容或范围，存在于社会交际规约中的文化是汉语国际教育中"文化知识"教学的重要内容和范围。

而"汉语国际教育中的文化教学"和"汉语国际教育文化教学"正是这种发展变化的延续。就教学目标来说，两种文化教学的最终目标都是为了培养跨文化交际的能力，但承担的任务有所不同。"汉语国际教育中的文化教学"承担的是存在于语言形式之内的"文化"即"语言的文化要素"的教学，教学内容和范围应该在"语言"领域，即属于文化语言学的研究范围，教学的目的是"排除"语言理解和运用方面的障碍。其教学是以"教语言"的方式进行。这种教学，本质上是属于"语言技能"或"交际能力"的教学。"汉语国际教育文化教学"承担的教学内容则大于"语言的文化要素"范围，教学目的是"克服"交际中可能出现的困难，以便能够顺利进行跨文化交际。其教学方式既不等同于操练性很强的语言技能教学，也不等同于母语环境中灌输式的"第一文化"教学，而应是"第二文化"教学独有的一种教学方式。

总之,"文化因素"和"文化知识"是相关但又不相同的两种文化教学,前者所涉及的文化存在于语言形式之中,属于语言的文化要素,后者涉及的文化存在形态大于语言形式。尽管它们在意义上相关,但其外延和存在形态是不同的,"文化知识"指跨文化交际涉及的文化,以观念为次第等级(张英,2006)。这就是汉硕生在中华文化与传播课程中需要了解的"文化"。

本节明确了汉语国际教育专业名称的叠合使用状态,确定了从大方向上看,应该以完整的、多元合一的眼光来认识语言和文化的关系,然后具体论述了汉语国际教育视域下的"中华文化"实质上处于多重文化时空的"叠合"状态。中华文化既有着复数的传统文化与现代文化的层累,又有着中国文化与西方文化的交叠,尤其是其统一的整体性以及支撑这个整体的精神文化的重要性。再辨析了汉语国际教育硕士的核心课程"中华文化与传播"中的"文化"应该指涉的是"汉语国际教育文化教学",其重点在文化。而这个文化特指"文化知识",意思是跨文化交际涉及的文化,以观念为次第等级。

概括地说,中华文化与传播课程中的叠合文化是指,在培养过程中,汉硕生应该知道自己将来在从事汉语国际教育文化知识教学中,输出的是叠合的、整体性的,尤其注重精神观念方面内容的中华文化。

第二节 叠合的传播

一、传播的定义

通过第一节的梳理,可以确定在汉语国际教育视域中,汉语与文化属于一体两面的关系,而中华文化是一个叠合的概念。厘清了汉语与文化和中华文化之后,接下来需要讨论的是汉语国际教育硕士课程"中华文化与传播"中的"传播"二字。

该课程名称中的"传播"一词一直存在争议。有的学者认为,教汉语、教中国文化的行为本身就是传播,无须特别了解传播学;而有的认为,既然课程名包含"传播"二字,就必须对传播学有所了解和借助。

其实上述争议的本质是对"传播"的界定不一。即便在传播学领域,"传播"也并不存在一个放之四海而皆准的定义,任何一部传播学著作,都需要开宗明义地界定"传播"即 communication。长期从事文化与传播领域译著工作的何道宽（2010：2）认为，communication 在英语里有三种意思：①给予或告知（giving or imparting）；②迁移或传输（transfer or transmission）；③交换（exchange）。而在 20 世纪 20 年代之前，其主要意义就是"交流"。总之，communication 有很多意思，要看其所指领域而定。用于人际交往时，它有三种意思：给予或告知、迁移或传输、交换。

我国学者对"传播"的定义有两点是共同的：第一，认为传播是一种行为、一种活动，即认为传播是动态的；第二，认为信息是交互流动的，即比较强调信息流动的双向性。而从中外对"传播"的认识可以看出，普遍意义上的传播必然包含两个要素：信息（传播的材料）、流动（传播的方式）。所以所谓传播，就是信息的流动过程（胡正荣 等，2008：51－52）。

随着传播学的不断发展，董璐（2016：1）对传播学核心概念做了一系列梳理界定，其中"传播"被认为是一个沟通或者分享的过程。在这个过程中有发送者、中介和接收者，从而在传播者与接收者之间形成了传递关系和交换关系。信息是传播的内容，传播的根本目的是传递信息，对信息的传递是通过符号来进行的；传播是人与人之间、人与社会之间，通过有意义的符号进行信息传递、信息接收或信息反馈活动的总称。

从这个角度来看，汉语教学的工作本身就是一种传播行为：因为在汉语教学中教汉语、教文化，既包含信息，也包含流动。汉硕生毕业后如果从事汉语教学工作，必然要"告知（或称传输、交换）"（传播的方式）自己的教学对象一定的文化信息（传播的材料）。

汉语国际教育不仅是一种教育行为，更不仅是一种教学行为，而首先是一种国际传播行为，因此，需要以"传播"为核心概念有效地建构分析框架（刘毓民，2012：11）。

中华文化与传播课程首先需要明确课程中的"中华文化"，然后确定课程中的"传播"。关于"中华文化"已经明确的是，本课程应帮助中国汉硕生掌握将来工作中要向教学对象传输的"信息"（传播的材料），即中华文化相关内容；关于"传播"需要明确的是，本课程应帮助中国汉硕生掌握将来工作中的信息流动（传播的方式）。也就是说，现在的汉硕生即准汉语国际教育教师，面向留学生开展中华文化与传播课程时应该了解的所有与告知、传输或交换信息相关的内容，都属于"叠合的传播"。

二、面向中国汉硕生的汉硕课程特点

本教材所论述的中华文化与传播课程，按照全国汉语国际教育硕士专业学位教育指导委员会(以下简称"教指委")的规定,属于汉语国际教育专业硕士学位中国汉硕生的核心课程。目前,许多高校都按这一规定制定汉语国际教育专业硕士培养方案。除了语言类课程之外,在文化类课程方面,中华文化与传播和跨文化交际为不同的硕士学位核心课程(各高校本课程具体开设情况见本教材第十五章)。

根据教指委的规定,中国汉硕生的培养目标为:具有熟练的汉语作为第二语言教学技能和良好的文化传播技能、跨文化交际能力,适应汉语国际推广工作,胜任多种教学任务的高层次、应用型、复合型、国际化专门人才。具体要求为:"(一)掌握马克思主义基本理论,具备良好的专业素质和职业道德;(二)热爱汉语国际教育事业,具有奉献精神和开拓意识;(三)具备熟练的汉语作为第二语言教学技能,能熟练运用现代教育技术和科技手段进行教学;(四)具有较高的中华文化素养和传播能力;(五)能流利地使用一种外语进行教学和交流,具有跨文化交际能力;(六)具有语言文化国际推广项目的管理、组织与协调能力。"

汉语国际教育专业国际汉硕生的培养目标是:了解中国,理解中华文化,具有较熟练的中国语言文化教学技能和跨文化交际能力,胜任汉语教学任务的专门人才。具体要求为:"(一)具备良好的专业素质和职业道德;(二)具备较熟练的汉语教学技能;(三)具有较好的中华文化理解能力和中外文化融通能力;(四)具有较强的跨文化交际能力;(五)具有一定的语言文化项目组织、管理与协调能力。"

关于中国文化方面的要求,对中国汉硕生的要求是"具有较高的中华文化素养和传播能力",对国际汉硕生的要求是"具有较好的中华文化理解能力和中外文化融通能力"。正因为在培养方案中,中外汉硕生的核心课程基本相同,所以有些高校将二者的中华文化课合二为一(颜湘茹,2012)。

笔者所在院校的实际情况是汉语国际教育硕士专业从2018年开始基本只招中国汉硕生,所以本教材的重点放在中国汉硕生的培养上,讨论中华文化与传播课程如何设置才能培养中国汉硕生"具有较高的中华文化素养和传播能力"。

三、课程面向的多种叠合现状

从中华文化与传播课程的"中华文化"角度上看,需要帮助中国汉硕生掌握将来工作中要向教学对象传递的"信息"(传播的材料),即中华文化相关内容;而从"传播"角度上看,要帮助中国汉硕生掌握的是将来在工作中的信息流动情况（传播的方式），也就是说现在的汉硕生作为将来的汉语国际教育教师要掌握面向留学生开展的中华文化课程应该运用哪些传播方式。

（一）专业还是事业

要讨论传播方式就必须了解这样一个情况：在汉语国际教育视域中，不仅专业名称被讨论，语言与文化问题被讨论，本专业究竟是事业还是专业也在讨论之列。

"汉语国际教育"既是一个专业，也是一项事业。不同学者在对这一个概念进行论述时，出发点各不相同。在国家的招生目录中，"汉语国际教育"归属不同，教育部《普通高等学校本科专业目录（2012年）》中，"汉语国际教育"归在"中国语言文学"一级学科之下；而在《学位授予和人才培养学科目录（2011年）》中，"汉语国际教育"硕士专业学位却归在"教育学"一级学科之下。即使是"汉语国际教育"硕士专业本身，在归入"教育学"一级学科之前，也有过将其作为"中国语言文学"一级学科下独立二级学科进行招生的经历。可以预见，这个问题不解决，对"汉语国际教育"的讨论仍将无法达成一致（丁安琪，2018）。

（二）课程实施过程的百花齐放

因为《全日制汉语国际教育硕士专业学位研究生指导性培养方案》只是指导性方案，各培养院校在具体人才培养实际工作中具有较大的灵活性，这也带来了一些课程设置方面的问题，如课程名不副实，课程结构不合理，课程不能反映当前第二语言教学的新教育理念或适应当前汉语国际教育新形势、新需求，理论与实践脱节，等等（施家炜，2016）。

笔者（2012）曾根据本校实际情况撰文，认为面向中国汉硕生的中华文化与传播课应该具备文化师资培训、师资教育和师资发展的功能，要侧重复合型和实践性。在复合型方面，文化课中应具备少量知识性课程、文化教材研究课程及文化教学前沿研究介绍课程；在实践性方面，文化课应安排学生观看教学录像、观摩真实课堂、进行文化教学实践等。

2011年夏，国家汉办和教指委曾召集全国相关高校的汉硕培养中国文化课教师，在北京师范大学开办了"中华文化与传播"研修班，笔者也全程参与了这次培训。通过系列研讨，教师们草拟了《中华文化与传播课程教学大纲（草案）》，该草案分设10个专题，预设学时54课时，还设计了相关的教学课件。这些资料是各培养单位任课教师共同的智慧结晶，可以为中华文化课的教学与研究提供参考。但可惜由于课时、师资等各种原因，该草案并未在各校得到使用和推广，各培养单位多依据自身对课程的理解和师资条件开展具体的课程教学（白宏钟，2020：前言1）。

在《全日制汉语国际教育硕士专业学位研究生指导性培养方案》中，"中华文化与传播"和"跨文化交际"是两门独立的核心课程，中国汉硕生的"中华文化"类课程比国际汉硕生多了"传播"的要求。但是中华文化博大精深，将其作为一门课程处理，对授课教师当然是不小的挑战。各培养院校在实际教学中逐渐摸索出一些适合本校教学实际情况的做法，例如由学生认领专题，自行讲授中国文化；或通过课堂体验学习中华文化等。

笔者在多年教学实践中已经尝试过上述各种做法，也曾在2011年首期"中华文化与传播"师资培训班的讨论中提出，中华文化与传播课程应分为三编，第一编中华文化知识，第二编理论，第三编实践，以利于将汉硕生培养成复合型人才。

（三）汉硕生实际就业情况

汉硕生的就业情况对当前的课程设置有一定反馈意义，当前学界对汉语国际教育硕士就业状况的调查包括就业意向和实际就业情况。刘玉屏（2011）和张晓静、姜敬槐（2012）等通过对个别高校汉硕生进行调查发现，影响汉语国际教育硕士从业意向的因素包括对汉语国际教学的兴趣、职业发展前景的不确定性和国外发展意愿。刘亚斐（2013）对汉硕生的就业意向进行调查分析，发现广州地区汉硕生做志愿者的意愿低、希望从事对口专业比例不高等问题。张北北（2013）通过对山东大学汉硕生和汉语国际教育类研究生的就业状况、就业质量以及专业培养与就业关系等问题进行探索分析，针对相关问题，提出建立国内行业体系支撑，拓宽海外就业渠道等建议。邹影（2016）调查分析了西安高校汉语国际教育硕士的就业情况，从毕业生、学校、国家三个层面探讨影响汉语国际教育硕士研究生就业的原因，并提出了相关对策。

以广西民族大学为例，刘湖森（2019）通过调查发现，汉硕生的就业构成见表0-1。从行业选择倾向方面来看，选择高等院校的人有85%，其次是国家公职人员，剩余选择倾向较大的是行政事业单位和中小学校。由此可以看出，汉硕生大多倾向于毕业后进入高校、国家公职、中小学等行业，这些都是传统意义上的"铁饭碗"，但是，这些行业或者单位的入职门槛普遍较高，大多数都严格要求具有高学历以及高标准的个人能力等。

表0-1 汉硕生就业选择行业倾向

选择行业倾向	小计/人	比例/%
行政事业单位	36	45.00
国家公职人员（公务员）	47	58.75
科研机构	14	17.50
高等院校	68	85.00
中小学校	36	45.00
国有企业	15	18.75
私营企业	10	12.50
自主创业	13	16.25
其他	1	1.25

汉硕生就业的构成见表0-2。从目前就业情况来看，汉硕生大部分毕业后在国内就业，而直接与本专业内容挂钩的汉语教师志愿者项目以及公派汉语教师人员共占调查总人数的18%。这与当前大环境下汉语国际教育推广的现实情况相符合，每年国家能够供给的汉语教师志愿者岗位以及公派汉语教师岗位机会较少，特别是公派汉语教师岗位更是稀少，这也直接导致毕业生中参与这两个项目的人数比例很小。

表0-2 汉硕生就业构成

项目	频次	占比/%
国内就业	67	80.8
汉语教师志愿者	9	10.8
公派汉语教师	6	7.2
自由职业	1	1.2
总计	83	100.0

从就业单位性质（见表0-3）来看，汉硕生就业比重最高的单位是中小学校，其次是高等院校或科研院所。总体上来看，往届汉硕生的就业单位类型大多集中在传统概念里的国家单位或公有制企业，这点与前文中毕业生的就业意向偏重于传统"铁饭碗"行业的调查结果相吻合。

表0-3 汉硕生就业单位性质

项目	频次	占比/%
党政机关	4	4.8
企事业单位	10	12.0
国有企业	5	6.0
民营或私营企业	12	14.5
高等院校或科研院所	23	27.7
中小学校	29	35.0
总计	83	100.0

汉硕生的工作与专业关联度见表0-4。从表中可见，仅有26.5%的受访毕业生从事的是与汉语国际教育专业有直接关联的工作，从事的工作与汉语国际教育及推广专业关联不大甚至没有关联的受访者占大多数。可见，汉硕生毕业之后工作的就业对口率很低。

表0-4 汉硕生的工作与专业关联度

项目	频次	占比/%
直接关联	22	26.5
关联不大	41	49.4
没有关联	20	24.1
总计	83	100.0

正如前面所说，在教育部规定的学科分类目录里，汉语国际教育本科专业从属于中国语言文学大类之下的二级学科，但是汉语国际教育硕士作为专业学位，在教育部的学科分类里是属于单独划分的专业硕士学位。在培养过程中，多数培养单位是在中国语言文学一级学科背景下开展汉语国际教育硕士培养，专业的核心课程也大多数都是关于中国语言文学或者语言学知识研究。与之相悖的是，在就业过程中，汉语国际教育硕士却属于教育学大类。随之而来的最直接的问题就是，汉语国际教育硕士毕业生在考公务员或者事业单位这类需要严格审查所学专业学科归属的单位时，会承受因本专业定位模糊而带来的限制和压力。在全国范围内，江苏、云南两个省份的汉语国际教育硕士专业兼属中文大类与教育学大类，在广东省该专业属于中文大类，

除此之外，在其余各省市区中，汉语国际教育硕士专业基本归属于教育学类，更有甚者，极少数省份公布的招考条件里关于专业划分目录的文件中，甚至找不到汉语国际教育硕士这个专业条目的存在。而在每年的公务员招考岗位中，教育学类的岗位本就寥寥无几，这无疑为广大的想报考公务员以及考取事业编制的汉语国际教育硕士毕业生们增添了许多困难。

就业对口度说明了毕业生就业行为与在校学习专业的关联程度，在一定程度上，就业对口度可以反映出一个专业在当前社会的需求度。通过该调查可以清楚地看到，汉硕生就业后的工作性质与本专业的关联度偏低，毕业生就业的对口率不到30%，这与国家设立汉语国际教育硕士这个专业学位所规定的培养目标有所出入。

根据国务院学位办的要求，汉语国际教育硕士是为了"提高我国汉语国际推广能力，加快汉语走向世界，改革和完善汉语国际教育专门人才培养体系，培养适应汉语国际推广新形势需要的国内外从事汉语作为第二语言/外语教学和传播中华文化的专门人才"。而当前汉硕生中有大部分人的实际工作是与汉语国际推广关联不大的，一部分人甚至毫无关联（刘湖森，2019：35）。

刘颂浩（2016）在针对汉硕生就业困境等相关问题研究中提出，汉硕生培养工作应区分特有能力和一般能力。"特有能力"，即良好的汉语推广和教学和研究能力，诸如语言现象的描述和分析、汉语本体的研究、二语习得偏误的来源和成因的解释、良好的课堂教学组织与管理能力、教材及教学辅助手段的准备和使用等；而"一般能力"则与其他专业（如语言学专业、教育学专业等）相通，比如外语的听说读写能力、雄厚的知识背景（尤其是中国文化类知识）、人际交流能力（特别是跨文化交际能力）。面对当前严峻的就业形势，应当在保证"特有能力"培养的同时，加大对"一般能力"的培养力度。在学习过程中，汉硕生应该清晰地认识到，本专业的培养目标不仅仅是要成为专业的汉语国际教学人才，也要成为具备多方面能力的全能型人才，即既要专，也要全。不仅要专注于学习汉语国际教育专业体系知识，也要着力于自己"一般能力"的提升，从而提高汉语国际教育硕士在就业市场上的竞争力。

四、叠合的传播

目前，汉语国际教育确实既有专业特色又有事业色彩，如同本专业所培养的汉硕生一样，具有复合属性，所以落实到中华文化与传播课程中的"传播",自然也如同本章第一节所论述的那样,具有叠合的特点。如果说中华文化有时空叠合的特点、多民族融合的复数概念,那"传播"则因为专业归属上事业与专业兼具的复合性,专业目录与培养目录分属中国语言文学和教育学的复合性,以及本专业培养目标中对汉硕生复合性特点的要求,从而自然具有多学科、多面向的叠合特点。这是汉语国际教育视域下"叠合的传播"的实际背景,所以汉硕生需要了解面向留学生开展中华文化与传播课程教学时与告知、传输或交换信息相关的内容,因为这些都属于"叠合的传播"。总之,汉语国际教育硕士核心课程"中华文化与传播"中的"中华文化""传播",二者定义都具有叠合的特点。

从就业情况来看,汉硕生就业后的工作性质与本专业的关联度偏低,在考公务员或事业单位这类需要严格审查所学专业学科归属时,不得不面对因本专业定位模糊而带来的限制与压力。所以,在汉硕生培养过程中,应该在保证本专业"特有能力"培养的同时,注重"一般能力"的培养力度,即在不降低专业要求的前提下,培养出复合型毕业生,既能从事汉语国际教育工作,又能从事其他相关工作。而且,目前的汉硕生普遍反映学校课程中对汉硕生的中华文化活动组织能力的培养有所欠缺(易娜伊,2014:Ⅱ)。

总之,汉语国际教育的专业本身、培养目标、就业现状、具体课程的特点,都对中华文化与传播课程中的"传播"提出了叠合的要求。而在有关传播的核心概念里,汉硕生需要特别注意的就是发送者、信息与接收者。与信息相关的是符号,因为对信息的传递一定需要通过符号进行。对于汉硕生来说,将来走上工作岗位,需要面对的有可能是成年汉语学习者,也可能是儿童汉语学习者;也有可能汉硕生将来在国内中小学就业,需要面向中国青少年开展教学。总之,汉硕生将来的工作对象即信息接收者是不确定的,所以在汉硕生的培养过程中,中华文化与传播课程应尽可能地将传播需要考虑的重点落在比较确定的方面,即发送者(指汉硕生,亦即将来的教师)、信息(重点在传递信息的符号),然后再兼顾接收者方面需要考虑的因素。

落实到具体课程中,要使汉硕生具有复合型能力,就应当注重在课程中对汉硕生进行多方面能力的培养,将专业的特有能力与一般能力融入课程,三大能力培养相结合:文化传播能力面向将来汉硕生可能从事的汉语国际教育,文化研究能力是本专业特有能力,文化教学实践能力则既有本专业特色又兼具一般能力。课程应注重三个方面:第一,汉硕生文化传播能力(传输文化信息,突出表现为解答留学生提出的各类问题),既指汉硕生的专业能力也指一般能力,即汉硕生将来面向海内外学生组织文化活动并在活动中传播文化信息的能力,也包括将来可能从事职业需要的活动组织能力;第二,文化研究能力，指汉硕生的专业能力，即具备本专业文化教学等方向的研究能力；第三，文化教学实践能力，既指汉硕生的专业能力也指一般能力，即掌握一定的课堂教学能力，尤其是如何在课堂教学中传播文化信息。

综上所述，中华文化与传播课程对汉硕生复合能力的培养构成见表0-4。

表0-4 中华文化与传播课程中对汉硕生专业能力与一般能力的培养情况

序号	中华文化与传播课程	能力构成	文化信息构成	传播方面关注的重点
1	文化传播能力	专业能力+一般能力	中华文化：叠合的文化	传输文化信息，突出表现为解答留学生各类问题，注重发送者、符号
2	文化教学研究能力	专业能力	中华文化教学研究	发送者、符号、接收者
3	文化教学实践能力	专业能力+一般能力	中华文化教学实践	发送者、符号、接收者

本教材的三编内容将对应汉硕生三大能力的培养，即文化传播能力、文化教学研究能力、文化教学实践能力进行阐述。

需要特别说明的是，第一编重点放在文化传播能力，即注重传输文化信息，突出表现为应对文化展示中出现的各类问题、解答留学生的各种问题，具体包括如何面对留学生的提问，如何改善文化展示过程中出现的不足。为了更好地发挥汉硕生文化活动组织的自主性，第一编的教学对象设为中、高级汉语水平留学生，让汉硕生在演示时尽可能不用考虑语言难度问题。第三编才将留学生设为初级汉语水平，以更好地培养汉硕生文化教学实践能力。

此外，第一编六章仅仅是从某一些特定角度提供一种建构叠合的文化传播能力的框架，不可能满足汉硕生作为师资培训应该具备的全部需求。为此，本教材认为教育界的"终身学习"概念值得关注。

教师是教育成败的关键，是提高教育质量的关键。要使迅速发展的汉语国际教育取得更好的效果，汉语国际教育教师有着不容忽视的作用，如何对他们进行合理的职业规划，也成为汉语教学事业成败的关键。美国1996年出台了外语教学标准，并在此标准中提出"反思专业发展"，要求外语教师的职业应该是动态发展，而不是静止或倒退，鼓励外语教师克服一次性学习的思想，不断进行教学反思，不断提高业务，不断加强自我学习和发展，从而做到终身化发展。这种观念也非常适合汉语国际教育教师（汉硕生即准汉语国际教育教师)的专业发展。首先,要做好职业规划,增强执教能力。作为汉语国际教育教师,要为自己做好职业规划,对自己需要掌握的学习知识的能力、应用知识的能力和教学的能力有充分的把握。其次,应加强自我学习和自我反思,促进职业发展。各种知识的更新,要求汉语国际教育教师不断地学习并自我反思,拓宽自己的专业眼界,跟上时代发展的潮流。通过对每一堂课的反思,探索改进的方法和途径。汉语国际教育教师应该养成终身的自我反思的习惯,不断地反思自己的教学品质和教学效果,不断地挑战自己、发展自己。最后,提高科研能力,提升教学品质。作为汉语国际教育教师不仅应该擅长教学,还应该具有较强的科研能力,能及时了解本行业研究的前沿,跟上学科发展。身为教师,需要学习和研究的东西还有很多,只有做到终身学习、终身研究,才能不断进步,把握不同的机遇,应对各种挑战(申莉、刘东青,2011)。

总而言之,本教材强调的始终是作为师资储备的汉硕生的能力培养,其他的具体知识可以自学,而能力培养需要指导。只有树立终身学习的观念,注重学习过程中的能力培养和锻炼,汉硕生才能不断成长为真正的高水平复合型人才。

第一编

叠合的文化传播

本编重点在于对汉硕生文化传播能力的培养。文化传播能力既包括汉硕生的专业能力，也包括一般能力，即汉硕生将来面向海内外留学生组织文化活动并在活动中传播文化信息的能力，也包括将来从事国内其他职业需要的文化传播能力。本编需要讨论汉硕生要组织哪些主题的文化活动，在活动中会遇到哪些问题。本编采用"案例分析＋理论援引＋产出传播理论"的体例编排。

导语一　引言及教学步骤安排

一、文化知识课程与文化传播能力培养融合

绪论中已经明确，中国汉硕生将来的工作对象即传播信息接收者不确定，所以在汉硕生的培养过程中，中华文化与传播课程应尽可能地将传播的重点落在比较确定的方面，即发送者（指汉硕生，亦即将来的教师）、信息（重点在传递信息的符号），然后再兼顾接收者方面需要考虑的因素。

落实到具体课程中，要使汉硕生最终具有复合型能力，就应当注重在课程中对汉硕生进行多方面能力培养，将专业特有能力与一般能力融入课程。本编侧重于文化传播能力培养，因为将来汉硕生可能从事汉语国际教育工作或与语言文化相关的其他工作，所以在培养阶段应注重培养汉硕生将来面向海内外留学生组织文化活动并在活动中传播文化信息的能力，当然也包括将来从事其他职业需要的文化传播能力。

中华文化与传播课程属于汉硕生的核心课程，面向中国汉硕生的该课程应具备文化师资培训、师资教育和师资发展的功能，要侧重复合型和实践性。在复合型方面，文化课中首先应具备少量知识性课程（颜湘茹，2012）。因此，本编需要完成的是在知识性课程里融合汉硕生的文化传播能力培养过程。按照课时安排，中华文化与传播课一般在一学期内完成，总学时约36课时。文化内容广博，在课时有限的情况下，选用案例进行教学就成为一个较优选项。确定使用案例之后，还需要确定案例数量。在课时分布上，每编用时6周左右，所以第一编文化活动将展示6个案例。

二、案例分析的意义

案例分析既可以运用定量材料，也可以运用定性材料，但无论使用什么

材料作为证据，都不应偏离社会科学研究的一般分析逻辑：观察现象、描述特征、建立界定、比较类型、展示过程、分析影响、探索机制、寻求解释、达到证明。这些重视描述"故事"的方法，不是在任意描述，而是沿着分析逻辑有目标和方向地展开故事，即在基本原则上，以社会事实为证据，运用社会科学分析工具，推断或求证社会性关联，特别是因果性关联。案例不是随意的，它们是基于事实证据，对一系列原则（principle）、法则（law）和逻辑（logic）的应用。将具体案例事实作为证据和将统计数据作为证据的用途一样，其目的不仅是为了讲故事或展示数据，还包括通过这些具体信息，力求挖出对一些基本关系类别、基本特征表象、基本行为范型的认识。通过讲故事发现这些知识（而非讲故事本身），是社会科学案例分析的基本目标。

案例分析的成果，如果可以让面对其他案例的研究者发生"似曾相识"的联想，启发人们运用这一案例提供的知识，解答自己所见的事实，就说明其发现具有典型意义。因为它提出的问题和解答，具有衍射到其他同类行为的解释能力。如同定量研究追求统计意义上的代表性一样，案例研究可以通过对典型性知识的挖掘，产生具有"预测"别处社会现象的功效。这里，"似曾相识"指的是知识性命题，即在不同案例中，出现关键特征、要素关系或者解释原理的相似，而不是指经验材料的表象，如发生的具体事件、组织体、行动者和过程完全雷同。

以寻求社会知识为目标的案例研究，不是在讲一个个不同的故事，而是在呈现事实中的行为特征、关键条件、动力来源和因果联系。案例研究者所注意的知识，应该是具有关键作用的事实，这需要把那些处于混乱或者重复细节中的重要之物、具有关键作用的要素关联，经由研究工作的加工、挖掘并清晰地表述出来。

案例研究能够提供三种社会知识。第一种是解释性知识，即有关影响、起因或推动力（动力条件和行为、事件的因果关系）的知识。这类知识的作用，在于帮助我们知晓事实、行为及事件因何发生，为何以这样的形态而非其他形态发生，它们在什么条件下发生，推动力来自什么。第二种是理解性知识，即挖掘特定条件下的行为（行动）之特点、内涵和意义知识，这类认识活动常见于人文取向的分析作品。解释与理解的不同在于，解释的重点是证明和行为相关的原因，而理解的目的则是认识人类社会各种行为的特征及意义。这些特征和意义可以是一般的，也可以是独特的。第三种是规范性知识，即挖掘有关"价值评估"的知识，它们可以作为标准，用于鉴别什么是有益行为等。这类知识的目标，在于发现有益原则，并力求将其转变成行为规范或制度原则。这三类知识，都可以成为案例研究追求的目标。知识来源于两种途径：其一，经验现象的证明、归纳、演绎和推论；其二，反思，通过考量一种潜在性，评估确定和已知的事实，将其与经验等联系起来（张静，2018）。

三、案例教学及其相关步骤

从案例推导出知识，要求案例分析者具有专业性的提问意识，主动将特殊性事实和一般性知识联系起来：针对案例事实（特殊经验）和已有解释（一般性命题）的困惑提出问题，这是案例分析的一项基本能力，即提问不应仅仅满足于有何特殊性，而是必须指向为何形成特殊性、这些特殊性与一般性的关系、它们具有何种性质和产生条件等。

以知识为目标的案例分析需要通过清晰的目标问题引导，因此，如何提问，对于社会科学的案例分析至关重要。提问使案例分析走向它的目标。好比建造大厦，问题就像设计图纸，具有指引方向和构架的作用，它使案例解答走向产出知识而非其他目标。提问还有助于案例资料的组织化，它们往往会沿着特定的目标问题得到组织，并获得证明的含义，目标问题可以使看似散乱的事实具有解答方向。

总之，进行案例研究应把握的重点有六个：第一，案例分析的目标不是讲故事，而是产出知识，因此需要遵循认识活动共享的一般逻辑和原则；第二，案例分析可以提供的知识类型不止一种，比如解释（原因）知识、理解（特征）知识或者规范（原则）知识；第三，案例作为定性研究，和定量研究不是对立关系，而是互补性关系；第四，案例的独特性有必要和一般性知识建立关联，从而使得具体案例可以和已有的知识发生对照；第五，案例研究的一个优势是系统展现因果机制和过程；第六，零散多样的独立案例能够有意义，原因在于它们产出的知识在相关知识体系中具有累进性位置（张静，2018）。

通过对案例分析意义的梳理可知，在汉硕生课程中运用案例分析，主要是希望通过案例中的故事发现知识，尤其是其中的规范知识，而本编希望通过6个与中华文化活动的相关案例产出知识。当然，要能产出这些知识，首先应重视目标性提问，所以本编每一章节都将从提问开始来安排案例教学内容。

导语二　中华文化与传播课程案例教学界定

一、中华文化与传播课程案例教学

明确了案例分析的意义，接下来将详细界定案例。案例应该是真实发生的包含问题或疑难情境的典型性事件。一个案例就是一个对实际情境的描述，在这个情境中，包含一个或多个疑难问题，同时也可能包含解决这些问题的方法。

经过20世纪60年代的历史学论辩、70年代的文学批评以及80年代的心理学讨论后，大多数人文学科（如认知心理学、语言学、哲学、文学理论、教育学、人类学、人种学、历史学等）重新回归或开始接受案例性研究方法。案例学习的作用被认为包括：增加学生接触间接经验的现实感，使学生聚焦于实际问题，通过接触多种视角及观点，增强决断力和阅历。到如今，案例教学法已经大量且广泛地为许多专业教育所应用，更受到以"教学"为专业的师资培育领域的高度重视。

汉硕生的中华文化与传播课程，课时有限，但所涉内容广博，所以案例教学的作用，如增加间接经验的真实感，聚焦实际问题，接触多视角和观点，增强决断力，等等，非常有益于汉硕生能力的培养。目前，大多数高校也都使用案例教学法（参见本教材第三编课程研究部分）。

案例教学法的主要思想是"授人以渔"，其着眼点不是获得固定的原理或原则，而是培养汉硕生面对新情景时处理与解决实际问题的创新能力。哈佛大学商学院的案例教学流程被借鉴较多。该流程主要包含三个步骤：第一步，案例阅读；第二步，小组讨论，学员互相切磋，进行思维碰撞；第三步，课堂讨论。教师不是直接授课，而是介绍分析框架或理论工具，提示重要理念；不是给出正确答案，而是指导学生重点分析事实背后的问题及解决方案。总之，案例课以案例教学为主、以讲评为辅（朱勇，2019）。

借鉴前人总结，本编的案例教学是指：拟定教学主题，以案例为教学材料，通过课上讨论、问答、现场活动等师生互动、生生互动的教学形式，让汉硕生了解与传播和文化活动相关的理论，关注教学中的实际问题，培养汉硕生发现问题、反思问题和解决问题的能力。

二、案例教学步骤

案例教学主要包括计划、展示、讨论、分析和反思环节。

计划主要指教师根据教学安排，精心选取一些真实、典型、具有启发性的案例，以凸显一定的教学理论或教学技巧。案例一般是对课堂发生的教学事件的描述，真实而具体，但是理论不系统，知识以"点"的形式出现，所以教师在实施案例教学之前应有明确计划，选取一些内部互相有关联的案例以弥补知识系统性的不足。

展示主要指教师在课堂上展示案例，常见的展示方式有案例导读、案例模拟、视频案例演示等。教师可以把文本案例发放给学生，以文本案例中具体的问题引导学生阅读。比如，案例在什么情境下发生？案例中的人物分别具有哪些特征？案例中出现了什么问题？怎么解决？教师也可以通过课堂模拟的形式来展示案例，让学生以体验的方式了解案例的内容。

讨论是案例教学的中心环节。在教师充分展示案例、学生熟悉了案例中事件的发展变化过程以后，教师引导和组织学生对事件产生问题的原因和解决方法进行讨论。教师在讨论中应起到引导、组织、启发和参与的作用，将学生的讨论步步引向深入。

分析和反思可以在课上进行，一般以教师点评、学生分组汇报的形式进行；也可以在课上教师点评的基础上，以学生撰写案例分析报告的形式将案例的反思延伸到课堂以外（亓海峰，2015）。

接下来，本编将通过6个案例的具体展示和案例教学，完成知识性课程与汉硕生文化传播能力培养的融合。

具体步骤为：①面向全体汉硕生公布课程计划，预告6个案例的顺序及学生需要提前做好的各项准备工作；②案例展示，汉硕生分成5组各完成一次课堂文化活动展示，并形成6个案例（5个小组课堂模拟案例+1个全体汉硕生完成的案例）；③文化活动展示结束之后，全体讨论；④教师点评及分析，引入传播学理论，完成从案例中产出规范性知识的过程；⑤汉硕生在各自的纸质版或电子版课堂笔记上记录自己的案例反思作为课程作业。

导语三　案例分析主题选取

一、六案例应自成系统

汉语国际教育视域下的"中华文化"处于多重文化时空的"叠合"状态，今天的中华文化中，既有着复数的传统文化与现代文化的层累，又有着中国文化与西方文化的交叠，在选择本部分案例主题时，首先要注意的是既要兼顾课时数量，又要注意6个案例主题完成后是否能形成相对完备的整体，尤其是体现出支撑这个整体的背后精神文化。因为案例一般是对发生的教学事件的描述，真实、具体但是理论不系统，知识以"点"的形式出现，所以教师在实施案例教学之前必须明确计划，选取一些内部互相有关联的案例以弥补知识系统性的不足。

另外，绪论中已经明确，中华文化与传播课程要培养汉硕生较高的中国文化素养，合格的汉硕生应该在其培养过程中，通过学习逐渐了解将来在从事汉语国际教育文化知识教学中，应该输出的是叠合的、整体性的，尤其注重精神观念方面内容的中华文化，所以通过案例产出知识也要注意这三点：叠合、整体、精神观念。

当然，无论如何准备和尽可能多方面培养，汉硕生在将来的工作中都可能面临着在广博的文化中确定与汉语国际教育相关文化内容的问题，确定文化在汉语国际教育中的存在形态以及对跨文化交际能力的影响，并锁定文化教学的内容或范围，这其实就涉及一个文化知识选择的问题。

二、案例文化主题属于文化知识

正如本教材前文所述，"文化因素"和"文化知识"是相关但又不相同的两种文化教学内容，前者所涉及的文化存在于语言形式之中，属于语言的文化要素，后者涉及的文化存在形态大于语言形式。"文化知识"指跨文化交际涉及的文化，以观念为次第等级（张英，2006）。案例文化主题属于文化知识的范畴，这正是汉硕生中华文化与传播课程中需要了解的"文化"。

三、案例文化主题具有系统性和灵活性

如何选取案例相关文化主题，应与汉语国际教育界一直在讨论的文化大

纲联系起来，因为如果有一个可以参照的文化大纲，那本编的文化主题就有据可依。事实上，文化大纲虽然没有出台，但随着相关讨论的深入，其构建的方向已逐渐清晰，即从语言本位转向文化本位。原先设定的是"文化因素大纲"与"文化知识大纲"会融合成一个完整统一的文化大纲，但目前这一看法已经有所改变。汉语国际教育文化大纲从本质上讲是文化大纲，是在汉语国际教育领域使用的文化大纲，其特殊性不能改变其文化的本质属性。

从语言与文化的关系来看，作为文化的一部分，语言不仅在实际使用中必须遵循与之相应的规则规范，与深层文化观念保持着或隐或显的复杂联系，同时交际所关涉的话题、谈论的内容又颇为广泛，涉及文化领域的方方面面。从这个角度来讲，汉语国际教育文化大纲的构建必须立足于一种统摄深层文化观念与表层文化现象的整体理念，以文化为本位去兼容语言教学的特殊性，为学习者带来一种包涵语言系统在内的较为完整的文化知识谱系，助其形成系统、合理的文化观念。深层文化结构与文化观念将成为文化大纲的核心，通过文化观念—文化现象这种内外相应的双向联系，可以将语言及其他文化内容（包括文化产物和文化行为）容纳在同一文化框架下。许多学者如张英等均主张以文化观念为根本来贯联语言学习与文化学习。以深层文化观念为纲、以文化现象为目来构建文化大纲，既具备充分的理据，在实践上也存有广阔的探索空间。

将深层文化观念作为文化大纲的核心，以语言系统作为与之紧密相邻的第二圈层，将其他文化现象列为第三圈层，形成以文化观念为圆心的三圈层结构的文化大纲模式。各圈层之间相互作用、相互开放，具体表现为文化观念—语言系统、文化观念—其他文化现象、语言系统—其他文化现象之间的双向交流的互动关系。其中，语言系统作为联结文化观念与其他文化现象的中介地带，不仅反映出语言兼具文化内容与文化载体的特殊性，也比较适用于汉语国际教育属于"语言教学"的实际情况。在具体使用时，也可以根据学习者的不同需求，在文化观念与其所感兴趣的文化现象之间建立联系，进行个性化的教学设计（赵炜，2020）。

周小兵等（2019）参考二语文化教学有关理论，利用大型国际汉语教材语料库，设计研发了新的中华文化项目表。该项目表共分3层，第一层有5个项目，第二层有46个项目，第三层有212个项目，并标注了各项目在教材语料库中的常用度及其典型实例，弥补了以往中华文化项目表在系统性、涵盖面、辅助信息建设上的不足。新项目表可为国际汉语文化教学总体设计、课堂教学、教材编写与研究等提供参考。

马新钦（2019）从研制原则、基本内容、结构框架、文化点分级、语料转化五方面研制了文化大纲。该研究突出系统性，具体表现为文化内容以知识文化为主，兼及文化因素；结构框架采用"4 大类—21 小类—101 子类—371 文化点—内容举例"五级形态，以树状结构呈现；文化点进行五级划分，具有初级阶段少、中高级阶段多，单一等级的文化点少、"横跨"几个等级的数量多等特征。

上述有关文化项目和大纲的研究对本编案例文化主题的选取非常有启发，尤其是其中的分层意识、系统性以及开放的树状结构等，结合学界对文化大纲建设的探讨，教师在具体使用时，可以根据学习者的不同需求，在文化观念与其所感兴趣的文化现象之间建立联系，进行个性化的教学设计。

"文化三角形"（图 1-1）底端是"文化活动"和"文化产品"，顶端是指与世界观密切相关的"文化概念"（也称"文化观念"）（陈绂，2006）。这三者构成了一种文化的完整形态，缺一不可。文化产品和文化活动（也称"文化习俗"）相联系，构成三角形的底边，即文化基座。而文化产品和文化活动又与文化概念相关联，既是文化概念形成的物质生活基础，又受到文化概念的推动和制约。三者彼此关联，互为依托，共同构成了文化的完整形态，同时又呈现出一种文化形态内部的组成因素及其相互影响（王学松，2021）。

图 1-1 "文化三角形"示意

"文化三角形"在美国《21 世纪外语学习标准》中的释义是：文化观念（包括含义、态度、价值观、观点等）、文化习俗（包括社会交往方式）与文化产物（包括书籍、食品、工具、法律、音乐、游戏等）。三者互相联系、互相影响。文化习俗和文化产物都与文化观念相关（罗青松，2006）。

总之，对于本教材来说，"文化三角形"是一个可资借鉴的理论架构，因为它既满足了层级性、系统性，也兼顾了灵活性和个性化，教师在具体教学工作中可以按照这样的思路自主确定相关主题。

需要说明的是,"文化三角形"提供的是一个相对宏观的理论架构。在本教材中,将根据实际需要将"文化三角形"命名为两套系统:一套是文化产物、文化活动和文化观念,在这套系统中,文化产物和文化活动是基座,重点分析在文化活动中展示的文化产物以及背后的文化观念;在另一套命名系统中,文化产物、文化习俗是基座,通过分析影视作品中的文化产物和人际互动构成的文化习俗,解读背后的文化观念。

接下来,本编将综合考虑上述架构,参照"文化三角形"拟定6个案例主题:饮食、茶、服饰、教育、婚俗、禁忌。这6个主题涵盖物质文化、制度文化、观念文化,在具体案例中可以重点考察每个主题的文化产物、文化活动和文化观念在活动中的展示情况,本编的文化主题分类见表1-1。

表1-1 文化主题分类

文化层	角度	"文化三角形"(案例中文化活动应包含内容)
物质文化	饮食文化	相关文化产物
		相关文化活动
		相关文化观念
	茶文化	相关文化产物
		相关文化活动
		相关文化观念
	服饰文化	相关文化产物
		相关文化活动
		相关文化观念
制度文化	教育文化	相关文化产物
		相关文化活动
		相关文化观念
	婚俗文化	相关文化产物
		相关文化活动
		相关文化观念
观念文化	民俗禁忌文化	相关文化产物
		相关文化活动
		相关文化观念

本编将按照表 1-1 的内容依次展开具体案例分析，通过案例中的故事发现知识并产出规范性知识，尤其是其中与中华文化与传播文化活动相关的规范性知识。

第一章 中国饮食文化活动案例分析

[导　语]

1. 组织中国饮食文化活动时应该如何展示其中的文化产物、文化活动与文化观念？

2. 饮食文化活动与传播学理论结合会产出什么知识？

3. 本章采用"案例分析+理论援引+产出传播关键词"的体例编排。

[关键词] 传播；符号；概略式理解；提示

第一节　中国饮食文化案例展示

一、案例展示之前的准备

本章以教师简单介绍往届案例作为开端，然后由本级汉硕生在课堂完成一次文化活动作为案例演示。按照顺序，本级汉硕生将完成案例——关于中国烹调的文化。

在文化展示正式开始之前，本级汉硕生需要提前进行分组，每组人数根据班级总人数平均分配，这些小组需要推选出组长，然后在组长的组织下，共同完成本学期中华文化与传播课程三编的每一项任务。在每个任务开始前，各组要提前分工、筹划、统合，然后合作完成在课堂上的展示。

"传播"被认为是一个沟通或者分享的过程。在这个过程中有发送者、中介和接收者，从而在传播者与接收者之间形成了传递关系和交换关系（董璐，2016：1）。汉语教学的工作本身就是一种传播行为，在汉语教学中教汉语、教文化，既包含信息，也包含流动。所以在第一编，汉硕生（发送者）进行文化展示，必然要"告知（或称传输、交换）"（传播的方式）自己的教学对象（接收者）一定的文化信息（传播的材料）。教师对这一编所有案例的分析和讨论也是引导汉硕生围绕这三方面进行讨论，即始终围绕汉硕生（发送者）、向教学对象传输的"信息"（传播的材料）和将来的教学对象（接收者）三方面进行讨论。

留学生是汉硕生将来的教学对象，是信息的接收者，他们不同于各种社会传播活动中信息的接收者，是专指面对教学活动的群体，所以属于特定的接收者。相对来说，他们对于某种信息通常表现出较大兴趣并愿意保持稳定的接触（董璐，2016：198）。而接收者即受众使用媒介的动机包括：获取信息，了解外部世界；娱乐消遣，满足精神、情感需要；获取知识。信息发送者要使自己的传播内容更受关注，应把握这些原则：信息具有显著性和对比性；信息具有易得性；形式灵活多变，如强调、对比、重复、变化等手法；还要考虑受众对媒介的接触习惯不同等。而受众对信息的理解过程，也是受众对信息进行再创造的过程。受众往往会加入主观因素而造成理解的差异。所以传播者要充分考虑这些因素的作用，控制和引导传播内容，尽量消除或减少造成受众理解偏差的可能，信息编码要清晰准确。此外，还要关注受众可能的逆反心理，提供客观公正、符合受众需要、形式多样的信息，提高传播效果（胡正荣 等，2018：209-215）。根据上述理论要求，作为信息发送者的汉硕生，要注意自己在文化活动中发送的信息必须显著、易得、有对比、清晰准确，并关注信息接收者即留学生的媒介接触习惯和心理，尽量提供公正、客观的信息。

二、文化案例展示

在文化展示之前，汉硕生会根据教师要求，先询问并收集留学生对本专题的疑问，然后根据留学生的疑问，综合专题内容组织尽量清晰、客观的展示。

【案例1】

中国烹调

一、展示框架

提前了解留学生对中国烹调方面的疑问，并将这些问题作为文化展示的线索。

问题1：为什么中国人做菜看似比较随意？

问题2：为什么中国人不分开吃饭？

问题3：为什么中国人吃动物内脏？

问题4：汉语国际教育教师会遇到关于烹调的哪些问题？

二、回复疑问

根据不同问题，汉硕生通过"现场模拟表演+PPT图片+PPT文字总结"的方式回答留学生的疑问。

三、案例的分析和总结
（一）差异分析
1. 生活方式
通过展示中西方厨房不同风格的图片，展现出各自不同的生活方式。
2. 地域饮食多样性
中国饮食文化历史悠久，菜系繁多，典型的有八大菜系：鲁菜——清香鲜嫩，汤水清醇；苏菜——鲜香酥烂，口味偏甜；闽菜——以海味为主，注重酸甜咸香；粤菜——色彩浓重，滑而不腻；川菜——麻辣鲜香，油重味浓；湘菜——用料广泛，香鲜酸辣；徽菜——选料朴实，味道醇厚；浙菜——鲜美脆嫩，食如其景。
3. 思想差异
通过对比中西餐食谱（图1-2）、调料分量（图1-3），区分中西方思想差异。

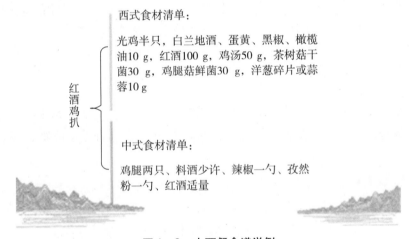

图1-2 中西餐食谱举例

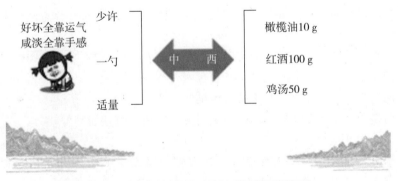

图1-3 中西餐食谱对调料分量的不同写法

（二）为什么中国人不分开吃饭？

运用霍夫斯泰德文化维度理论（Hofstede's Cultural Dimensions Theory），从个人主义与集体主义（individualism versus collectivism）、权力距离（power distance）、不确定性的规避（uncertainty avoidance）、男性化与女性化（masculinity versus femininity）、长期取向与短期取向（long-term versus short-term）、自身放纵与约束（indulgence versus restraint）等角度出发，讨论分餐与合餐。

西方的分餐——体现个人主义，彰显个体独立、民主、平等，出于饮食卫生的需要。

中国的餐饮习惯——在远古时代，采用原始分食制（生产力低下）；商周至秦汉时期，分食制成为传统（等级制度），据《礼记》记载："天子九鼎八簋，诸侯七鼎六簋，大夫五鼎四簋，士三鼎二簋"；魏晋南北朝时期，出现同桌而食（社会动荡，文化融合）；到了宋代，高桌大椅等高腿家具的普及，加之烹饪手法的不断改善与完备，而且合餐制有利于食物的完整呈现，更有利于刺激食欲，所以从宋代开始基本定型而采用合餐制；明清时期，合餐制完全成熟。总之，中国合餐演变历程为："分食制"→"会食制"→"合餐制"，体现了社会价值观的转化，以及多元民族文化间的相互影响和交流。

（三）总结

"适量"与"精准"——中国经验和感性主义与西方理性主义。

"合餐"与"分餐"——中国集体主义与西方个人主义。

"中国"与"西方"——烹调、生活习惯、历史渊源方面的差异。

烹调是一种文化。它和物质、精神生活有紧密联系。我们讲究吃"味"，带着欣赏的感觉。

烹调是一种艺术。它超越了维持生存的作用。许多人将它发挥到极致，以它来充实人生。

烹调是一种哲学。适量——东方抽象的、模糊的、不可捉摸的哲学。合餐——中国以"和"为贵、家天下的民族哲学。经验——辩证法、协调、分寸的哲学。

第二节 提问与讨论

一、案例展示前的提问

在案例展示之前，引导汉硕生关注如下问题：①留学生会对本专题有哪些疑问？②活动中如何回应这些疑问？③案例中的文化产物、文化活动与文化观念展示情况如何？④活动中的信息是否符合显著、易得、有对比、清晰准确和公正客观的特点？

二、课堂讨论

案例展示结束之后，汉硕生先分小组简单讨论，然后集体讨论，最后由教师讲评。经过不同角度的讨论分析，汉硕生全面了解了案例中出现的问题或者值得关注的地方，再经由教师引入相关传播理论，从而可以顺利地从案例中产出规范性知识。

案例展示其实是尝试让汉硕生置身于案例情境，要求他们分析案例中的教师应该如何做，以协助汉硕生从实际情境出发，结合理论解决实际问题。目前，在汉语国际教育教师培养的过程中，汉硕生可能接触到许多专业理论知识，但如何将理论知识具化、内化为可应用的知识储备，仍是一大问题。案例分析把教学具体化，以实际的问题作为切入点，在某种程度上再现了真实的教学情境，使抽象的原则变得具体。

一般来说，案例展示之后，往往会形成这样一条发展路径：汉硕生阅读案例—案例讨论—听教师理论阐述—体悟汉语国际教育教师要求—自身实践反思。总之，讨论互动促进了汉硕生反思。在听、看案例的过程中，汉硕生必须要有问题意识，并选择聚焦于重要问题，思考案例包括哪些焦点，这些都是反思。在小组讨论中大家一起交流，增强情境模拟与学习共同体意识，这种合作学习非常有效。案例讨论就是要摆脱教师讲、学生听，被动接受的"填鸭式"教学，而强调学习者彼此间的反省对话，通过案例讨论可以听到不同的声音，不仅是汉硕生，教师也可以检视自己的意见和观点。案例教学法将学习者置于一定的情境中，使学习者在近于模拟的情境中主动思考解决问题的办法，从而获得相应的知识（朱勇，2019）。

在每个学期的中华文化与传播课程结束之后，教师都会对汉硕生进行调研。大部分汉硕生表示，通过案例教学，会思考实践中如果碰到类似的问题，应该采取哪些应对措施；在课堂上展示的案例非常生动，他们从这些案例中可以分析总结出相关问题，再结合教师讲授的理论进行反思，感觉这种方式对于以后的教学会很有帮助。因为课堂上接触到的理论是与实际教学行为中某些现象对应的，因而它相较于纯粹的理论而言，更贴近现实生活，而且对于现实中的教学问题，更具指导意义。

小组讨论是以学生为传递知识的主体及相互学习的对象。小组就是一个小型的学习共同体，学生彼此之间沟通、交流，共同完成一定的学习任务，因而在成员之间形成了相互影响、相互促进的人际联系和学习共同体意识，也大大提升了成员各自的表达能力和自信心。很多传统的课程以讲授为主，学生的表达机会比较少，而要成为一名合格的汉语国际教育教师，必须具有良好的表达能力。

当然，在学期结束前的反馈中，也有汉硕生表示，虽然案例课程为大家提供了更多表达的机会，可以有效提升表达能力和自信心，但是因为课时有限，仍然有些同学无法真正参与课堂展示。为此，本课程在后续教学中不断调整。在课程开始之前，要求班级学生尽可能均衡分组，每个组的成员自由认领任务，再结合组长的调配，在整个学期中，力争做到每位同学必须完成一次上台展示。

总之，通过案例展示、讨论、分享，大部分学生提高了表达能力，发现了自己的潜能，也提升了自信心。当然，也有部分同学发现了自身不足，明白将来要努力的方向。

案例展示和讨论往往在第一课时全部完成，教师会在第二课时首先进行小结。案例教学跟传统教学法相比，系统性不够强，小结则可弥补这一不足。教师首先点评案例内容，展示形式，对其中的知识点进行有条理、有逻辑的梳理总结。每一个案例可能具有不同的特点，其背后涉及的需要共同学习和掌握的相关理论知识也不尽相同。在课堂上，如果任由学生逐个讨论分析，答案会比较零散，而且欠缺深度。因此，教师的总结需要把这些碎片化的东西进行系统分类、有机排序，并形成有规律可循的知识体系，这样不仅便于展开接下来的教学内容，也有利于学生将课堂上的知识内化。

参考其他案例课程的程序，教师在案例讨论过程中，应努力营造自由、开放、安全的班级气氛；在带领汉硕生进行案例讨论时，应表现出有利于讨论的行为，比如倾听、注意与理解学生的陈述，渐进式选用有助于反省思考的反应；从案例主要议题提问以促进思考，避免不利于讨论的行为，比如等待时间不充分、奖赏过快、教师行为独断等。此外，教师在案例讨论过程中应保持中立,避免批评学生,要放弃"权威"角色,尊重学生、鼓励学生,引导学生高度参与讨论,等等。

第三节 分析与反思

一、案例后分析:总结案例中的问题

对案例中的问题进行总结,主要包括两部分内容:一部分是文化展示之前留学生的疑问;一部分是汉硕生文化活动案例展示本身存在的问题。

(一)从案例中发现留学生感兴趣的问题及问题类型

根据传播学理论,信息的接收者即受众使用媒介的动机包括:获取信息,了解外部世界;娱乐消遣,满足精神、情感需要;获取知识。结合本次案例及以前有关烹调主题的文化活动,可以发现留学生对有关烹调的问题非常多样。从历年资料可以总结出留学生关注的问题往往有:中国烹调有什么特点?为什么中国人做菜看似比较随意?为什么中国人不分开吃饭?中国人为什么热衷讨论饮食?中国人为什么吃狗肉?为什么吃动物内脏?为什么要在汤里放枸杞和红枣?等等。

综合考虑,留学生的问题其实可以分为两大类,一类是"有什么",一类是"为什么",其中"为什么"往往比较多。从汉语本身特点来看,"什么"表示疑问,加在指物或指人的名词前,问事物的性质或人的职务身份等。"为什么"一般是询问原因或目的(吕叔湘,1980:483-552)。由此可见,留学生对每个文化专题的疑问更多不是对性质的提问,而是难以理解某种做法的"原因"或"目的"。

留学生所有的疑问都与传播中的"理解"理论有关,信息发送者希望受众留意其消息,了解其内容,并能适当改变态度或信念,或者做出信息发送者期待的行为反应。而"理解"理论告诉我们,解释消息的过程是复杂的,信息发送者的目标也许很难达到。没有哪个信息发送者可以假设,某条消息对所有的接收者都会产生他们想要传达的意义。理解是个复杂的过程,人们通过这个过程选择、组织和解释感知的刺激,使其成为关于世界的一幅有意义的连贯画面。我们的大脑皮层几乎有一半用于视觉智能或者观察,第一阶段发生在第一眼看刺激物的时候,它提供了一个总体的印象。因而具有突出特点的刺激物会首先被注意到。第二个阶段会对各种突出特点集中注意。

"理解"受到一些心理因素的影响,包括过去经验得出的假定(几乎在无意识的层面上起作用)、文化期待、动机(需要)、情绪及态度。而关于文化期待,其中的"双眼竞争"告诉人们,文化背景对理解的影响表现在,人们强烈的倾向在于看到来自本文化的场景而非来自不熟悉文化的场景(赛佛林、坦卡德,2006:63-71)。

根据这个理论我们可以理解,为什么留学生对中华文化专题有那么多的"为什么"而不是"有什么",也就是说当他们带着文化期待即强烈的倾向,在看来自不熟悉文化的场景即中华文化专题而非来自本文化的场景的时候,就会发现没有看到熟悉的文化场景,于是疑问丛生,产生了许多"为什么"。而且这些疑问大部分不是详细调查之后的疑问,一来客观条件不允许,留学生不可能像专家学者一样,对某专题展开大量翔实的调查;二来因为"人是认知的吝啬鬼",所以在处理复杂信息方面的有限复杂性迫使大脑奉行"认知节俭方法",即形成简单化的思维模式。人们使用各种概略方法处理来自报纸或广播的新闻,而且倾向于储存从证据中得出的结论,而不是证据本身。通过各种概略方式处理新闻是应付信息超载的一种有效方法,所以会将接触的大量信息当作无关信息置之脑后(赛佛林、坦卡德,2006:66-76)。因此,在展示中华文化专题之前,不能期待留学生在提问时会非常客观地表述"为什么有些或某一个中国人会如何如何",而是要做好心理准备来面对留学生式的疑问,例如,为什么中国人喜欢吃狗肉、吃动物内脏等。

(二)从案例中发现汉硕生文化活动展示存在的问题

从前面的论述可以知道,每一个案例中的文化活动、文化产物与文化观念应该有机结合,而且该活动中的信息应该符合显著、易得、有对比、清晰准确和公正客观的特点。

对照上述标准,可以发现案例1中,因为有开学第一周教师提前划定的大致框架作为指导,案例1中的PPT展示,既有关于餐饮的厨房做饭场景,也有就餐的餐桌场景,而且注意了"有对比",并且指出了中西餐食谱的不同情况;在文化产物方面,既有中国的茶点,还有非常具体的北京、厦门、重庆、潮汕地区的各种代表菜式。此外,列举了英国、法国、土耳其等国的部分代表性菜品,还介绍了一本美国1886年出版的书籍,证明美国人曾经也吃动物内脏。在文化活动方面,介绍了中国人餐桌上共食几盘菜的习惯,也介绍了西方曾有过的罗马贵族卧姿合餐。在文化观念方面,回应了中国合餐的原因和历史演变,引用了霍夫斯泰德文化维度理论,对比了集体主义和个人主义的差异,并将其总结为中西方观念的不同。

课堂讨论时，有汉硕生针对八大菜系提问，例如，是否应该将八大菜系介绍给留学生？说到烹调，是不是一定会归结到中西文化差异？也就是说，案例1中的信息是否完全符合显著、易得、有对比、清晰准确和公正客观的特点？

二、案例后反思：从三方面发现问题

汉硕生（发送者）进行文化展示，必然要"告知（或称传输、交换）"（传播的方式）自己的教学对象（接收者）一定的文化信息（传播的材料），所以对本编所有案例的分析和讨论都围绕三方面进行，即汉硕生（发送者）、向教学对象传输的信息（传播的材料）和将来的教学对象（接收者）。

第一，作为信息发送者的汉硕生要理解自己的教学工作就是传播，所以首要的应该是理解汉语国际教育视域下的"传播"。

第二，向教学对象传输的"信息"即传播的材料，汉硕生应该控制和引导传播内容，尽量消除或减少造成受众理解偏差的可能，信息编码要清晰准确，还要关注受众可能的逆反心理，尽量提供客观公正、符合受众需要、形式多样的信息，以提高传播效果。从这一方面考虑，则必须审视每个案例中传输信息的符号是否清晰，是否符合上述要求。

第三，面对将来的教学对象即信息的接收者，汉硕生该如何应对概略式理解？

第四节 从三方面产出知识

一、汉语国际教育即为一种传播

作为信息发送者的汉硕生要理解自己的教学工作就是一种传播，所以要从案例中产出知识，首要的应该是理解汉语国际教育视域下的"传播"。

但与"传播"相关的是，汉硕生要有一个特别清醒的观念，将来在教学中没必要特别强调本职工作是传播中国文化。因为国家的综合实力，除了物质性的硬实力以外，还包括非物质性的软实力。西方战略学者克莱因曾经提出这样一个公式：国家力量 = 硬实力［（人口 + 领土）+ 经济实力 + 军事能力］× 软实力。文化是软实力的核心。所谓"语言文化外交"即以语言推广为手段，对外传播该国的语言及文化；通过教育、文化的交流，提升国家形象，建立彼此友谊，达成文化外交的目的。

正如我们很难接受外国机构向我们宣称"我们要向你们传播美国文化"或"我们要你们接受英国的价值观"的情况一样，在文化传播的过程中，站在汉语传播目标的国家社会立场上，强调汉语国际教育是为了"传播中国文化"也是不合适的。事实上，我们已经遇到了这样的问题：目标传播国家每每并不认同我们"传播中国文化"的目标，甚至还有的将"传播中国文化"曲解为"中国文化侵略"。尤其是随着中国经济的高速发展，各国国际地位的重新调整，国际社会对中国的疑虑也越来越强烈，"中国威胁论"也开始获得越来越多的响应。所以特别突出文化传播口号是不适宜的，不但不切合当今世界经济文化发展的基本原则，也非常容易招致他国的反感。

何况汉语国际教育不但不是单纯的语言教学，也不仅仅是一种文化传播，不应该只是希望由此拓展中国经济实力或提升中国国际政治地位。汉语国际教育在本质上是一种基于语言能力训练而展开的"国际理解教育"，是一个可以影响"情感地缘政治"的过程，它应该是造就国际社会情感沟通的重要力量。汉语国际教育的主要目标至少应该包括汉语能力获得、交际能力建构、经济利益实现、中国文化传播、中外社会互动五个层级（图1-4）。

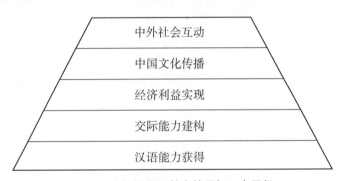

图1-4　汉语国际教育的目标五个层级

胡范铸（2014）认为在"汉语能力获得—交际能力建构—经济利益实现—中国文化传播—中外社会互动"的过程中，"汉语能力获得"只是一个前提性、基础性的层级，根本目标应该是"中外社会互动"。这才是教育者和受教育者可以真正达成共识的汉语国际教育目标，可以明确宣传的汉语国际教育目标。

美国传播学家唐·库什曼等（1989：10）指出："当代沟通的问题，实质上是如何保证怀有分歧观点，但又需要相互依赖的人们在解决共同问题时达成合作。"在汉语国际教育中，就是如何使这些已经对汉语产生学习兴趣的人付诸行动，开始学习汉语，还要使已经在学习的人变得乐于学习，更要把已经乐于学习的人变成汉语的自愿推广者。更进一步说，汉语国际教育不应该只看作是"在国际上开展的汉语教育"，核心是向国外传播"汉语"以及附着于其中的中国文化；而更应该看作是"运用汉语进行的国际教育"。

所谓"国际教育"，联合国教科文组织早在1952年就已规定："解释人类文化差异性的原因，说明人类文明来自各个民族共同的贡献，证明人类进步是全人类的共同遗产，强调各个民族都负有合作的责任，指出国际协议的履行需要人类共同的意志，倡导教育成为国际社会达至世界大同的必经之路，培养年轻一代的和平文化意识，培育年轻一代的国际理解与合作精神。"1974年，联合国教科文组织进一步制定了国际教育的指导原则："多层次的全球视野，尊重所有的民族与文化，意识到人类间不断加深的相互依赖性，沟通能力，意识到人类的权利和责任，国际团结与合作，个人对解决社会、国家和世界所面临的问题做出自己的贡献。"（转引自王涛，2009：42-43）总而言之，汉语国际教育不应该只是构建一种"知识共同体"，也几乎不可能构建"价值共同体"，而应该也可能做的就是构建一种"情感共同体"，也就是一方面让世人注意到中国的文明和美好，另一方面要让世人理解中国现阶段力有未逮的诸多困难。由此，在促进全球大多数的民众"建设性接触"的基础上实现多元文化主义，发自内心地"理解中国""理解中国人民""理解与中国相关的事物"（胡范铸 等，2014）。

总之，汉硕生应该从本案例中理解"传播"包括两点：第一，汉语教学工作本身就是传播；第二，这个"传播"更多的是促进汉语学习者理解中国及相关内容。

二、传输信息的符号具有"不明确"的特点

每一种文化活动都有一个从开始到结束的系统过程，而这个过程就是一次传播，其中包含信息发送者、信息和信息接收者。在传播过程中，人们凭借或者通过符号相互作用，从而产生意义或产生内涵。

信息需要通过符号传输。案例1中除现场的表演外，作为展示中心内容的PPT包含了大量的语言和图片等符号，尤其是其中的语言符号。例如，汉硕生会对如何回答留学生关于吃狗肉、吃动物内脏的问题感到疑惑，这些问题其实都牵涉到语言符号的特点。语言是符号，而符号是人为确定的，意义模糊的、抽象的。关于符号和含义的关系是，人的感知是被符号塑造的。

"语义三角形"举例如图1-5所示。在图中，符号"猫"和猫的物理形象之间的连线是虚线，这表明符号和它的指代物之间的关系是间接的。符

图1-5 "语义三角形"举例

号可以用来代表想法、人、事物、感觉等,但不是事物本身(伍德,2009:122-129)。所以不同群体在面对"狗""动物内脏"的时候,其实两个不同群体只是在就"符号"及符号代表的想法进行交流,而不是对事物本身进行交流。但因为人的感知是被符号塑造的,而符号是人为确定(不同的群体又有不同的确定)的,它们和实际事物之间并没有固定的联系。再加上符号是抽象的、意义模糊的,含义界定不清晰或不稳定,所以"动物内脏""狗"对于留学生和中国人来说,都属于符号,当留学生和中国人面对这样不清晰的符号进行交流的时候,产生不清晰的意义是十分正常的。

面对这样的问题,汉硕生要掌握的规范性知识是,语言属于符号。因为含义的模糊和不确定,所以要做好准备,以面对比较困难的交流。

三、用"提示"应对概略式理解

概略式理解指:"一种认知结构,由组织有序的有关情境和个人的知识构成,这些知识是从过去的经验中抽象出来的,人们用概略式理解来处理新信息,取用已存信息。"(赛佛林、坦卡德,2006:76)。

从上述理论可知,汉硕生即将来的汉语国际教育教师一定会面对像案例1中那样的留学生式的疑问,"为什么中国人……"。可以想见,留学生不会非常客观地将问题表述为"为什么我看到某个(具体的)中国人做了什么",他们往往会将自己以前在本国看到的新闻,或者到中国之后看到或听到的某条信息中,符合自己预期的、与其本国文化相异的、甚至可能是非常特殊的事件,不加区分地表述为"中国人如何如何",而这种概略式理解是人的认知特点。

知道了概略式理解的特点,教师就可以引导汉硕生通过案例1产出规范性知识:如何应对概略式理解。传播学理论表明,将新闻报道与各种概略图式搭配起来的方法是有用的。信息发送者可以通过标题、图像、字幕等方式帮助信息接收者确定是将这信息视为哪一种意义,这种提示可以影响概略方式的发展,以至于当下一则相关新闻出来的时候,人们很可能将这与某个概略(如中国人都吃狗肉)或相反的概略(如不少中国人养宠物狗)联系起来。例如,用带着宠物狗散步的普通中国人的图片来作为提示,反向回应中国人吃狗肉的问题,让留学生下次遇到所谓"中国人都吃狗肉"的问题时,会想起这一幅人和狗和谐相处的图片,至少知道养宠物狗的中国人不在少数,而这一部分人不一定吃狗肉。总之,概略的概念可以帮助我们理解人们如何处理众多的新闻报道或信息,人们通过各种搭配策略试图将一则新报道中的信息与某种原有概略相比拟,如果搭配成功,那新信息的某一部分或从信息中得出的推论很可能会以一种修改后的概略形式被储存起来。如果搭配失败,则该信息很可能无法被吸收(赛佛林、坦卡德,2006:72)。

综上所述,汉硕生可以从案例1中获知如何应对概略式提问"为什么中国人……"。今后在文化活动中可以用特定图片与自己希望输出的信息相关联,形成特定"提示",帮助留学生下次遇到类似信息时,将新信息的某一部分或从信息中得出的推论以一种修改后的概略形式储存起来,从而达到信息输出的目的。

第二章　中国茶文化活动案例分析

[导　语]
1. 组织中国茶文化活动时应该如何展示其中的文化产物、文化活动与文化观念？
2. 茶文化活动与传播学理论结合会产出什么知识？
3. 本章采用"案例分析＋理论援引＋产出传播关键词"的体例编排。

[关键词]　系统；物质；非物质；动态

第一节　中国茶文化活动案例展示

一、案例展示之前的准备

本章开始由本级（如2021年则为2021级）汉硕生在课堂上依次完成文化活动作为案例演示。需要特别说明的是，在本教材三编中，第一编文化活动的预设受众是中、高级汉语水平的留学生。因为第一编的文化活动案例展示期间，本级汉硕生刚刚进入学习阶段，对于将来要面对的留学生汉语水平缺乏了解，也未有清醒的汉语国际教育教师的职业自觉。汉语国际教育培养的汉语教师首先应该具有高度的责任感和使命感，对汉语教学的重要意义有深刻的认识，然后才是专业的知识和技能，包括汉语知识、语言学知识、教育心理学知识、中国文化知识、中国历史地理知识、中国社会知识、百科知识，以及语言理解和表达能力、课堂教学能力、跨文化交际能力、现代教育技术应用能力、外交能力等（崔希亮，2016）。

按照顺序，本章是关于中国茶的文化展示。在文化案例展示正式开始之前，本级汉硕生同样需要提前分组，然后在组长的组织下，共同完成本学期中华文化与传播课程三编的每一项任务。在每个任务开始前，各组要提前分工、筹划、统合，然后合作完成在课堂上的展示。

作为信息发送者的汉硕生，要注意自己在文化活动中发送的信息应该具有显著、易得、有对比、清晰准确等特点，并关注信息接收者即留学生的媒介接触习惯和心理,尽量提供公正、客观的信息。如同本编第一章,在每次文化展示之前,本级汉硕生会根据教师的要求,先询问并收集留学生对本次文化专题的疑问,然后根据留学生的疑问,综合专题内容加以组织并尽量清晰、客观地展示出来。

二、文化案例展示

【案例2】

中国茶文化

案例将提前了解的留学生对中国茶文化方面的疑问并将其作为文化案例展示的框架,案例共四部分。

一、介绍茶的种类、起源和功效

由本组两名中国汉硕生在课堂上模拟英国姐妹来到广州某广式餐厅喝茶的情景。因为案例中她们的角色是"外国人",所以在喝茶过程中会提出若干问题,这些问题将一一引出本次文化活动具体展示的内容。本部分通过"现场模拟表演+PPT"等形式介绍中国茶的种类、起源和功效。

二、茶饮和茶礼

汉硕生通过"现场模拟表演+PPT图片+PPT文字总结"的方式回答留学生提出的对茶饮和茶礼的疑问。

三、茶文化的哲学内涵

通过讨论茶与儒释道的关系,回答留学生对茶的精神内涵方面的疑问。

四、讨论与答疑

在案例展示的最后一部分,汉硕生将收集到的留学生对本专题的疑问分为三大类。

(一)科普类

1. 中国茶的种类有哪些?它们的产地是哪里?功效有何不同?
2. 茶的历史和喝茶的文化源自什么时代?
3. 乌龙茶是什么茶?是红茶还是绿茶?
4. 什么时候喝茶比较合适?
5. 中国茶为什么不加糖?
6. 所有的中国茶都不加调料吗?

(二)礼仪文化类

1. 中国人喝茶有什么礼仪?

2. 中国的茶礼和其他国家的有什么不同?

（三）精神内涵类

1. 在中国传统社会中，饮茶的文化象征意义有什么？
2. 这些传统的象征意义现在还存在吗？
3. 咖啡文化与茶文化的异同有哪些？

汉硕生在案例中对上述三大类问题——进行回答，并总结认为："在中国茶文化中，喝是一种行为，品则是一种文化；饮是一种行为，礼和道则是一种文化；对于中国人来说，茶是一根纽带、一种修行、一种哲学。"

对于有关茶文化的教学，本组也做出了思考，认为今后可以从语言角度出发，将茶俗语引入茶文化教学活动，如"人走茶凉"。还可以从文化差异出发，根据学习者的文化背景和语言水平进行对比教学。也可以从实践教学出发，将教师的讲授与学生的实践活动相结合，深入浅出。甚至可以从中文歌曲、诗词以及其他形式的代表性艺术作品出发进行教学。总之，教学内容要注意交际性、实用性、趣味性。

第二节　提问与讨论

一、案例展示前的提问

在案例展示之前，引导汉硕生关注如下问题：①留学生会对本专题有哪些疑问？②活动中如何回应这些疑问？③案例中的文化产物、文化活动与文化观念展示情况如何？④活动中的信息是否符合显著、易得、有对比、清晰准确和公正客观的特点？

二、课堂讨论

案例展示结束之后，汉硕生先分小组简单讨论一下，然后集体讨论，最后由教师讲评。经过不同角度的讨论和分析，汉硕生全面了解案例中出现的问题或者值得关注的内容，再经由教师引入有关传播理论，从而可以帮助汉硕生从案例中产出与汉语文化活动或教学相关的规范性知识。

本编所有案例展示和讨论都安排在第一课时（约45分钟）内完成，教师会在第二课时首先进行小结，然后再讲授。通过教师的总结，以期把案例中碎片化的知识通过系统教学的分类和有机排序，形成有规律可循的知识体系。

第三节 分析与反思

一、案例后分析：总结案例中的问题

案例中的问题包括两部分：一部分是文化展示之前留学生的疑问；一部分是汉硕生文化活动案例本身存在的问题。

（一）从案例中发现留学生感兴趣的问题及问题类型

根据传播学理论，信息的接收者即受众使用媒介的动机包括：获取信息，了解外部世界；娱乐消遣，满足精神、情感需要；获取知识。

要特别说明的是，受众本身也是一个复杂概念，而本教材所使用的受众专指"汉语教学等相关活动中信息的接收者"，是实际接触到特定媒介内容或媒介渠道的人。受众并非一个固定不变的团体，而且根据媒介的不同可以分为不同类型。在接收和处理信息时，既有群体性，也有个体特性（董璐，2016：197-199）。本教材因为关注中华文化与传播课程中的文化和传播的融合问题，以及其叠合特征，所以不讨论受众的细分研究、个体特征等的复杂性议题，而专注于具有群体性特征的受众所指涉的信息接收者身份。

在这样的框架下，结合本次案例及以前有关中国茶主题的文化活动，可以发现留学生有关中国茶的问题多种多样，从历年收集的资料中可以总结出留学生关注的问题除了本案例所展示的，还包括：为什么中国人爱喝茶？中国年轻人还爱喝茶吗？奶茶里的茶是中国茶吗？中国茶和日本茶有什么区别？等等。

综合来看，留学生有关茶的问题可以分为三大类，除了案例1提出的"有什么""为什么"类的问题外，还多了对比类和变化类问题，比如"茶文化与咖啡文化的区别""咖啡将来会取代茶吗""中国茶与日本茶的区别""奶茶与中国茶的区别""年轻人还爱喝茶吗"，等等。

通过案例1，我们已经分析了留学生"为什么"类问题往往比较多的原因，因为"为什么"多是在询问原因或目的。留学生在每个文化专题活动中提出最多的不是对性质的疑问，而是关注难以理解某种做法的"原因"或"目的"类问题。与案例1不同的是，案例2出现了对比类和变化类问题，这是接下来需要重点分析的问题。

（二）从案例中发现汉硕生文化活动展示存在的问题

每一个案例中的文化产物、文化活动与文化观念应该有机结合，活动中的信息应该符合显著、易得、有对比、清晰准确和公正客观的特点。

对照上述标准，可以发现，因为有开学第一周教师提前划定的大致框架以及案例1的展示作为指导和参考样板，案例2中的现场演示、PPT展示时，在文化产物方面，不仅有关于中国茶的种类和详细图片，而且注意了"有对比"，指出了英国茶和中国茶的具体差异，比如英国茶是混饮而中国茶是清饮。在文化活动方面，有去餐厅或茶楼喝茶的现场演示。在文化观念方面，回应了中国茶和英国茶的不同，指出了中国茶礼仪的特点：注重主次尊卑、以茶待客、以茶作礼，修身养性、自然和谐，体现儒家文化、农耕文明和集体主义。而英国茶礼仪的特点为：注重绅士淑女风范、端正优雅、重个人修养、丰富精致且开放自由，体现英国资产阶级的绅士文化、工业文明和个人主义。两者差异明显。

课堂案例讨论时，汉硕生对如何回应"咖啡文化和茶文化的异同"，产生了疑问；对如何回应"日本茶和中国茶的差异"，也没有形成相对统一的看法。

二、案例后反思：回答对比类和变化类问题

从汉硕生（发送者）、向教学对象传输的"信息"（传播的材料）和将来的教学对象（接收者）三方面考虑。向教学对象传输的"信息"即传播的材料，汉硕生应该控制和引导传播内容，尽量消除或减少造成受众理解偏差的可能，信息编码要清晰准确，还要关注受众可能的逆反心理，尽量提供客观公正、符合受众需要、形式多样的信息，提高传播效果。面对将来的教学对象即信息的接收者，下文将讨论在案例中如何应对留学生的对比类和变化类问题。

第四节 从回应对比类和变化类问题中产出知识

一、文化是系统的：以茶与咖啡为例

本教材绪论部分已经明确，传播是一个系统的过程。这意味着，传播只能在特定的系统或上下文中才能被理解。而文化是传播赖以发生的重要系统

之一,它也是系统的,一种文化的各个侧面相互联系并且共同作用,组成这个文化的整体。文化是一种生活方式,是观念、价值标准、信仰、组织和实践的体系,被一代接一代地传播,从而保留了生活的某些特别方式。大多数社会都有一种占优势的或主流的生活方式。而且文化不是观念、信仰、价值和风俗的随机组合,而是理解、传统、价值、传播惯例和生活方式的有机组合。"你碰到文化的某个地方,其他的一切都会受到影响",没有一种变化与整个系统绝缘(伍德,2009:92-99)。所以在中国,如何喝茶,甚至如何端起茶杯,如何回答对方关于是否需要喝茶以及怎么泡茶等问题,都有中国的一套方式,这是通过一代又一代的传播保留下来的。

茶、咖啡都是系统的,是本国人生活的一种方式,是这个国家和民族的观念、价值标准、信仰、组织和实践体系的一部分,都各自被一代接一代传播着,从而保留了这个国家生活的某些特别方式。在具体回答茶与咖啡的对比时,可以借鉴传播学理论,先从系统角度考虑文化的物质成分和非物质成分两方面。

(一) 文化包括物质成分

文化既包含物质成分,也包含非物质成分。物质成分指通过人类干涉而被改变的切实的物体和以物理形式存在的物质。所有物品都是从大自然中未经加工的物质开始,然后它们为了新的用途而被铸成新的形式(伍德,2009:103)。例如,案例2所涉及的茶和咖啡。无论是中国的绿茶、乌龙茶、红茶还是普洱茶,都是中国不同地区的人为了某种用途而创制出来的,例如江浙等地的绿茶、广东和福建常见的乌龙茶、云南等地的普洱茶,都包含着茶文化当中的物质成分。而咖啡,自然也包含其独有的物质成分。

茶含有丰富的生物活性成分,主要包括多酚、生物碱、氨基酸、糖类、蛋白质、矿物质、挥发性化合物等,茶中的大多数酚类化合物是多酚,具有抗氧化、抗突变和抗癌等生物学作用。茶也含有咖啡因。而咖啡是一种原产地在非洲地区的植物,咖啡饮品是用经过磨制的咖啡豆烹煮而成的一种饮料。咖啡是由800多种挥发性化合物组成的复杂混合物,其中主要活性成分是咖啡因和绿原酸。茶与咖啡两种饮品有异同点。相同之处是,二者都是散发着香气的饮品,并且二者饮用后都具有提神醒脑的功效。不同之处在于:茶的味道是淡雅的清香,茶树生长于气候温润的地区,被认为如同中国人的性格一样以温婉含蓄为主;咖啡是醇厚的浓香,生产于炎热气候里的咖啡,被认为如西方人一样以热情奔放为主(赵恩光 等,2019)。总之,从物质成分来看,茶和咖啡差异显著,但它们都含有咖啡因。

（二）文化包括非物质成分

文化还包括非物质成分。这些无形的创造同样反映了文化价值，并且影响着个人和社会的习惯。如茶与咖啡精神方面的内容。

文化非物质成分有四个重要侧面：信仰、价值取向、语言和规范。

信仰是有关什么是正确的、真实的、有效的概念。信仰可能源自宗教信仰、经验（如中国人认为绿茶要嫩、要新鲜，不能久放）、科学（如绿茶含有儿茶素等有益成分）。无论正确与否，文化信仰影响着个人和社会的行为方式（伍德，2009：103-104）。所以大部分中国人喜欢喝绿茶，有可能是相信绿茶的功效。

文化的价值取向通常是对什么行为和事物是好的、合适的、值得的以及重要的等加以阐释所表现出的共同观念。信仰是关于真实的方面，而价值是关于生活中哪些事情值得被重视的方面。

文化的语言因素塑造了我们对世界和对自己的思考方式。语言会经过价值取向的过滤，所以在学习语言的过程中，会学习到文化中的信仰、价值取向和规范。

规范通常是指导一种文化中的成员如何行动以及如何感觉和思考的规则。规范定义了特定情况下，哪些是正常的、恰当的。例如，在中国家庭，客人来了要请客人喝茶，这是正常的、恰当的。而在西方，去咖啡馆写作或学习是很常见的。

（三）茶与咖啡的不同

咖啡与西方人的文化生活息息相关。现在中国各地也有数不清的咖啡馆，这些营造了中国的咖啡文化。中国文化崇尚的是天人合一，所以中国茶叶无论是绿茶、红茶、白茶还是花茶，尽管经历了杀青、揉捻、烘干和发酵等过程，但是依然保留了茶叶的原始形态、自身的香气，甚至保留了茶叶的绿色。在最大限度保留茶叶的自然本真的同时，还推崇选取自然界中最纯净的水来泡茶，而中国古代还用泥土做的茶炉来煮泡茶的水，用干草和树枝作为烧茶水的燃料，现代人也还保留着用泥土烧制的茶壶和茶碗来饮茶的习惯。所有这些都尽最大可能保留自然的原始风貌，认为只有饮用这样的茶才会做到人与自然的统一。

在语言方面，汉语中与茶相关的词语有"客来敬茶""粗茶淡饭""人走茶凉"等。中国人还会将绿茶分为新茶和陈茶，显然新茶比陈（陈旧）茶要好。有时候也会说请喝一杯清茶，此处的"清"也是指在语言中包含的正向价值取向。

而做咖啡的第一个步骤就是将咖啡豆炒熟后研成粉末状，冲泡好的成品咖啡汁里找不到一点咖啡豆的影子。咖啡与咖啡豆成了不同的事物，二者的联系被磨碎了。西方人更注重的是冲泡好的咖啡的味道，而不是咖啡树上的咖啡豆的形态。这些都体现出了中西方思维方式的差异（尹波，2017）。

咖啡对于国人而言是一种舶来品，它可能代表的是年轻人对时尚的追求与好奇。大部分中国人喜欢茶，中国的茶道是中国茶文化的中心，融儒释道于一体，包含传统文化里的谦让、恭俭、宽容等。西方国家则较多地受到当地山地与海洋的影响，受到地势上的阻碍，在寻求改变生存之道的时候也开拓了口味、形态和营销策略。茶在中国几千年来变化不算巨大，倾向于"因循祖制，唯古是法，尊古泡制"。所以茶在中国历史悠久，始终有着自己的存在方式和存在状态。欧美国家则在短期之内开发了方便携带和泡制的袋泡茶、速溶茶以及冰茶等，尽管中国仍然是茶的最大生产国，但是西方国家在不断研发新的茶形式与咖啡形式，比如现今流行世界的星巴克（叶婷婷，2016）。

从历史源流看，15—17世纪的地理大发现是咖啡作为符号进化的重要转折事件，这一以欧洲为中心的历史观认知活动，让欧洲人的文化自觉热情空前高涨。人们在咖啡馆里交流思想，讨论时政，挥洒创作热情。哈贝马斯曾将咖啡馆誉为资产阶级公共领域的重要代表，认为它一方面"不受公共权力管辖"，另一方面又"跨越个人家庭的局限，关注公共事务"（转引自廖宏勇，2014）。换言之，咖啡馆让人们从国家权威、公共权力中得到解放，获得了在公共场合讨论公共事务、政治问题的自由。由于受到贵族和知识分子的追捧，咖啡馆成为当时颇具文化意味的社交场所，不少文人、艺术家汇聚于此，一批有代表性的文化巨作也随之出现。在这一时期的文艺作品中，咖啡被描绘成了文化意蕴深远的符号。咖啡于是由一种功能性的自然"物"完成了其符号取向的"进化"，成为一种指代自由、民主、平等，象征近现代西方社会文明的符号。如果说殖民主义让咖啡跨区域传播，那么现代性则让这一符号"物"跨越文化围篱，潜移默化地影响不同文化传统的人。就中国来说，咖啡自清朝进入国人视野，先是少部分人享用的"稀罕物"，于是咖啡被打上了阶级神秘性。后来咖啡馆在近代中国的一些大城市中迅速普及，一些进步人士常常汇集于此，感受这个"现代性的想象空间"，借助"到咖啡馆喝咖啡"这一"时髦"行为，获得了对现代文明的认知以及对自身文化的省悟。在这个意义上，咖啡标定了人的"现代性"品格，而这种品格在逐渐演化为时尚印记的同时，也发展出现代性意义上的身份认同。客观上，咖啡消费体现了一种如何在更替变化的现代性环境中确认自我的方式，而这个现代性身份符号的背后，也有媒介语符的作用。在当今消费社会中，"喝什么"已不是一种生理需求的选择，而是一种社会意义的选择。"喝咖啡"这一符号化的行为被定义为一种高级需求，以及现代性的"自我实现"，但是这种符号运作行为所标榜的"自我实现"，激发它的正是媒介创造的一种不同于从前的"身份"价值尺度。这一价值尺度最终在符号能指、所指的"内爆"中，成为社会生活乃至衡量人生价值的尺度，于是"喝咖啡"成了所谓的"时尚消费"。人们通过这一意义实践，透过消费模式中符号的使用，轻易达成以时尚为摹本的身份认同。媒介依据现代性（时尚）的逻辑编织的咖啡话语让人期待那个若即若离的"理想我"，其实这种可见性的规则，制定者是"现代性"，而执行者则是"媒介"（廖宏勇，2014）。

以上就是茶与咖啡从物质文化和非物质文化两方面考察得出的不同之处。虽然在物质成分上有相似，但是在文化的非物质方面，二者通过一代又一代的传播形成了今天的样式，中国茶更重自然，以西方为代表的咖啡（暂时搁置其他地区的咖啡文化）则与欧美国家的地理条件、文化规范相关。至于咖啡是否会取代中国茶，首先要了解咖啡在今天的消费社会联系的不仅仅是物质的咖啡因和绿原酸，而更多的是媒介的推动，只要中国人在精神上对自然和古法的追求还在，估计咖啡完全取代茶是不太可能的。总之，讨论对比类问题，要从文化的物质和非物质两方面系统讨论。

二、文化是动态的：以中国茶和日本茶为例

文化处于不断的发展变化中，要适应自然界，包括地理位置、可获得的自然资源、气候的变化和人类的行为，如发明等。同时，文化通过不断进化以继续存在。文化价值观和文化行为不是随意的，而是在一定的社会历史和地理环境中发展出来的。例如，日本玄米茶的诞生其实是因为当时茶叶稀缺，普通人就想到了把炒熟的大米跟茶叶一起泡，尽量延长比较稀缺的茶叶的使用时间。而起源于功能用途的文化惯例可能最容易得以保持，所以中国茶会一直延续下去，因为茶显然有解渴的功能。

中日茶文化都以茶为载体将自己的精神理念体现在茶道的实体活动中。中国茶将传统的儒家文化、修身养性的理念体现于品茶与作茶诗、绘茶画等实践活动中。日本茶道秉承从中国传入的禅宗理念，将其体现在茶道礼仪、茶道规范、茶道技艺上。

传播会引起文化变化，其首要方式就是通过对某一事物的命名，这决定

了人们对该事物的理解（伍德，2009：111-113）。例如，中国人常常说"喝茶"，也会提到"茶艺"，但是日本会使用"茶道"。茶作为一种先进的精神文化的载体从中国传入日本，其发展模式是从精神起步的。因为最初传入日本的茶叶数量十分有限，所以日本高僧是把茶文化作为先进文化的一部分来传播的，它一开始就带有"精神文化"的浓重的宗教色彩。而中国人的"以茶礼人""以茶表敬意""以茶行道""以茶雅志"，都是通过饮茶贯彻儒家的礼、义、仁、德等道德观念以及中庸和谐的精神。

日本茶道的"和、敬、清、寂"公开申明的"茶禅一体"，吸收了中国茶文化思想的部分内容，它规劝人们要和平共处，互敬互爱，廉洁朴实，修身养性。中国茶文化崇尚自然美、随和美。中国茶文化最初由饮茶上升为精神活动，与道教的追求静清无为的神仙世界很有渊源关系，作为艺术层面的中国文化强调自然美精神便成了一种传统。但是中国的茶道没有形式可循，往往也道而无道了，这影响了茶文化精髓的作用发挥和规范传统。

相反，日本茶道程式严谨，强调古朴、清寂之美。日本茶道主要源于佛教禅宗，提倡空寂之中求得心物如一的清静之美是顺理成章的。但它的"四规""七则"似乎过于拘重形式，打躬静坐，世人是很少能够感受到畅快自然的。日本茶道有固定下来的泡茶形式和泡茶内涵，而中国文化中，"道"存于万物，不拘泥于时间、场合等，二者不能等量齐观（唐黎标，2018）。总之，文化在呼应发明、扩散等过程中不断变迁，传播也会挑战现状，让人们接受新观点、新角色、新生活模式等。

日本的茶道，无论从形式还是从实质来说，都同中国文化有着不可割裂的联系。但一方面，中国茶文化传到日本距今已经一千多年了，茶文化在日本本土从最初的模仿到不断地改造和不断地注入日本的民族特性，最终成为代表和体现日本民族性的文化；另一方面，中国茶文化也处于不断的历史变迁过程中。所以，中国茶文化和日本茶道既有联系，又有较大的差异。

中国的茶文化在发展过程中，中国文人、士大夫阶层是中国茶文化形成和传承的主要力量，中国茶文化也深受中国本土儒释道文化的影响。日本则不同，日本的茶文化起点较高，因为起先时候茶叶在日本极为珍贵，在发展过程中日本茶道文化的传承主要靠的是将军武士阶层，并受到日本禅宗文化和武士道文化的深刻影响。中国茶文化体系更加庞大，包含的内容更多，类型更加复杂，中国人更多地把饮茶当成一种生活方式，较为随意、随性。而日本茶道的体系相对较小，但内容规整、讲究细致，但在茶文化的核心思想、基本内涵方面，中国茶文化和日本茶道文化所追求的内容是相通的，即一个"和"字（汪洋，2017）。

汉硕生可以从案例2中理解如何回应对比类和变化类问题。在回答之前，可以从这两个角度考虑：一是系统，即需要思考为什么这是问题，以及在这个问题的系统即物质文化和非物质文化两方面各有什么特点？二是动态，即该问题的历史变化为何。

第三章　中国服饰文化活动案例分析

[导　语]
1. 组织中国服饰活动时应该如何展示其中的文化产物、文化活动与文化观念？
2. 服饰文化活动与传播学理论相结合会产出什么知识？
3. 本章采用"案例分析＋理论援引＋产出传播关键词"的体例编排。

[关键词]　扩散；同质性；异质性

第一节　中国服饰文化活动案例展示

一、案例展示之前的准备

本次案例由本级（如 2021 年则为 2021 级）汉硕生完成关于中国服饰的文化展示。在文化展示正式开始之前，本级汉硕生在组长的组织下，提前分工、筹划、统合，然后合作完成在课堂上的展示。

根据本编的理论要求，作为信息发送者的汉硕生，要注意自己在文化活动中发送的信息应该具有显著、易得、有对比、清晰准确等特点，并关注信息接收者即留学生的媒介接触习惯和心理，尽量提供公正、客观的信息。本编每次文化案例展示之前，本级汉硕生会根据教师的要求，先询问并收集留学生对本次文化专题的疑问，然后根据留学生的疑问，综合专题内容加以组织并尽量清晰、客观地展示出来。

二、文化案例展示

【案例3】

华夏有衣，悠悠千年

汉硕生提前了解留学生对中国服饰文化方面的疑问，并以此作为文化案例展示的线索，共四部分。

一、中国服饰的历史演变

本部分要回答留学生的问题是：中国服饰的特点是什么？中国历史上有哪些服饰？

展示开始时，本组成员作为模特身着汉服依次上场，在课堂上模拟时装秀完成了本组自创的"双鸭山大学"（中山大学的戏称）电视台转播的"时装周汉服秀"（图1-6），模特们依次展示了青绿四叶草纹仿烧花真丝雪纺褙子、烟蓝幻色雪纺百迭裙、青灰梅花蝴蝶暗地真丝提花褙子、兰桂齐芳素纱百迭裙、素白苎麻合领对襟箭袖短衫、月白横罗马面裙等历代服饰。

图1-6 课堂上的汉服秀

在汉服秀之后，再结合留学生提出的中国服饰的特点是什么、中国历史上有哪些服饰等问题，一一通过"PPT+图片"等形式给予回答。

案例3总结中国服饰特点为：色彩鲜明、工艺精美、重视细节装饰，体现等级观念，弱化人的本体，模糊性征。平面剪裁，服装宽松舒适、飘逸自如。

二、中西方视角的中国风

本部分要回答留学生的问题是：为什么这些衣服和西方时装周上常见的不一样？什么是真正的中国风？结合留学生提出的问题，一一通过"PPT+图片"等形式给予回答。

如图1-7所示，通过查找网络资料，汉硕生发现西方时装周上的所谓"中国风"，或是在服装不合适的地方出现不合适的汉字，比如胸前居然有"回旋踢和烤面包"的字样；或是有非常恶俗的文案设计，比如提包上有"我爱他""我爱我""你爱我"的字样；或是所有的衣服都是大红大紫，像福娃一样的巨大头饰。

图1-7 奇怪的中国风服饰

针对这些问题，汉硕生在案例3中通过查找资料、组内讨论，认为之所以出现上述图片中这些西方人乐在其中、中国人却认为非常难看的"中国风"，是因为它们都经过了西方人想象的再创造，这种设计徒有"中国风格"的外表，而事实上从造型到装饰都是西方的，它以"中国"为题材，把各种想象中的"中国元素"集合在一起，变成一种奇特的、富有创意的设计，让人叹为观止（袁宣萍，2010）。在案例3中，汉硕生清楚地意识到，某个文化符号不等于本土文化特征。同时认识到，要向日本和服的现代设计过程学习，发掘汉服背后的精神内涵。

通过文化展示的资料准备和搜集工作，汉硕生认同葛兆光先生（2011）的提法，即无论提中国象征也好，中国元素也好，更重要的是背后要有精神来贯穿。没有这个精神的贯穿，表面上样样都是"中国"，而内涵恰恰不是"中国"。因为中国传统是一个整体，是一个有历史、有精神的文化。

那些在鞋子上出现的别扭、奇怪的"福"和"发"，衣服胸前刺绣的"皮椅"字样，以及犹如鸡蛋灌饼式的拖地长裙，显然不是真正的中国风，因为它们根本无法体现中国的历史和精神文化。

三、中、日、韩三国传统服饰的差异

本部分要回答留学生的问题是：为什么中国的传统服饰和日本、韩国（尤其是韩国）的这么像？日本、韩国都有国服，为什么中国没有？

针对留学生的问题，汉硕生通过"PPT+图片"等形式予以回答。汉硕生在案例3中从历史沿革和文化交流方面加以讨论，日本江户时代的《装束要领抄》指出："和服沿唐衣服而其制大同小异。本邦通中华也始于汉，盛于唐世时。朝廷命贤臣因循于往古之衣冠而折衷于汉唐之制。"古代朝鲜半岛和日本在与中国的往来交流中，也将纺织、染色、剪裁等工艺带了回去，这就是现在造成困惑（留学生提出的"中国传统服饰与日韩的很像"的问题）的原因之一。

至于"为什么中国没有国服"，案例3从三个方面进行了回答：在民族性方面，因为中国是多民族国家，服饰具有多样性的特点；在历史性方面，满清入关之后，汉民族服饰体系断代；在普及性方面，汉服还不为大众熟知，也没有官方的规范体系。综合起来，就有了"目前中国没有国服"的说法。

四、传统服饰的现代演绎

案例3与服饰相关，而本组汉硕生正好有一位非常热爱汉服的同学。在进行汉服秀时，这位同学负责提供现场模特的汉服，再加上本小组成员对汉服的喜爱，所以在案例3中该组针对汉服问题提出了汉硕生的思考：汉服应该如何走向日常化与现代化？经过思考，该组给出的答案是：形制为本，融入生活，汉洋折中，个性混搭，提取元素，进行时装设计。

在案例3结束部分，汉硕生还对中国传统服饰和西方服饰进行了对比，讨论中国服饰的文化内核以及对待中国传统服饰的态度问题。结论是，中国传统服饰衣袂飘飘，自带"仙气"，而西装礼服立体修身。中国传统服饰纹样各异，含义丰富；西装多颜色张扬，设计简易。西方服饰张扬开放，有棱有角，突出两性特征，犹如爵士乐；东方服饰则含蓄内敛，宽衣博带，天人合一，犹如朦胧诗。总之，中国服饰的精神内核是"天人合一"。

第二节 提问与讨论

一、案例展示前的提问

在案例展示之前，引导汉硕生关注如下问题：①留学生会对本专题有哪些疑问？②活动中如何回应这些疑问？③案例中的文化产物、文化活动与文

化观念展示情况如何？④活动中的信息是否符合显著、易得、有对比、清晰准确和公正客观的特点？

二、课堂讨论

案例展示结束之后，汉硕生先分小组简单讨论，然后集体讨论，最后由教师讲评。经过不同角度的讨论和分析，汉硕生全面了解案例中出现的问题或者值得关注的地方，再经由教师引入有关传播理论，从而可以顺利从案例中产出规范性知识。本编案例展示和讨论都设计在第一课时（45分钟）全部完成，教师会在第二课时进行小结。

因为本专题内容为中国服饰，并且现场进行了汉服秀表演，所以这次的课堂讨论非常热烈。班级大部分汉硕生对汉服并不了解，当亲眼看到自己的同学演绎汉服秀时，他们表示非常震撼，觉得有趣而且非常美。但是对于汉服能否走向日常和现代生活则表示不确定，认为从总体上看，汉服仍然是比较小众的选择。对于如何回应留学生关于汉服的疑问，大部分汉硕生并未找到理想的答案。

第三节 分析与反思

一、案例后分析：总结案例中的问题

案例中的问题包括两部分内容：一部分是文化案例展示之前留学生的疑问；另一部分是汉硕生文化活动案例本身存在的问题，或者课堂讨论中存在的争议问题。

（一）从案例中发现留学生感兴趣的问题及问题类型

根据传播学理论，信息的接收者即受众使用媒介的动机包括：获取信息，了解外部世界；娱乐消遣，满足精神、情感需要；获取知识。而案例3相比案例1和2，多了不少留学生希望获取信息的疑问，例如，中国服饰的特点是什么？中国历史上有哪些服饰？这些问题大都与"汉服"相联系。

汉服是中国汉民族几千年服饰概念的积累，汉服作为华夏民族历史文化外在表征，承担着传承历史文化，展现汉民族文化积淀的责任。尤其是近几年，汉服作为一项文化和产业，在商业运作中越来越受到人们的重视。在电影方面，演员的服装设计别出心裁，古装电影汉民族服饰美轮美奂，汉服作为有力的视觉元素，与其他元素一样承载着表达电影主旨、烘托场景气氛的功能（张宁钢，2015）。许多留学生都是通过影视了解中国服饰，所以在他们心目中，中国服饰约等于影视中的汉服，或者说所有影视作品中的中国服饰，留学生都认为是汉服。因为"概略式理解"的关系，留学生是不会区分到底是中国哪个民族、历史上哪个朝代的服装，而是将其统称为中国服饰或汉服。

结合案例3及以前有关中国服饰主题的文化活动，可以发现留学生有关中国服饰的问题非常多样，除了案例3所展示的，还包括：①中国古装剧里古人的衣袖为什么那么宽大、那么长？②为什么中国年轻人平时很少穿传统服饰？③中国人以前为什么穿那么多？④为什么皇帝大臣穿的衣服不一样？⑤以前的衣服那么好看，现在中国人为什么不穿了？等等。

综合来看，留学生对服饰的问题仍然可以分为三大类："有什么"、"为什么"和异同与变化类，比如"中国古代服饰的特点是什么""汉服与韩服、和服的异同""为什么中国年轻人平时很少穿传统服饰"等。

通过案例1，已经知道"为什么"类问题一般是询问原因或目的。留学生对每个文化专题更多的不是对性质的疑问，而是难以理解某种做法的"原因"或"目的"。案例3与案例2相同的是出现了异同与变化类问题，这是接下来需要重点分析的问题。而且案例3的这些问题与案例2的虽然类似，但又有区别，区别在于案例2中有比较常见的中西方对比问题，而案例3中留学生对差异的疑惑更集中在东亚国家之间的异同方面。

（二）从案例中发现汉硕生文化活动展示存在的问题

每一个案例中的文化产物、文化活动与文化观念应该有机结合，而且该活动中的信息应该符合显著、易得、有对比、清晰准确和公正客观的特点。对照上述标准，可以发现案例3中，汉硕生对中国服饰的展示重点放在了汉服展示上，这就关系到本次文化专题的核心定义：什么是中国服饰？

因为有开学第一周教师提前划定的课程框架以及案例1、案例2的展示作为指导和参考样板，本案例中的现场演示、PPT展示，在文化产物方面既有关于中国服饰的种类和详细照片，又注意了"有对比"，指出了汉服与韩服、和服的历史源流及差异。在文化活动方面，讨论了目前中国一些年轻人会自发地组织汉服社，会穿汉服参加各种活动等。在文化产物方面，突出介绍了中国的汉服。在文化观念方面，回应了中国传统服饰和西方服装的不同，指出了中西服饰的不同特点。

二、案例后反思：回答异同类和变化类问题

从汉硕生（发送者）、向教学对象传输的"信息"（传播的材料）和将来的教学对象（接收者）三方面考虑。向教学对象传输的"信息"即传播的材料，汉硕生应该控制和引导传播内容，尽量消除或减少造成受众理解偏差的可能性，信息编码要清晰准确，还要关注受众可能的逆反心理，尽量提供客观、公正、符合受众需要、形式多样的信息，提高传播效果。所以面对将来的教学对象即信息的接收者，下文将讨论在案例中如何应对留学生的异同类和变化类问题。

第四节 从回应异同类和变化类问题中产出知识

一、中华文化是复数的，服饰亦然

中国文化传统是复数的，而不是单数的。而中国服饰是中华文明的重要组成部分，是对中华文明一个侧面的具体反映。中国是一个以汉民族为主体的多民族共同发展的国家，中华文明的发展进步是不同民族文化碰撞、交融、共同作用的结果。在整个过程中，除了汉民族在中华服饰发展历程中的主体、主线作用，还应实事求是地考虑到周边民族以及外来民族对中国服饰发展的重要贡献（孟繁冶，2002）。

从叠合特点来看，案例3虽然将展示题目定为"华夏有衣，悠悠千年"，但只重点介绍了汉服，尤其是传统汉服，而忽略了历史上融合的其他民族服饰，也忽略了近现代中国服饰。此外，在饰物搭配及其与服饰的关系问题上，也未在展示前加以界定。因为"服"和"饰"在服饰史著作中定义不同，有的将配饰归入服饰之目，与之相提并论，有的则避而舍之。案例3因为展示时间有限，只将重点放在了"服"而非"饰"上。不是不可以这样来选择重点，而是应该在文化展示之前，介绍说明"因时长限制，本文化活动仅展示服饰的'服'以及中国服装里的传统汉服部分，暂不介绍少数民族服饰和现代服饰"。否则，在文化案例展示这一传播过程中，就没有达到提供客观、公正、编码清晰准确信息的要求。

二、服饰文化是系统和动态的

文化是系统的,所以在中国,服饰文化也有中国的一套特有方式,目前的中国服饰文化也是通过一代一代的传播保留下来的。

文化是动态的,意味着它们处于不断的发展变化中。文化要适应自然界(地理位置、可获得的自然资源、气候的变化)和人类的行为(发明、战争),同时也要不断进化以继续存在(伍德,2009:111)。

中国古代服饰随着历史上的朝代更迭不断变化,近现代服饰也是如此。近现代中国服饰文化发展可分为晚清、民国时期和中华人民共和国时期。鸦片战争后,晚清传统冠服制开始动摇。通商沿海城市服饰率先变革,军服、学生服、女装开始近代化。民国时期,民族服装有了新的发展。在民国时期,西式男女服饰被中国民众广泛接受的同时,传统民族服饰也开始借鉴西服元素,创新出了具有独特风格的中国服饰,即中山装和旗袍。五四运动对近代服装产生了重大影响,主要表现为短装和西装的流行。五四运动以后,西服和短装形成一股新的服装热潮。其中,西装继续流行,并逐渐扩散,为社会所认同。在这个时期,西服、革履和礼帽已经成为青年和从事洋务者的常见打扮。中国传统长衫也开始根据职业需要,改作短装以利于工作。

中华人民共和国成立以来,中国服装发展进入了一个新的历史发展时期。至改革开放以前,中国服饰发展出现停滞,政治色彩和工农文化特色浓厚。在"文化大革命"以前,流行的西服和袍褂被摒弃,男子开始青睐中山装,而妇女则崇尚列宁服与花布棉袄。中山装于20世纪50年代在口袋、纽扣和领子方面出现变化,但仍然以"中山装"作为称谓,成为最受城乡中老年男子欢迎的服装。服装中的列宁服深受中国女性欢迎,一时在城市机关企业干部中流行,其主要特点是:大翻领、双排扣,斜插袋,还可以系一条腰带。而花布棉袄成为当时中国城乡女性的普遍冬装,并且沿用时间很长。此时的服饰出现单一化和通俗化的趋势。"文化大革命"期间,中国各地出现了全民着军便服的热潮。改革开放以后,尤其是进入21世纪以后,世界最新潮流时装通过因特网等最便捷的信息通道传到中国,中国服饰发展日新月异,在各方面都出现了翻天覆地的变化,在国际服饰体系占主流位置的欧美服饰全面取代旧军装,中国服饰出现多样化,着装开始个性化(石海清,2011:53)。

在如今的快节奏的生活下,传统服饰的设计及穿衣程序的复杂在一定程度上影响人们的出行。而在年轻人眼中,穿着的方便性又是选择服饰的一个重要标准。一项关于大学生服饰观和消费行为的调查研究表明：大多数大学生都很重视服装的品质和穿着方便性，对流行的关心程度次之。

总之，这些变化就是中国服饰作为一种文化的典型特征：系统和动态。服饰是本国人的生活方式之一，是这个国家和民族的观念、价值标准、信仰、组织和实践的体系，被一代接一代传播着，从而保留了这个国家生活的某些特别方式。

汉硕生应该从案例3中理解并产出规范性知识——服饰问题与文化的系统和动态有关。在具体回答"为什么中国年轻人不穿传统服饰"时，可以借鉴传播学理论，从系统和动态角度考虑。

三、服饰文化适应自然界和人类行为

文化受历史和地理因素的影响，而文化行为也不是随意或武断的，许多是在一定的社会历史和地理环境中发展出来的（伍德，2009：92-99）。

日本、韩国服饰与中国服饰的关系，显然与三国之间的文化交流密切相关。因为历史的原因，也因为地理位置的关系，日本、韩国都深受中国文化的影响。近代以来，日本文化也影响着中国文化，而当代"韩流"影视热也使得韩国服饰影响着中国人尤其是都市人群的服饰。

唐开元七年（719）2月，天皇命令日本百姓服装都改成右衽。九世纪嵯峨天皇诏令："诏朝会之礼，常服之制，拜跪之等，不论男女，一准唐仪。"唐元和十三年（818），菅原清公任式部少辅时，奏请朝廷规定本国礼仪男女衣服悉仿唐制，五位以上的位记都改汉式。唐三百年，日本历时飞鸟、奈良、平安三个时代，飞鸟、奈良时代是日本全面向隋、唐学习的时代。日本模仿隋唐的服饰制度制定了冠服制，在全国范围内全面推广隋唐服装。奈良时期又被称为"唐风时代"，从服装形制可以看出，奈良时期的服饰同唐前期的几乎完全相同。从汉唐中日文化交流史可以看出，日本对中国服饰的学习是一场由上层统治者发起的自上而下的政治改革。它伴随着日本对汉唐政治、经济等制度的学习而推进，因此，它的意义远远超出了服饰本身（崔蕾 等，2001）。到了近代，日本服装也影响了中国服饰，如中山装。在1916—1922年间，孙中山常穿日本学生装即日本陆军士官服，而日本陆军士官服形制来自法国军服。从早期的中山装来看，它的产生有着极强的时代性，民主革命的初步胜利使服装的改革势在必行，代表清朝统治的官服制度必须废止，采用西式礼服则表明对西方文化的接受。中山装就是在南洋企领文装和日本陆军士官服学生装（来自法国军服）的基础上加以改造而成

（张健，2010）。当然，中山装结合了中国传统的审美理念并考虑到当时使用功能的具体要求，设计了适合国人穿着的"新服装"，这种有着"西式服装"的影子，又符合当时中国革命思想需要及生活方式要求的服装，因孙中山先生的创制、率先垂范，并且极力倡导而得名（李迎军，2010）。可见，日本服饰深受中国服饰的影响，而近代以来，日本服饰又深深地影响了中国服饰。

韩服与中国服饰的关系类似日本服饰与中国服饰的情况。高度发达的中华文化体系，包括服饰文化，辐射并影响周边地区，如朝鲜半岛。韩民族服装历史悠久，从韩国大田出土的青铜器纹样和高句丽时代的贵族陵墓中的壁画里可以看到最初韩服的痕迹。当时人们的服装样式受中国北方游牧民族的影响，穿"二重结构"的服装。韩服如同中国服装，也以平面装饰为主。中国刺绣大约在公元前就传入了韩国。三国时代，绣佛、绣帐、绣幡等装点了韩国的佛教文化。中韩传统服饰在形制、外形、细节、装饰、图案、色彩等方面存在一些差异，但也有很多共同特点。特别是与西方服装相比较，同处于东亚文化圈的两国在服饰上共性特点颇多。比如，从外观结构看，中韩服装都属于宽衣结构而非西方的窄衣结构；从装饰看，中韩服装平面装饰居多，而非西方的立体装饰为主；从图案特点看，两国都重视图案的吉祥寓意；从色彩看，两国都崇尚阴阳五行为主导的五色观。更重要的是，从根源看，两国服饰的和谐美都来自中国古代以儒道为基础的主流哲学和美学思想。毕竟韩国是世界上最早输入中国儒家文化的国家之一（吴晓玲，2006）。

服饰是时尚的中心，而大部分青年对时尚较为亲和，他们对时尚的需求和认同，呈现出"花开多面"的现象，体现在服饰中尤为明显。大量韩式风采的宣传攻势，为韩国服饰在中国的推广创造了良好的条件。韩剧以东方文化为基础，吸融并展示出具有欧美现代文化特点的风格，在中国青年的选择中脱颖而出，供求之间有了默契，"哈韩"现象随之产生。韩剧中的服饰色彩清新动感、款式简洁时尚、搭配新颖典雅，体现了日常生活的审美标准。这些令人赏心悦目的服饰，使韩剧备受青年人群的青睐。"哈韩"服饰对中国青年产生了较大影响（金文姬，2012）。高磊（2004）的调查显示，利用自己的品牌进军中国的韩国企业共有21家，品牌数目达近30种，在进军世界市场的41种韩国品牌中，占到了70%。这足以说明中国已成为韩国纺织服装的重要消费市场。而韩国的现代服饰文化是美国、日本在韩国殖民统治后，与韩国本土传统文化融合而形成的。文化形态被巧妙结合，成为服装业发展的推动力量（秦德清，2004）。

总之，文化是在呼应发明、扩散等过程中不断变迁，传播也会挑战现状,让人们接受新观点、新角色、新生活模式等。服饰文化同样如此。

四、服饰文化扩散中的同质性和异质性

传播学理论中的"扩散"研究,是对创新(新的观念、实践、事物等)如何为人知晓并通过社会系统进行推广的社会过程的研究。罗杰斯认为:"接收者认为有较多的相对优越性、兼容性、可实验性、可观察性以及更少复杂性的创新比其他创新会更快被人们采用。"意见领袖与其追随者在许多属性方面都明显相同,"扩散"研究称这种相似性为"同质性",即多对相互交往的人在某些特征方面的相似程度,如信仰、价值观、教育或社会地位。而异质性是多对相互交往的人在某些特征方面的差异程度。在创新扩散中,信源与接收者之间往往有高度异质性(转引自赛佛林、坦卡德,2006:179-180)。

从中、日、韩三国的服饰源流及互相影响就可以看出,服饰文化新形式的扩散正是因为三国之间文化的同质性和异质性。

深受中国儒家思想影响,中、日、韩文化显然存在同质性。第一,注重日常礼仪。中国、日本以及韩国都对长幼、尊卑较为注重。下级要对上级毕恭毕敬,晚辈要对长辈谦逊有礼。在不同场合对不同对象应用不同的礼仪性语言,体现了对礼仪文化的重视。第二,崇尚"和"文化。韩国民族凝聚力较强;日本文化受中华文化影响较深,提倡谦逊、含蓄、和顺的文化理念;和谐、和睦、和平一直是中国崇尚的文化理念,展现了中华民族的精神特质。第三,敬畏自然。通过中、日、韩服饰文化的对比分析可知,虽然各国服装的造型、颜色、材质等存在明显区别,但都乐于将自然万物作为图案装饰其上。三个国家也都偏向在建筑物内广泛应用竹、木、石等自然界中的物质作为装饰。

在异质性方面,中、日、韩服饰文化有着鲜明的差异。红色贯穿中国人(主要指汉民族)的日常生活。而韩国人更青睐青色、黄色、赤色等原色,习惯用鲜亮的原色彰显爱国情怀、强调自我主张、抒发个人情感。日本人则尽量避免使用鲜亮颜色,淡褐色、灰色等经常出现在其传统民族服饰中,不够纯粹且较为低调的杂色逐渐成为其主色调。韩国的韩服、日本的和服以及中国的旗袍是最具代表的民族服装,它们分别承载着三国的文化精髓,彰显了三国的不同文化。其中,韩服色彩艳丽、线条柔美、材质较轻,强调舒适感,有"风之衣"的美誉;日本和服彰显优雅与内敛的气质,注重细节,与礼仪融合在一起,通过坐姿、走姿等诠释服装之美;中国的旗袍兴起于20

世纪 20 年代，注重体现女性的秀体之美。但特别需要说明的是，与其他国家不同，中国除旗袍外，不同时期、地域、民族均有别具一格的服装（张燕燕，2019），即前文强调的"叠合"特点。只有理解文化与传播中的异质性和同质性，才能更好地回答中国服饰与同属汉文化圈国家的异同问题。

总之，汉硕生从案例 3 中产出知识——理解文化的扩散创新，理解异质性与同质性。将来遇到同类问题，可以从扩散理论中寻求可资借鉴的理论资源。

第四章 中国教育文化活动案例分析

[导　语]
1. 组织中国教育文化活动时应该如何展示其中的文化产物、文化活动与文化观念？
2. 教育文化活动与传播学理论结合会产出什么知识？
3. 本章采用"案例分析＋理论援引＋产出传播关键词"的体例编排。
[关键词]　肯定；否定；支持性氛围

第一节 中国教育文化活动案例展示

一、案例展示之前的准备

按照顺序，本次案例由本级（如2021年则为2021级）汉硕生完成关于中国教育的文化案例展示。在文化案例展示任务开始前，各组会提前分工、筹划、统合，然后合作完成在课堂上的展示。作为信息发送者的汉硕生，要注意自己在文化活动中发送的信息应该具有显著、易得、有对比、清晰准确等特点，并关注信息接收者即留学生的媒介接触习惯和心理，尽量提供公正客观的信息。

在文化展示之前，本级汉硕生会根据教师的要求，先询问并收集留学生对本次文化专题的疑问，然后根据留学生的疑问，综合专题内容加以组织并尽量清晰、客观地展示出来。

二、文化案例展示

【案例4】

中国教育

案例将提前了解的留学生对中国教育方面的疑问，并将其作为文化案例展示的框架，共四部分。

一、教育方式

本部分要与留学生探讨的是师生关系。展示开始时，由本组汉硕生扮演一名遇到了教学疑难问题的汉语国际教育教师，在课堂上模拟"汉语国际教育教师的一天"，由该教师的疑问开始展示。

本案例中，作为新手汉语国际教育教师遇到了以下这些问题：①为什么不能直接叫中国老师的名字？②为什么中国老师不太喜欢让学生讨论问题？③为什么中国人上课要保持安静，不能说话？相对应的，与中国教育方式不同需要讨论的有：①为什么西方国家学生可以直接叫老师的名字？②为什么西方国家学生敢于直接质疑老师？③为什么西方国家学生在课上表现得比较自由？

汉硕生根据留学生提出的问题，通过"PPT+图片"等形式予以回答，还在课堂上播放了一段中国老师在英国中学任教时遇到的问题，然后对比了中西教育的不同（表1-2），并进行了概括。

表1-2 中西课堂的不同

项目	与教师相关			课堂情况		
	师生关系	社会地位	文化	称呼	授课	课堂管理
中国	有一定等级关系	官师合一	尊师重道	不直呼老师的名字	单向教授知识为主	服从老师，遵守课堂纪律
西方	平等	独立职业	人人平等	直呼老师的名字	双向互动为主	服从老师，但课堂上较自由

二、中国教育制度简介

本部分主要讨论的是应试教育问题。案例中，本组汉硕生首先回顾了中国的教育发展简况，要讨论的问题是：应试教育真的不行吗？本组汉硕生的观点是，应试教育是公正的人才选拔机制和最公正的竞争方式，学生可以掌握扎实的基础知识。

三、中国教育观念

本部分要讨论的问题是：中西教育观念为什么如此不同？案例中，本组汉硕生首先对比了中西教育观念的不同，认为中国教育是功利主义教育价值取向，中国人相信"学习改变命运"，不仅受儒家思想的"修身、齐家、治国、平天下"观念影响，还受传统的科举取士制度影响。

四、专题总结

汉硕生对本次专题文化展示进行了总结（图1-8），延伸讨论了网络上的"狼爸""虎妈"教育方式，并提出问题："如果将来你的美国学生对中国教育方式提出质疑，要如何应对？"

总　　结

➢ 教育方式：师生关系
　　行为文化层　　等级 vs 平等
➢ 教育制度：应试教育
　　制度文化层　　现状→历史渊源→西方精英教育
➢ 教育观念：德育 vs 智育　　——　　伦理型文化 vs 知识型文化
　　　　　　　人文教育 vs 科学教育　　——　　感性内省 vs 逻辑分析
　　心态文化层
　　　　　　　功利主义 vs 个人本位　　——　　考取功名 vs 独立人格

图1-8　中西教育专题的总结

对上述问题，汉硕生提出的解题思路如下：首先，差异不等于对立。其次，这是因为中国媒体过分渲染了"家长的严格教育一定产出优秀的孩子"。最后，在中西教育差异下对汉语国际教育教师的建议有三条。第一，尊重学生多样性发展——尊重自由发言的权利，双向沟通，加强学生的主观能动性；第二，发掘"本土化"教学方法——以学生为中心，注意教授策略和思维，丰富教学形式；第三，丰富教学内涵，重视文化教学——让学生理解并客观看待中国的文化。

在本案例的结束部分，本组汉硕生还展示了文化活动前按国别统计的留学生对于中国教育方面的疑问。

俄罗斯学生的问题是：①中国老师的学历为什么那么高？②中国学生为什么那么尊重老师？③为什么不能直呼老师的名字？④为什么上课要端端正正地坐着，保持安静，不能说话？⑤为什么中国老师不太喜欢让学生讨论问题？⑥中国学生为什么不喜欢提问题？⑦中国教育经常被说成是应试教育，应试教育好吗？

美国学生的问题是：①为什么中国的小孩一直都在学习？②为什么中国家长喜欢体罚孩子？

乌干达学生的问题是：①为什么上学要起那么早？②为什么老师要布置那么多作业？

柬埔寨学生的问题是：为什么中国学校作业很多，课也很多？

第二节　提问与讨论

一、案例展示前的提问

在案例展示之前，引导汉硕生关注如下问题：①留学生会对本专题有哪些疑问？②活动中如何回应这些疑问？③案例中的文化产物、文化活动与文化观念展示情况如何？④活动中的信息是否符合显著、易得、有对比、清晰准确和公正客观的特点？

二、课堂讨论

案例展示结束之后，汉硕生先分小组简单讨论一下，然后集体讨论，最后由教师讲评。经过不同角度的讨论和分析，汉硕生全面了解案例中出现的问题或者值得关注的地方，再经由教师引入有关传播理论，从而可以顺利从案例中产出规范性知识。本编案例展示和讨论都设计在第一课时（约45分钟）全部完成，教师会在第二课时开始时进行小结。

因为本专题内容为中国教育，并且现场模拟了某汉语教师在课堂遇到的问题，这些问题都围绕着师生关系等教育相关问题展开，所以展示结束之后，课堂讨论非常热烈。关于如何回应留学生关于中国教育的疑问，大部分汉硕生都表示，没想到留学生对中国教育和中国师生关系都普遍感到困惑，并且有如此多的疑问。针对这一情况，汉硕生表示目前并没有找到理想的解决方案。

第三节　分析与反思

一、案例后分析：总结案例中的问题

案例4中的问题包括两部分内容：一部分是文化展示之前留学生的疑问；另一部分是汉硕生文化活动案例本身存在的问题或者课堂讨论中存在的争议问题。

（一）从案例中发现留学生感兴趣的问题及问题的类型

案例4相比案例1、案例2、案例3，最大的特点是，留学生几乎没有提出"什么"或者"有什么"之类的疑问，而是清一色的"为什么"，还有直接的质疑"应试教育好吗？"

结合以前有关中国教育主题的文化活动，可以发现留学生对于中国教育的问题非常多，从教师历年收集的资料中可以总结出留学生关注的问题跟案例4所展示的，差不多都是如下这些问题：①为什么中国学生每天的课那么多？②为什么中国学生总是要背诵？③中国学校好像不鼓励学生发挥创造性？等等。综合来看，留学生有关中国教育的问题几乎全部都是"为什么"，带着一种强烈的疑问感。这也是接下来教师要带领汉硕生一起讨论的问题。

（二）从案例中发现汉硕生文化活动展示存在的问题

每一个案例中的文化产物、文化活动与文化观念应该有机结合，而且该活动中的信息应该符合显著、易得、有对比、清晰准确和公正客观的特点。

对照上述标准，可以发现案例4中，汉硕生对中国教育专题的展示，重点放在了中西教育方式、教育观念的对比上，突出了信息的对比性。在文化产物方面，本组汉硕生玩笑性地展示了中国的所谓"揍娃神器"。在文化活动方面，介绍了一所中学高三考试之前的誓师词，并在课堂上让本班汉硕生代表上讲台，带领全班同学集体重温了一下高考前的誓师仪式。在文化观念方面，回应了中西方教育观念的不同，回应了中西方师生关系的不同，指出了中国教育观念的特点。

课堂讨论时，汉硕生对如何回应留学生对中国教育的种种疑问，例如，对应试教育的看法、对中国教育与创新性培养的看法，通过课堂集体讨论后似乎仍然没有找到理想的答案。

二、案例后反思：如何应对否定类问题

从汉硕生（发送者）、向教学对象传输的"信息"（传播的材料）和将来的教学对象（接收者）三方面讨论。向教学对象传输的"信息"即传播的材料，汉硕生应该控制和引导传播内容，尽量消除或减少造成受众理解偏差的可能，信息编码要清晰准确，还要关注受众可能的逆反心理，尽量提供客观、公正、符合受众需要、形式多样的信息，提高传播效果。

案例4收集到的留学生的疑问基本都是否定类问题，都是表达不理解的

或者不赞同之类的问题。所以汉硕生要通过案例4弄清楚，将来面对教学对象，如何应对留学生提出的否定类问题。这将是下文重点讨论的内容。

第四节　从回应否定类问题中产出知识

一、了解传播中的肯定与否定

案例4中留学生对中国教育的疑问基本上都是否定类的问题，或者通过一系列的"为什么"表达否定意义，例如，中国学校不培养创造性，不支持学生提问，作业太多，让学生没完没了地学习，等等。这些否定类问题其实关系到传播学理论中的"氛围"。当汉硕生在收集留学生对中国教育的疑问，以及面对留学生那些质疑中国教育方面的问题时，感受到的多是非支持性的交流。所以本部分需要讨论的是，汉语国际教育教师应该首先了解传播理论中的"肯定与否定"，并在汉语教学或文化活动中感受到否定的氛围时，运用该理论予以应对。

哲学家马丁·布伯（Martin Buber）认为，为了健康地生活和成长，每个人都需要得到肯定。肯定的本质是对价值的认知。人们希望感受到自身和所做事情的价值。当得到他人肯定时，人们感到愉快和被尊重；被否定则感到被忽视。肯定和不肯定各有三个程度层次。最基本的肯定层次是对他人的认知；第二个层次是对他人的感觉、想法和话语的承认；第三层次就是支持，支持包括把别人的感觉或想法作为正当的事物接受。不肯定则是上述三种情况的反面，即不对他人进行认知，不承认他人的感觉想法和话语，以及不支持（伍德，2009：216-217）。

在案例4中，留学生的诸多疑问集合起来就是倾向否定（或不理解）中国的师生关系、课堂管理、教育观念等，而这些否定的信息显然会影响汉语教学或文化活动中的中国教师与留学生之间的关系氛围。面对这种情况，需要尝试通过交流建立起支持性氛围，以利于教学和活动开展。

二、通过交流建立支持性氛围

（一）分清评价与描述

传播学理论认为，当我们认为他人在评价我们时，往往会产生抵触情绪。当自己是被评论的靶子时，没有人能感受到心理上的安全感。而与评论不同的是描述，描述性传播形容了行为却没有掺杂评价，描述性语言是通过不加判断的方式，形容别人的行为（伍德，2009：220-221）。

在案例4中，根据文化展示的需求，应提前了解留学生对主题的问题。根据前文所述的"概略式理解"，留学生是不可能非常详细地描述自己所见到的中国课堂或师生关系，而是会采用比较简单的评价式语言，比如，"没有创造性""不支持学生提问"，等等。汉硕生要提前了解传播活动中可能会出现评价性和描述性反馈，而评价会让被评价的人产生心理抵触，所以如果留学生关于中国教育的问题让人有不适感，这是非常自然的反应。而将来自己走上工作岗位，也要注意谨慎使用评价性语言。与此同时，教师要鼓励留学生对有关中国教育的问题减少使用评价性语言，而尝试使用描述性语言，比如，"课堂上老师布置了6道题"，这个就比"作业太多了"这种评价性语言要容易被听者接受，也有利于双方交流。

（二）分清定论与可探讨的

定论式语言的特征是绝对的，通常是教条的。它显示，这是一个而且是唯一一个正确的答案、观点或行动方式。因为带有定论特性的传播表达的是绝对正确的立场，因此会形成不利于合作的氛围。具有定论特性的传播方式之一是表达民族优越感，而民族优越感是建立在自己的文化和它的规范是唯一正确的假定之上的。

与定论式语言相对的是可探讨式语言，它表达了自己的想法是尝试性的，并且会开放地接受他人的观点。试探性地表达自己的意见，只是在说自己有某个观点，但自己的思想不是封闭的，愿意考虑其他想法，并且鼓励他人说出自己的观点。这会促进谈话进一步进行（伍德，2009：221-222）。

有关中国教育的问题，从案例4可以看到，大部分留学生都在用定论式语言，例如，为什么中国家长喜欢体罚孩子，为什么中国学校不培养创造性，等等。这些定论式语言表达的背后其实蕴藏有一种假定，类似于民族优越感，即假定本民族的文化和规范才是唯一正确的，而不同于这个文化和规范的就不正确。汉语国际教育教师可以鼓励留学生在提问时，用可探讨的传播话语，比如"我是这样看这件事的……"，这样试探性地传播可反映开放的头脑，也可促进交流的进一步展开。

另外，案例4中的中国教育管理确实有中国的传统和特色，而这都是中国文化本身的特点。因为文化是动态的，意味着它们处于不断的发展变化中。文化要适应自然界（地理位置、可获得的自然资源、气候的变化）和人类的行为（发明、战争），同时也要不断进化以继续存在（伍德，2009：111）。

中国是由教育部集中制定教育方针与策略，这种集中使全国的各学段课程与考试趋于一体化。因为全国各学段课程设置基本相同，学生转学时基本不受影响。此外，在以竞争激烈的、标准化的考试来选拔学生的时候，国家统一的评估体系起到了重要作用。而其他国家，如美国的教育体制灵活，政府对教育干涉较少，实行的是公立与公助私立并举的模式。这也是由美国的国情决定的。此外，在中国，个人仅仅是社会的一分子，教育被视为是社会化的一种方式，中国集体主义的教育是学校教学中很重要的组成部分。学生们需要学习如何在不同的环境下与不同类型的人交往，并且在这个过程中成为大集体中的一分子，所以中国父母让孩子适应社会，从心理上依赖集体，并且避免冲突（秦秋，2016）。

而受中国传统经学的影响，中国教育传统表现出明显的泛道德主义的价值取向，教育以培养"修己以安人"的士或君子为目的。因此，教育以人伦为范围，以道德品格的修养为最主要的教育活动。泛道德主义的教育观是中国传统文化内倾式思维方式在教育上的投影。中国传统思维方式对创造性人才的成长有其积极的一面，但传统思维方式中的从众心理、思维定式、迷信权威等，可能也会对创造性人才的成长有所妨碍。中国传统社会是在"家国同构"模式的基础上建构起来的，中华民族的传统文化是一种"伦理文化"，任何人的言行举止都严格地受到伦理道德的制约。在中国传统教育中，"师道尊严"也是泛道德主义价值取向的明显表现。权威是各个领域的专家，代表着各个领域的高水平，曾经做出了重大贡献，因而尊崇权威是很自然的，中国传统文化讲求"天人合一""贵和尚中"，突出体现为重群体、轻个体的价值取向和整体性思维方式。在人与社会的关系问题上，首先强调把个体融化在自然、社会的整体之中，强调人的社会义务与责任，强调人对社会的服从（田友谊，2011）。

这些都是中国教育作为中华文化的一部分，在一定的历史和环境中发展出来的结果。文化的传统和历史也塑造着这种文化的特点。所以，汉语国际教育教师在引导留学生理解中国学校、中国师生关系等与中国教育相关的问题时，都应该在一定的历史背景下进行。这与本教材一直强调的"叠合"特征有关，即中国教育无法用好或者坏来简单评价，而只能放在相应的历史和环境背景下理解。

（三）分清控制导向与解决问题导向

控制导向的传播公开地试图支配他人或强迫他人服从，往往引起抵制情绪。常见的例子就是对自己的解决方案或所偏向选项的坚持。而以解决问题为导向的传播,则是共同找出让每个人都较为满意的答案,交流的目标是找到各方都能接受的解决方案。这种导向的传播倾向于减少无意义的冲突,保持开放的交流,而把焦点放在解决问题上。此外,这样做还有一个优点,就是在意义的关系层面上,强调了交流双方关系的重要性(伍德,2009:224)。

与案例4一样,在面对否定氛围时,汉硕生不要试图完全支配或强迫其他人服从,这显然也做不到,那么比较好的做法就是倾向于解决问题的导向,即减少无意义的冲突。留学生说中国学校不培养学生的"创造性",那么面对这个问题,我们首先必须明白:在传播中人们借助语言来交流和沟通,而语言本身就具有自身特色,抽象就是其中之一。当留学生认为中国教育不培养学生的"创造性"时,汉硕生要非常清楚地意识到,"创造性"本身就是一个非常值得讨论的词汇,因为它的抽象程度非常高。

语言符号的抽象特征意味着符号不是具体或切实的,它们用来代表想法、人、事件等,但不是所指代的事物本身。尤其是通过一个抽象阶梯——指通过这个阶梯将具体的现象延伸得越来越抽象。随着符号越来越抽象,导致混乱的潜力也快速增长,造成这种状况的原因之一是过度概括(伍德,2009:129-130)。

同时,符号的抽象程度也不同。在案例4中,可以看到,如果把它表述为"中国学生不怎么发表与老师不同的看法"显然抽象程度就没有那么高。而"创造性"则是一个非常抽象的词,如果用这种抽象程度很高的词汇来传递信息,就容易带来巨大的交流混乱。所以面对留学生的疑问时,对于其中的一些核心词汇,要保持高度的语言敏感度,看看这些词汇是否是高度抽象的词汇,是不是可能导致交流的混乱。例如,有人认为,不能简单地将人分成有创造力的和没有创造力的两类,而应该认为各自创造力的程度不同。培养创造力乃是一个趋变过程,这其中包括环境的影响。如果人们总倾向于认为某人或某类人创造力不足,这其实是一种种族意义上的刻板印象。从真实的历史情况来看中国人的创造力究竟如何,可能才能找到问题的答案。此外,创造性还可能有两种含义:改进和创造。改进是在原来的基础上做出一些改变,创造是造出原来并不存在的东西。两者相比,有时改进可能会比创造产生更高的价值。

总之,汉硕生应该从案例4中理解并产出知识——教育问题也与文化的系统和动态有关。在具体回答"为什么中国师生关系如此""为什么教育观念如此"等问题时,可以借鉴传播学理论,从传播的肯定与否定、语言的抽象,以及通过交流建立支持性氛围等角度予以回应和阐释。

第五章　中国婚俗文化活动案例分析

[导　语]
1. 组织中国婚俗文化活动时应该如何展示其中的文化产物、文化活动与文化观念？
2. 婚俗文化活动与传播学理论结合会产出什么知识？
3. 本章采用"案例分析＋理论援引＋产出传播关键词"的体例编排。
[关键词]　图文关系；图片加语言符号功能

第一节　中国婚俗文化活动案例展示

一、案例展示之前的准备

按照顺序，本次案例由本级（如2021年则为2021级）汉硕生完成关于中国婚俗的文化活动案例展示，具体完成本次任务的小组会提前了解留学生对本专题的疑问，然后根据留学生的这些问题，综合专题应该展示的内容，加以讨论、组织并尽量线索清晰地在本级汉硕生课堂展示出来。

二、文化案例展示

【案例5】

中国婚俗

案例提前了解留学生对中国婚俗方面的疑问，并将之作为文化展示的框架，共五部分。
一、婚俗演变
案例5中，汉硕生根据留学生提出的问题，整合形成五部分内容，并通过"PPT＋图片"等形式予以回答。本部分介绍了中国婚俗的演变（群婚制→对偶婚→单偶婚），以及婚姻形式的变化［掠夺婚→买卖婚→聘娶婚（媒妁婚）］。

二、六礼展示

汉硕生提前录制了一段视频，视频中该组汉硕生分别扮演了两个正在议亲的家庭，由媒婆在中间说合，一一展示了传统婚俗六礼的程序。视频是在校园中拍摄，以中山大学惺亭作为双方家宅的庭院背景。由于惺亭只有亭、没有墙，在拍摄双方家长交流的环节时，演员只能站在台阶上，显得有点"不拘小节"。因为视频是同学们自导自演的，而且是由同学们身着各式演出服装完成的拍摄，所以在课堂上播放该视频时，课堂气氛非常活跃。

三、中国婚俗内涵

本部分介绍了中国（汉族）人婚俗中的尚红情结、天人合一的观念，以及阴阳五行说对婚俗的影响等内容。

四、中外对比

该组汉硕生通过对比中韩、中日不同婚俗，揭示了中、日、韩的婚俗差异，并分析了产生差异的可能原因。

五、总结

对本次文化案例展示做了一个全面的回顾和总结（图1-9）。

图1-9 婚俗案例的内容总结

另外，在案例5结束部分，本组汉硕生还展示了文化活动前收集到的留学生对于中国婚俗方面的疑问，并对这些问题进行了归纳，包括行为文化层的及心理文化层的问题。

行为文化层的问题有：①举办婚礼的流程（从古到今）有哪些？②一些有趣的婚礼传统习俗，如闹洞房及放寓意"早生贵子"的红枣、花生、桂圆、瓜子（莲子或栗子）4种干果等习俗是什么时候开始有的？新郎放自己的衣服/鞋在新娘的衣服/鞋上面，希望以后自己更有做主的权利等，这些风俗什么时候开始有的？③从古到今，彩礼有什么主要的变化？④各地方给新人红包的习俗，一般红包大概给多少钱，哪些地方人们比较重视红包？

心理文化层的问题有：①为什么孩子刚出生，婆婆就来带孙子？②为什么男方的父母老了就要跟儿子和儿媳妇一起住？那女方父母呢？③为什么过年的时候要去男方的老家？女方想回娘家可以吗？④为什么婚后女方也想继续上班和发展，而不是生孩子和天天在家里做家务活儿？⑤很多中国人到了28岁，父母就催他们结婚，天天相亲，最后自己都不明白相亲是在找什么，为什么去相亲？⑥新郎娶新娘的时候，为什么要付钱（彩礼）？为什么确定彩礼的金额会使新娘父母开心或不开心？⑦因为彩礼的问题，新郎和新娘会吵架，这是为什么？⑧在中国，男女平等是基本国策，为什么结婚的时候只要求男方买房、买车呢？

第二节　提问与讨论

一、案例展示前的提问

在案例展示之前，引导汉硕生关注如下问题：①留学生会对本专题有哪些疑问？②活动中如何回应这些疑问？③案例中的文化产物、文化活动与文化观念展示情况如何？④活动中传播的文化信息是否符合显著、易得、有对比、清晰准确和公正客观的特点？

二、课堂讨论

案例展示结束之后，汉硕生先分小组简单讨论，然后集体讨论，最后由教师讲评。经过不同角度的讨论和分析，汉硕生全面了解案例中出现的问题或者值得关注的地方，再经由教师引入有关传播理论，从而可以顺利从案例中产出规范性知识。本编案例展示和讨论都设计在第一课时（约45分钟）全部完成，教师会在第二课时进行小结。

因为本专题内容为中国婚俗，并且现场播放了本小组汉硕生拍摄的模拟传统婚俗六礼程序的视频，所以展示结束之后，课堂讨论非常热烈。因为案例主题关系到婚姻问题，所以留学生的疑问从婚俗延伸到了中国男女平等、亲辈子辈关系等各种问题。而如何回应留学生关于中国婚俗的疑问，大部分汉硕生均表示没想到留学生对中国婚俗有如此多疑问，且不少问题已经超过了自己力所能及的范畴。

第三节 分析与反思

一、总结案例中的问题

案例中的问题包括两部分内容：一部分是文化案例展示之前留学生的疑问；另一部分是汉硕生文化活动案例本身存在的问题，或者课堂讨论中存在的争议问题。

（一）从案例中发现留学生感兴趣的问题及问题类型

案例5相比案例1、案例2、案例3、案例4，最大的特点是留学生有特别多的问题。从婚俗到中国男女平等，甚至包括了公公婆婆带孙辈、过年回娘家还是婆家等问题，不仅有很多"为什么"，还有不少关于婚俗历史的"什么时候开始"等疑问，说明留学生对中国人的生活习俗非常感兴趣。

这与有关调查结果是比较接近的，即亚洲、欧美、非洲地区的留学生虽然对中国文化的关注点并不完全相同，但比较集中在中国的城市风情及旅游、中国传统饮食、中国人际交往中的文化、中国传统节日等方面。尤其是中国人际交往中的文化受关注程度比较高（薛媛，2014：23）。

（二）从案例中发现汉硕生文化活动展示存在的问题

每一个案例中的文化产物、文化活动与文化观念应该有机结合，而且该活动中的信息应该符合显著、易得、有对比、清晰准确和公正客观的特点。

第一，应增加关于案例展示重点的说明。对照上述标准，可以发现在案例5中，汉硕生对中国婚俗专题的展示，重点放在了中国汉族婚俗方面。在文化产物方面，只展示了中国（汉族）婚俗中的红色喜庆物品。因为中华文化具有复数特点和叠合特点，所以如果因课堂上文化案例展示时间有限，而只能将展示重点放在汉民族婚俗方面时，应该在展示之前做出说明，否则会让留学生误以为中国婚俗只有这一种形式。案例5应该对此加以补充。

第二，注意东亚各国之间的文化差异。案例5在文化活动方面，介绍了中国的传统六礼。在文化观念方面，对比具体的国别文化差异即中国与韩国、日本的婚俗不同。展示基本做到了显著、易得、有对比，而在清晰准确、公正客观方面，可以看出，案例5中的汉硕生注意到了除常见的中西方差异外，同属东亚的日韩两国与中国的文化同样存在差异。

调查数据显示，欧美留学生与亚洲留学生在心理适应上的差距非常大。除了跟其文化背景有关系之外，研究者认为这可能与外貌差异有关（笔者在与留学生交谈时，也曾听亚洲留学生说起过，因为被误以为是中国人却语言能力极差而被中国人冷落的情况）。欧美留学生由于外貌与中国人迥异，因此容易受到好客的中国人的关注和礼遇，而亚洲（如东亚、东南亚）留学生可能会被认为是中国同胞却无法用汉语表达而被忽视。如果将来华留学生分为东南亚、东亚和欧美留学生，其中东亚学生的社会适应和心理适应水平是最低的。也许他们在来华前低估了文化差异（孙乐芩 等，2009）。这也提醒将来的汉语国际教育教师不要在文化对比时，动辄中西对比，似乎文化对比就只有这一种对比角度。

从来华留学生的生源情况和常见的汉语国际教育文化教学模式两方面进行分析，明显看出，在汉语国际教育文化教学中，我们一直将欧美文化当作文化参照的主体内容，但来华留学生可能大部分是亚洲学生，因此，当前的汉语国际教育文化教学存在着文化参照内容与教学对象的错位问题（韩秀梅，2006）。汉语国际教育文化教学也应该注重和加强与亚洲国家的文化内容异同的对比。案例5中的汉硕生显然关注到了这一点，将中韩、中日做具体对比，在实际教学中采用了比笼统又常见的中西对比更合适的做法。

第三，应增加当代婚俗内容。本专题为中国婚俗，但案例5的展示围绕着中国的传统婚俗，如六礼，并没有介绍近代以及1949年以后的中国婚姻制度情况。而汉语国际教育文化教学内容的选择一般考虑两点：一是以当代文化为主，还是以古代文化为主；二是以交际文化为主，还是以知识文化为主。如果主要内容是古代文化知识，对学习者了解当代中国、学习语言、与汉语母语者交际等的作用不大。留学生认为传统文化离日常生活太遥远，学了没什么用。他们希望文化教材多介绍当代中国人的礼仪和道德标准，帮助其了解当代中国（周小兵 等，2010）。这也与调查结果相符，即留学生普遍希望了解中国人际交往中的文化，特别是当代中国人的人际交往而非古代中国人的人际交往，所以案例5应该补充当代中国婚俗的内容。

第四，谨慎选用图片。汉硕生在文化专题案例展示时都会使用图片，因为图片可以起到提示作用。传播学理论表明，将新闻与各种概略图式搭配起来的方法是有用的。信息发送者可以通过标题、图像、字幕等方式帮助信息接收者确定将这信息视为哪一种意义（赛佛林、坦卡德，2006：72）。

在案例5中，作为对中国婚姻制度进行客观介绍的提示性图片，05号图片选用了影视剧《甄嬛传》的剧照作为古代一妻多妾制的信息图，图片上只有"皇帝"一位男性，其他都是剧中与他有关的女性人物，这就可以很形象地将图像与信息（一妻多妾）搭配起来，展现了图像的提示作用。但在介绍当代中国一夫一妻制时，案例5选择的06号图片却是一幅漫画，一个高举"抓小三"旗帜的女人似乎发现了图片中满头大汗的男性单车后座上有小三，而配合图片的文字是：只有一妻、婚姻关系通过法律和制度加以强化和保护。06号图片是合适的选图吗？如果不是，问题在哪里，应该如何解决？这将在本章后续部分重点讨论。

案例5中有关买卖婚姻的示例图片也是一幅漫画，画中现代衣着的男子龇牙咧嘴，单手横抱一位红色衣裙的新娘，大笑着宣称"有货啦"，配合图片的文字是：以物易妻，影响聘婚制的形成。"有货啦"的图片是合适的选图吗？如果不是，问题在哪里，应该如何解决？

案例展示结束之后的课堂讨论中，其他组汉硕生也对本次案例展示的图片提出了一些看法，但文化案例展示的图片应该注意哪些方面，还需要进一步讨论并加以明确。

二、案例后反思：如何应对复杂的文化专题及衍生类问题

案例5的中国婚俗专题，本就是一个内容复杂的文化专题，怎样在有限的时间内完成这个文化专题展示，以及如何应对留学生针对该专题衍生出的各类疑问，这是下文重点讨论的内容。

第四节 从回应案例存在类和衍生类问题中产出知识

一、理解图文意义的生成方式

（一）语言加图片生成多模态语篇意义

多模态语篇指任何通过一种以上符号编码实现意义的语篇。目前语篇的多模态化已成趋势，语篇的意义生成不再单独依赖语言符号的贡献，而是进一步凸显了视觉符号的重要性，更多地将语言符号、视觉符号等多种符号体系融合起来，共同构建语篇的意义。从某种意义上说，语篇的多模态性具有普遍性。在这个符号体系中，视觉符号（图片）与语言符号（文本）是其中最重要的两种意义承载方式。因此，图文关系将直接影响语篇意义的生成与理解。

作为视觉符号的图片，拥有形象性、直观性以及结构性等特点，尤其在解释抽象的概念和复杂的过程时，具有文本不可比拟的优越性。在读图时代和多模态语篇日益流行的今天，图片在语篇中的地位已经得到了普遍认可。多模态语篇中的图文关系模式的选择，一方面需要从图文意义生成的经济性考虑，优化配置图文资源，合理选择图文关系模式，更加有效清楚地生成语篇意义；另一方面，必须从图文意义消费的角度出发，根据语篇潜在读者群体的特点，灵活运用图文关系模式，尽量减少读者解读图文意义时的认知努力，从而把语篇生产和语篇消费有机地结合起来。

符号学视角下的"锚定"，便是通过去除图片多义性带来的理解障碍的方式帮助读者对语篇进行消费。在图文关系模式的建构中，应该从图文意义消费的角度出发，根据不同读者群体的特征和要求，选择不同的图文关系模式，从而更加有效地生成语篇意义。此外，还应该注意图文意义之间的互动性。多模态语篇的意义主要通过语篇中的图片和文本之间的意义互动而生成。语篇中的图片与文字都具有相对的独立性和自足性。按照衔接和连贯理论，图文意义关系之间具有语言本身的语义特征，如重复、同义和反义等。换言之，图文意义之间既可以是并列的，又可以是互补的，甚至是冲突的。总之，在图文关系模式建构中，要把图文意义看成动态的有机整体，充分考虑图文意义的互动性特点，合理选择图文关系模式，从而丰富多模态语篇意义建构的手段（刘成科，2014）。

（二）文本锚定图片的意义

案例5中的06号图片显然不符合图文意义消费的经济性，即没有去除图片多义性带来的理解障碍，无法帮助读者理解语篇，因为多模态语篇的意义是由语篇中不同模态之间通过相互作用、相互协作，而共同生成。案例5展示时，用06号图片介绍中国当代的一夫一妻制，却选用了题为"抓小三"的漫画。语言与图片都具有模糊性特点，图片存在着多种可能的解读方式，需要用文本去"固定"住它们的意义，语言信息的功能就是去固定或锚定这些可能的意义，指导读者解读，解决可能存在的视觉歧义和误读问题。06号图片将一夫一妻制的文字"只有一妻"，锚定在图片的抓小三形象上，固定住了图片的意义：中国一夫一妻制的意义就是抓小三。这与中国的实际情况并不相符，容易引起留学生误读，以为抓小三就是中国一夫一妻的现状。

事实上，根据上海艾瑞市场咨询有限公司的《中国婚恋幸福力指数研究报告（2018）》，中国婚恋发展现状不能简单定义，具体表现为：在人口、经济、教育等综合环境因素影响下，有四个明显特征。其一，结婚总人数与结婚率逐年走低，离婚总人数和离婚率逐年升高；其二，整体初婚年龄呈上升趋势；其三，第四次单身潮爆发，凭实力主动单身成新风；其四，婚恋观念更为开放、包容、多元和个性化。这些都说明，当需要介绍中国一夫一妻制时，仅用一张漫画无法达到客观、公正、符合受众需要、提供形式多样的信息的目标，自然无法提高传播效果。

总之，文本是表意的基础和根本，是必选概念。相比之下，图片则依附于文本的存在而存在，属于可选范畴。汉硕生将来在教学或者文化活动中选择示例图片时，应该慎重考虑图文相互作用生成的意义。例如案例5，如果要说明一夫一妻制，选用一张普通的结婚登记照并配以相关文字，就比较清楚了。

二、图片是信息的一部分

关于图片，媒介常常将图片作为信息的一部分使用。视觉修辞理论可以帮助人们理解处理图片信息的方式。大多数图像研究者将图片当作对现象的透明表现，或将它们当成情绪诉求的传达工具，而第三种看法是，图片可以起到符号的作用，用来建构修辞论述。总之，视觉元素可以代表概念、抽象物、行为、隐喻和修饰物，可以被组合成各种复杂的论述（赛佛林、坦卡德，2006：74-75）。

案例5中使用关于"买卖婚姻"的图片时，题为"有货啦"的图片作为符号加上文字会组成复杂论述，而复杂论述可能无法达到客观、公正的要求。新闻照片可能更多地被用作现实的透明表现，而漫画显然不是现实的透明表现，不可能完全真实地再现我们的现实世界，该漫画反而更有可能作为情绪诉求的传达工具或一种有关彩礼的符号。

（一）图片有说明功能

在图文关系中，若图像中的某个人物直视着读者，该图像表示一种"要求"，图像人物要求读者进入到某种想象性关系。若图像人物没有直视读者，该图像在表达一种"提供"，即把图像人物作为信息提供给读者。图像色彩的运用、细节和背景的展示能传递一定的情态意义。另外，图像人物如处在远景中，会进一步强化"提供信息"这种意义。再加上语言部分的所有小句都使用陈述语气，这都是在"提供信息"，因此，语言与图像在这一方面是相互加强的。在左图右文的布局中，图像传递已知信息，而文字传递新信息（如对图像传递的意义进行补充，或具体说明状况）（杨增成，2019）。

从"有货啦"图片来看，画中现代衣着的男子头像比例较大，龇牙咧嘴，目光并没有直视读者，他单手横抱着的红色衣裙新娘，新娘目光也没有直视读者，而且她所占比例较小，即图像人物处在远景中，等于进一步强化提供信息的意义——新娘作为到手的物品被画中男性宣称"有货啦"。再加上配合图片的文字：以物易妻，影响聘婚制的形成。综合上述信息就变成了说明在当代中国新娘就是货品，男性可以通过物品交换得到妻子这个货品。而这样传达的信息严重失真，误导读者。

（二）彩礼的叠合特点

绪论中已经论述过中华文化的叠合特点，其实彩礼同样具有类似的叠合色彩，其中既有历史的原因，也有当代的变化；有农村的突出特点，也有城市的形式。总体上，彩礼是一个非常复杂的问题，并不能简单理解为用来交换妻子的物品。

当前学术界关于彩礼，尤其是农村婚姻彩礼上涨的归因研究，可分为四种取向。第一，人口学的角度。基于男多女少的现实，高额彩礼演变为婚姻竞争的一种手段。第二，经济学的角度。进入转型期后，部分农村人口的生活出现了重大转机。综合条件大为改善的男性出现，使得女性的择偶标准（男性的平均条件）变高。平庸男孩被迫呈送高额的彩礼以弥补其劣势，高彩礼婚姻由此而生。第三，文化学的角度。高额彩礼之所以一直存在，而且不断上涨，与村庄面子竞争、地方性共识、通婚圈、传统婚姻模式存在很大的关联。第四，社会变迁的角度。彩礼在很大程度上不再是两个家庭间财富的转移，而是成为儿子、媳妇为了追求独立的幸福生活"合谋"向家长索取更多财富的手段。

运用布迪厄实践社会学理论对彩礼现象进行解释，可以发现帮衬家庭成为农村青年婚姻中高额彩礼的动力机制和保障机制。一方面，帮衬家庭作为农村青年男女缔结婚姻的重要价值之一，形塑了婚姻对象的选择范围，在区域内的通婚场域中，性别失衡所致的位置"势差"与作为象征资本的彩礼转化是高额彩礼形成的动力机制；另一方面，彩礼分配维系的社会联结，以及所象征的支配力量，促进了社会关系的再生产，使帮衬家庭成为彩礼分配的义务性结果，使付出方成为权益方，从而成为高额彩礼形成的重要保障。总之，男多女少的人口结构失衡，正是农村地区婚恋场域中高额彩礼形成的动力。在布迪厄实践社会学理论中，场域中的位置与行动者所占有的资本相关。为了弥补由人口结构所造成的位置"势差"，男方必须提供相应的资本，而这一资本正是彩礼。

彩礼分配总体上呈现了从男方到女方、从亲代到子代的趋势。这种趋势不仅加强了大家庭中人与人的关系联结，而且付出彩礼的一方还获得了未来得到家庭帮衬的权利。由于彩礼回馈往往是非即时性的，所以没有得到回报的彩礼变成一笔债务、一种持久的义务。农村青年婚姻中高额彩礼的形成有着其深刻的社会基础，因此才生生不息，代代相传（陈秋盼 等，2018）。

正因为彩礼有这样复杂的社会基础，与性别人口差、养老观念、传统婚姻模式、社会变迁等有千丝万缕的联系，所以案例 5 中出现的"有货啦"图片非常不合适。这样的图片不仅不能让读者（如留学生）清楚地了解复杂的中国婚俗与彩礼的复杂含义，反而会强化中国婚姻市场上女性被物化的刻板印象。如果一定要说从这个图片中看出了什么问题，倒是可以说，它是某种情绪诉求的传达工具，即汉硕生们作为中国的适龄青年，对于婚恋市场中的彩礼可能有自己的情绪诉求，该图片传达了他们的情绪。但这样的图片却非常有可能使留学生误读，认为中国婚姻就是以物易妻。所以在文化案例选择图片时，一定要注意图片要表达的意义。如果一定要用图片展示彩礼，可以从历史的角度客观呈现不同年代彩礼的变化，也许更能符合信息的公正客观、清晰准确的要求。

三、语言加图片作为符号的功能

既然图片可以是现实的透明表现，也可以传达情绪，还能被当作符号，那么在文化案例展示的时候，就要特别关注图片作为符号的功能。再加上在文化案例展示的 PPT 中，往往既有图片又有语言文字说明，就更需要关注语言加图片作为符号的各种功能。

因为语言符号是人为确定的、模糊的和抽象的，对于某一种体验、人、关系、政策或想法，可以用很多种定义。一旦我们选择了一个标签，就倾向于留意标签所关注的内容，而忽视其他的内容。这就提出了一条使用和阐释语言的道德原则：应该考虑我们和他人使用的语言包含哪些内容、排斥哪些内容。此外，因为符号不是中性的，它们负载着价值理念，这是符号的本质特征。所以，我们倾向于用强调长处而忽略不足的语言来描绘自己喜爱的人，相反的原则通常被用在自己不喜欢的人身上（伍德，2009：138－140）。

在案例 5 中，当图片中出现"有货啦""抓小三"等语言文字时，等于选定了婚姻中"货"和"小三"等标签，而排斥了婚俗中其他的内容。事实上，中国的婚恋状况也处于不断变迁之中，而绝非简化到只剩"货"和"小三"的状态。

根据调查，不同性别的人婚姻状况有较大差别，不同年龄人口的婚姻状况也不同。引人注目的是中老年人口离婚比例高于其他任何年龄段，80年代和90年代的人的情况也是这样，但90年代人的离婚率比80年代略低一点，说明中国人的婚姻经过变革后又有回升的现象，且趋向稳定。不同文化程度的人口婚姻状况，1982年的统计数字反映出一个规律，即无论女性还是男性，文化程度最高的（大学毕业）和没有文化的（文盲、半文盲）有偶与离婚率都高于其他文化层次的人口，这两类人对婚姻的建立和解除最为敏感。从夫妻年龄看婚姻状况，男大女小的传统模式仍是婚恋主流文化，女大男小只是一种亚文化。从婚姻变动看婚姻状况，90年代人较80年代人的离婚率直线上升，1995年出生的人是1980年的近3倍，但复婚的对数也在增加（罗萍，1999）。

当代婚姻伦理关系中出现的主轴变化、婚姻家庭形式的变化以及代际关系重心的变化趋势，既是伴随现代工业社会发展而产生的必然结果，又是社会体制的开放、改革给人们带来了更大的行为自主权的结果，它有着深刻的社会经济背景和文化背景，这一变化的发生是不以人们意志为转移的，但对社会和个人的影响却是两方面的，既有积极的影响也有负面的作用：一方面作为社会文明进步的表现形式之一，婚姻伦理关系的变化使人们在个人的生活方式上有了更大的自由选择权；另一方面，婚姻伦理文化的变化趋势，客观上造成了人们思想、行为的混乱和是与非、道德与非道德界线的模糊，所有这些都侵蚀着婚姻的稳定性，影响着婚姻社会功能的正常发挥（周立梅，2006）。

我国宪法和民法典都规定了婚姻自由、男女平等、一夫一妻的婚姻家庭制度，封建的婚姻家庭制度已被废除（但仍有某些残余），平等、民主的婚姻家庭关系已经建立。社会主义市场经济条件下，人们有着多元的价值取向和价值追求，缔结婚姻的目的、维持婚姻的原因也呈多元化。上海社会科学院在上海、甘肃、广州和黑龙江四省市进行的有关婚姻质量的调查表明，男女两性因"爱到极点、无法自控"而结成连理的仅占20%；在婚前"甜蜜愉悦、彼此相爱"的为25%；在婚前"和睦相处、互有好感"的人有56.5%；而"出于无奈、勉强结合"和"互不熟识、无感情可言"的达到16%。该调查还列举了另一项调查指标，以"目前的夫妻关系主要靠什么来维持"为例，认为"靠子女维持的"比例最高，达到58.2%；"爱情因素"次之，为44.5%；"道德良心"排第三位，为39.9%；"经济因素"排第四位，占21.9%。这说明了感情并不是婚姻的唯一纽带和基础。在离婚问题上，自改革开放以来，商品经济繁荣，人们的物质文化生活水平不断提高，社会生活的选择性增大，随着个体生活自由度的增大及个体权利意识的增强，离婚率也不断上升。当前我国离婚原因主要包括：一是性格、志趣不投，这是当前最主要的离婚原因，文化程度与这一原因呈明显的正相关关系，文化程度越高，因这一原因离婚者的比重越大；二是家庭矛盾，包括经济开支、子女教育、老人赡养、家庭成员间人际关系等方面的矛盾，是我国当前排第二位的离婚原因；三是草率结婚；四是第三者插足和性生活不协调；五是一方残疾或犯罪。除此之外，还有各种各样的离婚原因：因生女孩而离婚，因出国而离婚，因价值观冲突、道德观冲突而引起的离婚……由此可见，感情也不是夫妻离婚的唯一决定因素。与封建社会的婚姻等级相对应，我国当代青年婚姻有着以下鲜明的特点：一是婚姻主体享有充分的婚姻自主权，是否结婚、与谁结婚以及是否离婚，由男女双方自己决定，任何人不得加以干涉。二是男女双方在婚姻关系中地位平等，男女在婚后各自保有独立的人格，相互间有权利义务关系，各有财产上的权利，各有行为能力。三是实行一夫一妻制，严禁重婚。这种平等、民主的婚姻关系的建立和维持取决于个体的意志，由个体对自身因素和周边环境考量后做出决定。社会主义的婚姻基础是个体利益，是个体对物质、情感、生理等方面的要求和满足。现代社会的经济基础是市场经济，市场经济时代以分工为前提，以主体充分自由地支配其财产或人身为特征，所以个体成为这一时代的社会秩序赖以建立的逻辑起点。法律确认了社会的基石是个体，将个体置于整个社会的目的之地位。所以相对于"封建社会的婚姻基础是家族的利益"这一公认的论断，可以说，现代社会婚姻的基础应是个体的利益，这种利益就是个体对婚姻的生理、物质生活、感情与精神生活等多方面需求的满足。虽然由于婚姻个体的素质差异及情感体验与要求不同，这种利益的内容之侧重点可能因人而异，但只要婚姻主体得到利益的实现，即多种需求的满足，婚姻就会存续、发展。当然，以个体利益为婚姻的基础，并不意味着个体可以随心所欲。个体的行为不能违反法律和社会公共利益，任何权利本身都包含义务，权利应为社会的目的而行使。在婚姻问题上尤其如此（王丽萍 等，2001）。

可以看出，如同其他文化专题一样，中国婚俗也是中华文化的一部分，是在一定的历史和环境中发展出来的。文化的传统和历史也塑造着文化的特点。所以，汉语国际教育教师在引导留学生理解中国婚俗等问题时，都应该在一定的历史背景下理解，而不是进行简单的漫画式处理，尤其在使用图片上必须谨慎。

总之，汉硕生应该从案例5中理解并产出知识：图文密切相关，图文互动产生意义；图片是信息的一部分，图片加语言等于符号；在回答相关问题时，在文化展示时，应该谨慎选图，慎防歧义。

第六章　中国民俗禁忌文化活动案例分析

[导　语]

1. 组织中国民俗禁忌文化展示活动时，应该如何展示其中的文化活动、文化产物与文化观念？
2. 民俗禁忌活动与传播学理论结合会产出什么知识？
3. 本章采用"案例分析+理论援引+产出传播关键词"的体例编排。

[关键词]　传播规则；组织性规则；规范性规则；语言传播；非语言传播

第一节　中国民俗禁忌文化活动案例展示

一、案例展示之前的准备

不同于其他几个案例，案例6按照开学初的安排，本次案例由本级（如2021年则为2021级）汉硕生全体共同完成。具体分工为各小组根据本组成员的籍贯等情况负责中国某一个地区的禁忌情况介绍，然后各组将自己负责的区域禁忌内容汇总到课代表处，由课代表整合案例6的中国民俗禁忌文化展示内容。小组成员依次在课堂上展示，其中各地区相同的禁忌文化内容由课代表介绍，各地区特有内容则由相关小组成员依次介绍。

作为信息发送者即汉硕生，要注意自己在文化活动中发送的信息应该具有显著、易得、有对比、清晰准确等特点，尽量提供公正、客观的信息。案例6在文化案例展示之前，不需要询问及收集留学生对本次文化专题的疑问，因为本次文化专题目的是为汉硕生将来工作储备文化知识，希望通过全体同学的合作，形成一份比较完整的中国各区域民俗禁忌，并作为将来工作的个人文化库存资料保存下来。本编第五章已经说明，留学生对当代中国人的人际交往非常感兴趣，而禁忌是与交际密切相关又是不易为人所知的部分，所以案例6意在通过全体汉硕生合作形成一份资料，以帮助同学们应对将来教学工作中可能会遇到的中国民俗禁忌问题。

　　了解禁忌对现代人的生活有重要的指导意义。禁忌是人类与自然以及与人类彼此间交往过程中,凭借象征与符号建立起来的,具有一定程度传承性的、对社会成员具备一定约束力的行为规范,它是在社会控制(特别是在传统社会)中的原始重要手段之一。禁忌是人类自我约束与自律的最原始、历史最久远的形式,而非道德意识和法律法令或者规章制度。禁忌遍及世界各地,具有一般普遍存在性。禁忌也是每个国家、民族或种族对内、对外不愿公开或有所避讳的文化敏感区。随着各个民族、地区甚至各国之间的联系日益密切,人们接触来自不同文化背景的人的机会逐渐增多,了解一些禁忌势在必行,这可以帮助人们正确理解、认识与对待传统文化,维持良好的民风、民俗、习惯,亦能帮助不同文化背景的人更好地与他人相处,更畅通地融入该地区居民的生活,避免引发不必要的麻烦,更方便地生活和工作(车青青,2015:1)。而中国语言中的禁忌现象以及民俗现象与语言现象有密切关系,所以掌握并了解禁忌文化,显然有利于汉语教学。

二、案例展示

【案例6】

中国民俗禁忌

案例共分六部分。
一、全国各地区相似民俗禁忌
　　课代表根据各小组提交的禁忌内容,经过整合形成本部分内容。小组成员在课堂上通过"PPT+讲述"等形式予以介绍。全国各地区相似的民俗禁忌有饭桌禁忌、春节禁忌等。在闽台地区,翻鱼=翻船覆水;在广东,翻鱼=翻船、翻车,所以要将翻鱼改称"顺一顺""同心合力"(讨口彩)。而春节时,忌扫地洗衣、忌倒水、忌倒垃圾,因为怕"扫"走财气、"倒"走财气。从这些共同习俗可以发现,中国语言中的禁忌现象以及民俗现象与语言现象有密切关系。
　　二、华北、东北民俗禁忌
　　该组汉硕生将重点放在了当代中国人代际交际的禁忌问题上,而且认为这未必有严格的地域性,也许全国各地区都有类似情况,只是本组汉硕生对此特别关注,所以认为应该重视并加以讨论。该组现场模拟表演了本组认为可能让人印象深刻的日常代际交际的禁忌案例,涉及是注重尊长还是照顾隐私的问题。

这部分将禁忌的重点放在尊长与隐私方面，希望讨论年轻人在长辈面前是否拥有不回答隐私问题的权利。如果不回答长辈对自己隐私的提问，年轻人是否属于无礼和"以下犯上"？在现场表演的模拟交际场景中，老年男性长辈问家族中年轻女性后辈"多大了""有男朋友了吗""最近是不是长胖了，体重多少啊"等，女性后辈不愿意回答，男性长辈拍桌大怒，认为小年轻无礼之至。

该组汉硕生认为当代年轻人的隐私包括年龄、身高、体重、工资等，但比较传统的中国长辈似乎不认可所谓的"隐私"观念。该组同学探索有关差异，并讨论了三个方面。一是深层观念。传统中国人讲究亲密无间，不分你我，所以有时寒暄显得过于亲热，接近窥探秘密，似乎侵犯了个人隐私。而年长者认为询问年轻女性的年龄、婚姻状况等个人事情是可以接受的，因为这是对人表示关心的一种方式。二是观念对比。西方人普遍把年龄、收入、住址、婚姻、政治倾向看作个人私事，不需要别人干涉和了解。三是其他国家的例子。英国人甚至忌讳别人过问他们的活动去向。而美国人的三大忌讳分别是：问年龄，问所买东西的价钱，问薪水。泰国人交谈时忌讳有关政治、王族和宗教方面的话题。阿拉伯人忌讳谈论中东的政治和国际石油政治，也不可提及对方的妻子，否则会被认为心存不良。

该组汉硕生认为，在中国农村忌两性之间"不恰当"的交流，尤其忌在公众场合"亲亲、抱抱、举高高"。例如，在中国农村街道上，忌讳异性之间"亲密接触"。一方面是心理忌讳，另一方面人们似乎又很"喜欢"在人后谈论该话题。该组汉硕生认为可以从四个方面展开讨论。第一，传统观念。异性之间除礼节性的握手以外，传统中国人认为一般不宜有身体接触。即使是夫妇，如当众接吻、拥抱，也是不为社会习俗所接受的。第二，其他观念。认为中青年异性之间不宜互问年龄，年轻男士尤其不宜直接向年轻女性询问两性关系方面的情况。而在中国文化禁忌方面，婚姻、恋爱被称为"个人问题"，两性关系不检点会被称为有"生活问题"。第三，词义理解不同。在西方极为普通的"性感"一词，在汉语中带有贬义，尤其不能用来赞扬女性。在中国一般不当面赞扬年轻女性的外貌、身材，同辈异性之间更不宜这样做，否则会给人以轻佻之感。第四，双向心理。例如，中国人一般也不当面夸奖别人的妻子漂亮或丈夫帅气。然而，同性之间的禁忌则要比西方少得多，手挽手、勾肩搭背、打打闹闹并无同性恋之嫌。总之，避皇帝名讳虽然已随着封建统治一起消亡，但不许犯忌和害怕犯忌的心理并没有消失。为了避凶就吉，或者出于礼貌道德，人们会自觉或不自觉地进行各种避讳。

三、闽台民俗禁忌

该组汉硕生介绍了闽台地区的渔民生活禁忌和"喜不见喜",以及一些思考。

闽台地区渔民的生活禁忌主要有2项。禁忌1:选用材料时须注意"头不顶桑,脚不踩槐";禁忌2:"船眼"是全船的灵性所在,安装"船眼"时,船眼不能朝天而要朝下(估计眼朝天是鱼死的意思,显然不吉利,眼朝下则是鱼生猛的状态)。其言语禁忌主要有2项。禁忌1:在准备节日食品的时候,无论在自己家还是别人家,无论制作多少,都不能说"多"字,制作完工后不可以说"完了";禁忌2:忌讳被称为"老板",因为"老板"谐音"捞板"(大概指船翻了之后被人打捞上来)。

闽台地区禁忌的"喜不见喜",指甲乙双方在有喜事的时候,在特定的场合或者时间内要互相回避的禁忌,其原因是认为喜冲喜。尤其是在婚礼或生育这些特定场合。这主要是对已婚女性行为上的一种特定规范。"喜不见喜"有两大典型表现:一是迎亲时,忌讳两家婚娶相遇;二是忌讳两个孕妇同榻而眠或者同坐一张长凳,以免被"换胎"。可能的原因有三个:一是因果律的错误运用,古人可能把偶然巧合当作必然的因果联系;二是家族延续的使命,婚庆和添丁喜事不容分享,只能是归于新人独享,这种喜带有强烈的个人和家族色彩;三是可以保持人际交往中的主次区别,以免另一方"抢了风头",保全双方的"面子",从而维持一个和谐的人际关系网络。

该组汉硕生认为,禁忌的特点是"十里不同风,百里不同俗""地域性强"。通过本学期的课堂学习和教师讲解,本组汉硕生已经意识到,禁忌是一种动态的文化符号,其意义是人为确定的和模糊的,会受到地理、历史因素的影响。禁忌对于一个"局外人"而言,是隐蔽的、不易察觉和不易理解的。只有在被怀疑或被冒犯的时候,人们才会真正意识到它的存在和某种难以言明的潜在力量及威力。禁忌是某个特定集团内成员互相认同的标识,是一种规范性规则,起着与其他文化样式相区别的边界作用,值得认真讨论和学习。

四、山陕地区禁忌

该组汉硕生从语言文字禁忌、春节禁忌两方面介绍了山陕地区的禁忌。中国古代的一封银子等于五百两,所以半封的谐音是"半疯",同理,"二百五"也不是好词。而春节的禁忌主要是,不穿白的,不用白的,孝子(指家里近期有亲人去世的人)不能拜年、不能放鞭炮、贴春联。禁忌反映的心态,总体是趋吉避凶、崇尚健康。因此,人们应该入境而问禁,入国而问俗,入门而问讳。

五、广东民俗禁忌

该组汉硕生通过典型粤语的现场教学和领读＋具体禁忌内容 PPT 讲解，介绍了广东民俗禁忌（图1-10）。该小组清晰地展示了相关禁忌内容，使用 PPT 展示加上现场粤语教学。本部分案例展示成功吸引了全体汉硕生的注意力。现场每位汉硕生都跟着讲台上的讲解人练习粤语发音，成为令人印象最深刻的一部分。由于汉硕生此刻身处广州，对粤语和广东省相关禁忌习俗非常感兴趣。

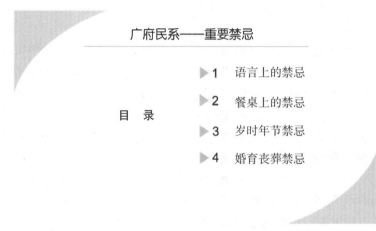

图1-10　广东民俗禁忌目录

该组汉硕生对广东省语言、餐桌、岁时年节、婚育丧葬4个方面的禁忌分别进行了展示。语言方面，忌发一些音，如"干"（意思是没有钱）、"空"（通"凶"）、"蚀"、"散"、"输"等。岁时年节方面，如年初一忌杀生、忌吃荤、忌打人骂人、忌讲不吉利的话，俗语有"有怪莫怪，细路仔唔识世界"（意思是：有怪莫怪，小孩子不懂事/没见过世面）。

六、湘西民俗禁忌

该组汉硕生通过对湘西土家族苗族自治州的巫蛊傩和落洞等独特文化元素的介绍，展现了湘西在传说中的神秘特质和神异色彩。这其实跟苗族人故土难离、对故土的眷恋以及对死者的尊重、对生者的保护等观念有关。虽有其独特的用语禁忌，但在总体上仍然呈现出中国语言含蓄委婉的特质。法国汉学家朱利安（2017：2）注意到中国话语的微妙（微言）是被中国文人称道的，中国人对间接表述有明显的偏好。而中国少数民族同样如此。这些都充分说明中华文化的叠合特色，同中有异，异中有同，和谐共融。

在介绍"苗族婚俗"时，小组通过引用沈从文《边城》小说片段，说明了苗族的婚俗特点及相关禁忌："以歌为媒，以舞为妁"，自己提亲、唱山歌，通过"水路"（派人说媒、由长辈商定）或"旱路"（自由恋爱）来决定终身大事。该组还通过《非诚勿扰》电影片段，生动地展示了苗族婚俗中的禁忌内容：不可轻易接受礼物，不可对女子轻言妄语，不可背叛对方。

第二节　提问与讨论

一、案例展示前的提问

在案例展示之前，引导汉硕生关注如下问题：①将来的教学中可能会遇到哪些与本专题有关的疑问？②应该如何回应这些疑问？③案例中的文化产物、文化活动与文化观念展示情况如何？④活动中的信息是否符合显著、易得、有对比、清晰准确和公正客观的特点？

二、课堂讨论

案例展示结束之后，汉硕生先分小组简单讨论，然后集体讨论，最后由教师讲评。经过不同角度的讨论和分析，汉硕生全面了解案例中出现的问题或者值得关注的地方，再经由教师引入有关传播理论，从而可以顺利从案例中产出规范性知识。本编案例展示和讨论都设计在第一课时（约45分钟）全部完成，教师会在第二课时进行小结。

本专题内容为中国民俗禁忌，课堂讨论热烈非常。当讲台上的同学展示某地禁忌时，在座的大部分汉硕生都表示，自己的家乡也有与该地类似的禁忌，可见中国各地的禁忌有颇多相似之处，毕竟都同属中华文化。当问及将来应该如何回应留学生关于中国民俗禁忌的疑问时，大部分汉硕生都表示不知道应该主动讲解，还是应该随事讲解，毕竟一般意义上的"禁忌文化"是指在现实社会中不便公开讨论、说明，让人尴尬难堪，甚至是人们有意回避的一些不好的事情，人们往往担心因为触及这些话题会有不好的结果。禁忌内容宽泛，不能在明确范围内一言概括，大到关乎国家、民族等，如各个国家的禁忌文化、不同民族的禁忌文化、不同宗教的禁忌文化等；小到与每个个体切身相关的私人信息、个人隐私，一旦被触及就容易引起特定人群较为激烈的反应。汉语国际教育中的"禁忌文化"多是跟国家、民族和个人利益有关的。"危险的"和"具有惩罚作用的"是禁忌的两个最基本的特征，被视为禁忌的事物，都含有危险的特征（车青青，2015：5）。总之，在汉语教学中，关于民俗禁忌的分寸问题，非常难把握。

第三节 分析与反思

案例中，汉硕生的疑问主要围绕两个方面：一是，汉语国际教育教师是否应该主动讲解禁忌；二是，如果讲解，应该从哪些角度出发进行讲解。

汉语国际教育教师是否应该主动谈及禁忌话题？从实际教学情况来看，应做好适时讲解的准备。笔者有一个真实的例子可以用来说明了解禁忌文化的重要性：

一次，某位来自南美洲的汉硕生在本系奖学金比赛中，为了展示自己所学的中华才艺，在比赛现场手工制作了几个灯笼。但不知道是因受材料局限，还是她根本没留意纸张的颜色，所以当她在台上用带来的A4白纸和剪刀兴致勃勃地制作白色灯笼的时候，台下的各位评委（中国籍）老师都觉得哪里不对劲。比赛结束之后，她兴冲冲地走下讲台，充满自豪地把几个白色的剪纸灯笼放到评委桌上说，这些灯笼送给老师们。中国老师面面相觑，有的马上站起来说，不用了，不用了；有的则赶紧摇手拒绝。我忍不住问她："你知不知道在中国不能把白纸灯笼送给别人？"她很自然地回答说："我知道呀，我知道白色不好，不过这灯笼是我自己做的呀。"

上述例子中，这个南美洲汉硕生其实有个大概印象，白色在中国文化中可能有某些不好的含义，但白灯笼到底涉及什么禁忌，估计她并不清楚，所以这其实是一次失败的跨文化交际。

事实上，"白"字的色彩观念与造字时的指向物——白茫茫的光线，有一定的联系，但更多的是白色所具有的含义与日常的指向物，即弱、病、死相关联。同时也受五行说的影响，使得白色具有的凶色意蕴得到了强化。作为观念上的凶色，与葬礼民俗的习惯相结合，白这一象征死亡文化的色彩观念便更加根深蒂固了（宁皖平，2010）。所以当这个南美汉硕生兴致勃勃地要把白纸灯笼送给老师们的时候，对方都避之不迭。一方热情赠送，一方尴尬中带着莫名的不悦，实在是一次经典的跨文化交际失败案例。这说明文化教学很重要，尤其是与交际有关的禁忌类文化知识，非常有必要进行专题教学。

留学生学习汉语除了掌握汉语要素，还要掌握一定的运用汉语交际的能力，如果能以中国人的视角去认识、了解中国人的价值观和思维模式就更好了，而中国文化就是中国人的价值观和思维模式的集中体现。因为文化所包含的知识面很广，汉语国际教育中无法进行面面俱到的文化教学，所以在文化教学上，就应该有重点、有主次地进行教学，特别要多注意容易造成交际误会和交际失败的文化内容。而在汉语国际教育中，缺少禁忌文化教学显然会引发这些问题（车青青，2015：2）。但如何进行相关教学还缺乏深入研究。

近年来，国内关于语言禁忌的研究重点从文化禁忌本身向其在经济活动中的应用方面转变，但仍然存在理论探讨多于实证调查、宏观研究多于微观探析等问题；对于中美两国文化之间的对比较多，与其他国家的对比较少，如以"一带一路"沿线国家为背景的实证研究也较少。而语言文化禁忌在教育学中投射出的问题，会影响师生角色关系。研究认为，教师应当承担解决跨文化冲突的主要责任；社会学教学在使用文化禁忌作为教学内容时遇到的困难，具体表现为敏感话题作为社会禁忌甚至是教学禁忌是不允许在课堂上讨论的。此外，国外对语言文化禁忌的研究侧重于实证研究，研究内容多取自真实案例，因此具有较高的实践指导意义（陈祥雨 等，2017）。

本编第五章已经说明，调查结果显示亚洲、欧美、非洲地区的留学生虽然对中国文化的关注点并不完全相同，但中国人际交往中的文化，受关注程度都比较高（薛媛，2014：23）。

上述情况都给汉语国际教育带来了启示，即留学生普遍关注当代中国人的交际，而禁忌内容可能会引起交际失败。在教学中，解决跨文化交际冲突的职责在教师一方，但在教学中，禁忌可能并不适合在课堂讨论，这时就可以援引真实案例来进行教学，从与禁忌相关的实例推导出相应规则。

第四节　从回应案例问题中产出知识

一、传播行为受规则指导

（一）文化观察角度

文化是某种集体的、和他人共享的东西（没有全然的个人文化）。文化必然具有某些以图形及非图形符号的表达形式，还具有某些模式、次序或规律，因此也具有某些评估的面向（只要和文化所规定的模式具有某种程度的共同性）。而且随着时间的演变，文化具备动态的连续性。基本上，可以从三个观点出发来观察文化：人、物（文本、文化制品）与人类实践（社会性的行为模式）。可以把焦点放在人上，把人视为具有文化意义的媒介文本的生产者，或文化的诠释者。也可以把焦点放在文本和文化制品（电影、书籍、报纸文章等）本身，或它们的符号形式及可能的意义。还可以研究媒介制造者或使用者的实践（胡正荣 等，2008：291－292）。

禁忌是文化的一种，它显然是集体（如某个地域）共享的，会有图形或非图形符号的表达形式，在特定区域也会具有某些模式、次序或规律。例如案例6所介绍的，中国沿海地区一般忌讳与"翻（船）"相关的词汇。每个国家的文化都含有自己独特的禁忌。在介绍禁忌的汉语教学中，也可以把出发点放在人、物、社会实践三方面，而语言和非语言的角度与人、物、社会实践都密切相关，可以从语言和非语言两个角度出发进行禁忌教学。

（二）传播规则

如果把传播界定为"交流"，那传播也可以区分为语言传播和非语言传播，二者都与文化密切相关。如同语言传播，非语言传播也是通过符号进行的，其符号也是人为确定的、抽象的和意思模糊的。语言传播和非语言传播都会受到没有用语言表达出来的，但是被广泛理解的规则所规范。传播规则是人们对传播意味着什么、在不同的场合哪些传播形式合适或不合适的共同理解。大部分情况下，这些规则不是外显的或有意建构的。

有两种规则指导传播，规范性规则特别规定了何时、何地、与谁、如何谈论某事的规则。例如，在正式场合，通常不要打断别人的话，而在非正式交谈时，打断可能没有什么不合适。组织性规则通过告诉我们某些传播行为归属哪一类，从而定义了这些传播行为的含义。例如，哪些是表示尊重（如专心听）、表达友爱或是显得粗鲁的。社会互动往往遵循这些特定的为社会所广泛承认的规则。在与别人互动时，我们通常在无意识中学习了传播规则。在规则被打破之前，我们往往意识不到它们的存在，或者是只有当例外出现时，我们才知道有规则的存在。意识到传播规则的存在，人才有能力去改变不利于互动的规则（伍德，2009：132－134）。汉语国际教育文化教学中的禁忌内容也可以从语言和非语言传播两个角度进行。

二、汉语国际教育的相关禁忌知识

（一）禁忌的特征与表现类别

禁忌的基本特征有三个：①禁忌是一种否定性的行为规范。在常态下，禁忌是一种无外在行为表现的心意民俗形态。禁忌是存在于心意上和精神上的。这种"禁止的"和"抑制的"行为，在外观形态上通常是看不见的。②既然禁忌是一种社会心理层面上的民俗信仰，那么违禁所造成的不幸也是会停留在心理或精神层面上的。③禁忌的处罚又是不可抗拒的。否则，禁忌就失去了威慑力，也就不复存在了。破坏禁忌所遭受的惩罚由精神上的或当事人自发内心的力量来实行。禁忌文化的表现形式主要有在语言上的表现和在非语言上的表现两类（车青青，2015：7）。

（二）语言禁忌

第一，人名、人称的禁忌，忌直称父母亲及祖辈等尊长的名字。第二，"死"字的禁忌，人生最大的不测莫过于死亡，所以"死"这个字是不能提的。如果不是老人、病人本人主动谈起，一般忌讳别人当面提及、谈论后事。即便是谈论，也要尽量用委婉的词语来替代"死亡"一词。有些地方的人们就连与"死"同音的字也都要回避。第三，被视为不吉利数字的禁忌。数字是人们在日常生活的言语交际中经常使用到的文字。在中国人的观念里，数字也有善恶之别、吉凶之分。吉祥的数字令人高兴，乐于使用。如果给结婚、庆寿的人家送礼，就忌讳送单数。例如，忌"三"，因为与"散"谐音；忌"四"，因与"死"谐音的都在忌讳之列（车青青，2015：9）。

（三）非语言禁忌

第一，饮食禁忌，有些食物禁忌是针对某些人的，而对其他人并不适用。如对孕妇是禁忌，但对其他人不是。第二，颜色禁忌。汉族对颜色的区分好恶大多不是来自审美角度，而是源于赋予其明确的象征意义。古代不同社会等级的人应该穿不同颜色的衣服，同一个人在不同场合的服色亦应有别。例如，现在民间举办丧事，都戴黑纱，或穿白色孝服，佩戴白纸花；在喜庆之日，如婚年寿节汉族人喜欢穿表示喜悦的红色。再如，戴绿帽子用来指男性之妻有背叛行为。第三，馈赠及交际禁忌。中国人在交往过程中讲究礼尚往来，这其中也有一些禁忌。汉族自古就有送礼习俗，客人来访时，必带见面礼，但忌送人剪刀，其意也是顾虑剪刀会有"一刀两断"的不吉之意。亦忌送人雨伞，"伞"与"散"谐音，恐引起对方的误解（车青青，2015：10-11）。

三、结合传播规则与禁忌层面做好教学知识储备

综上所述，在汉语国际教育过程中，教师需要注意文化禁忌问题。一般

而言，在汉语国际教育中，教师和学生都要尽可能避免提到他人的隐私，或者谈论人们认为不好且想方设法回避的问题，以及一些文化敏感的问题，如各国宗教文化问题、政治和历史问题、个人家庭婚姻问题等。这些问题大都关系到文化禁忌。具体在教学中，通过案例6的展示可知，禁忌文化现象大多数表现在语言上，也包括其他非语言上的表现，如肢体语言、衣着、举止等方面的交际禁忌等。结合传播规则，可以从规范性规则、组织性规则两方面做好有关禁忌教学的准备。

（一）规范性规则方面的语言和非语言禁忌教学内容

规范性规则特别规定了何时、何地、与谁、如何谈论某事的规则，所以在将来的教学中，应通过案例，从规范性规则方面将典型的语言禁忌和非语言禁忌向留学生进行讲解。

语言禁忌方面。例如，从案例6可以知道，因为文化叠合的特点，中国人对于"隐私"的看法存在代际差异，所以要注意与不同年龄的人谈论"隐私"要有不同的做法。相对来说，年轻人更重视"隐私"观念，而老年人可能会用更宽松的态度对待隐私问题。

非语言禁忌方面。例如，颜色禁忌，汉族年轻人也许对重大节庆日子是否一定要穿红色服装不会特别注意，但是如果是去看望老年人，又是在喜庆的日子，就要注意尽量不穿黑色、白色等素净（或者有凶意）的颜色。从案例6可知，闽台地区人们对"喜不见喜"特别忌讳，如果自己有孕在身，就要避免去探望其他孕妇。

（二）组织性规则方面的语言和非语言禁忌

组织性规则告诉我们某些传播行为归属哪一类，从而定义了这些传播行为的含义。例如，哪些行为是表示尊重（如专心听）、表达友爱或显得粗鲁的。所以在将来的教学中，应通过案例，从组织性规则方面将典型的语言禁忌和非语言禁忌向留学生进行讲解。

语言禁忌方面。例如，在山陕地区，在餐桌上说把鱼"翻一翻"，也许不会被认为不合适；但在沿海的区域，这就是犯忌的行为。

非语言禁忌方面。从案例6可知，因为文化叠合的特点，在不同地区（如农村和城市），表达夫妻、恋人之间的情感，就有不同的组织规则。也许在大城市的公众场合（如在街道上）有较为亲密的行为，不会被人关注；但在某些小城镇或乡村，这类举动就可能会被认为是不合适的行为。

（三）从打破规则推导出禁忌规则

按照传播学理论，社会互动往往遵循这些特定的为社会所广泛承认的规则。在与别人互动时，人们通常在无意识中学习了传播规则。在规则被打破之前，人们往往意识不到它们的存在；或是只有当例外出现时，人们才知道规则的存在。意识到传播规则的存在，人才有能力去改变不利于互动的规则。

对于留学生来说，他们显然不了解中国这些特定的规则，即不了解中国人的禁忌。而中国人自己是在成长过程中无意识地学习了关于禁忌的规则。所以在汉语国际教育中，当留学生在交际中因为没有意识到禁忌的存在而打破规则时，这些被打破的规则就可以作为案例。汉语国际教育教师应从中结合规范性规则、组织性规则中的语言和非语言传播角度，帮助留学生推导出有关中国文化的禁忌规则。

本章第三节例子中的南美汉硕生显然打破了"颜色"和送礼禁忌规则，这就可以作为一个生动的案例来进行教学，教师可以帮助留学生了解被打破的组织性规则，即某些传播行为归属哪一类。而例子中赠送白色灯笼显然不能归属为有礼貌的交际行为，反而是属于犯忌的非语言行为。从中推导出有关送礼的非语言禁忌的组织性规则，即在中国赠送礼物要符合当地习俗，白色灯笼绝不是合适的礼物。如果灯笼换成其他亮丽的色彩，如橘红色，就合适了。

可以看出，与其他文化专题一样，中国民俗禁忌也是中华文化的一部分，是在一定的历史和环境中发展出来的。文化的传统和历史也塑造着这种文化的特点。所以，汉语国际教育教师在引导留学生理解中国民俗禁忌等知识时，应该从语言和非语言禁忌两大角度出发，结合一定的典型案例从组织性规则和规范性规则两方面进行教学，以利于留学生的汉语学习和对中国文化的理解。

总之，汉硕生可以从案例 6 中理解并产出知识：传播分为语言传播和非语言传播，都遵守组织规则和规范性规则；禁忌也有语言禁忌和非语言禁忌，二者都与文化密切相关。教师可以将无意中被打破的规则作为典型案例，从语言和非语言禁忌两方面，综合规范性规则和组织性规则而推导出有关禁忌的交际规则，以利于留学生的汉语学习和跨文化交际。

结 语

通过第一编的内容，培养汉硕生叠合的文化传播能力。文化传播能力既指向汉硕生的专业能力，即将来面向留学生的教学能力，也指向一般能力，即将来面向中国中小学生的文化活动组织能力。总之，汉硕生需要掌握叠合的与文化信息传播相关的传播能力，此处的"传播"指交流信息。

2008年，"汉语国际教育"作为一门二级学科正式被提出，汉语国际教育专业有了明确的专业标准，作为培养硕士生文化传播技能的重要课程，文化课比重虽然增加了，但针对其研究还比较缺乏。目前，国内汉硕课程中关注传播学内容的还不多，大部分院校的相关课程重点放在了对中国文化的讲解上。这样的做法背后有一种不言自明的意思：掌握了中华文化知识自然就会开展中华文化传播。

而本教材在绪论中阐明，汉语国际教育确实既有专业特色又有事业色彩，如同本专业所培养的汉硕生一样，具有复合属性。所以，落实到中华文化与传播课程中的"传播"，自然具有叠合的特点。如果说中华文化有时空叠合的特点、多民族融合的复数概念，那么"传播"则因为专业归属上专业与事业兼具的复合性，专业目录与培养目录分属中国语言文学和教育学的复合性，以及本专业培养目标中对汉硕生复合型特点的要求，从而自然具有多学科、多面向的叠合特点。这是汉语国际教育视域下"叠合的传播"的实际背景。

"传播"其实是一个沟通或者分享的过程。在这个过程中有发送者、中介和接收者，从而在传播者与接收者之间形成了传递关系和交换关系。信息是传播的内容，传播的根本目的是传递信息，对信息的传递是通过符号来进行的；传播是人与人之间、人与社会之间，通过有意义的符号进行信息传递、信息接收或信息反馈活动的总称。

汉硕生需要了解面向留学生开展中华文化相关课程时与告知、传输或交换信息相关的内容，这些都属于"叠合的传播"。而汉硕生将来的工作对象即信息的接收者是不确定的，所以在汉硕生的培养过程中，中华文化与传播课程应尽可能地将传播的重点落在比较确定的方面，即发送者（指汉硕生，亦即将来的教师）、信息（重点在传递信息的符号），然后再兼顾接收者方面需要考虑的因素。因此，本教材第一编希望通过6个中华文化活动相关案例的介绍与分析发现知识，尤其是其中的规范性知识。这些规范性知识在第一编中以传播关键词的形式出现，希望给汉硕生提供一种思考问题的角度，而不是标准答案。因为事实上标准答案不容易有，也几乎不可能有，所以授人以鱼不如授人以渔。借鉴传播学理论，提供一种回答留学生有关各文化专题花式提问的理论角度，应该是可行的，也有助于拓展思路，使得汉硕生的一系列传播行为有理可依，进而培养其文化传播能力。

第一编案例主题借鉴"文化三角形"架构，分设饮食文化、茶文化、服饰文化、教育文化、婚俗文化、民俗禁忌文化共6个主题。这些主题均涵盖物质文化、制度文化、观念文化，在具体案例中可以重点考察每个主题的文化活动、文化产物和文化观念在活动中的展示情况。这6个案例兼顾了层级性、系统性和灵活性，教师将来也可以在具体教学中按照这样的思路自行确定相关主题，以便开展教学活动。

第一编重点在文化传播能力培养，即注重培养汉硕生传输文化信息的能力，在目前的教学中突出表现为应对文化案例展示中出现的各类问题，以及回应留学生的相关提问。为了更好地发挥汉硕生文化活动组织的自主性，第一编的教学对象设为中、高级汉语水平留学生，让汉硕生在演示时不用太多考虑语言难度的问题。

结合汉硕生在各专题活动前收集的留学生提问、文化活动展示中出现的问题、后续的讨论和反思等，可以通过6个案例发现和产出下列与中华文化与传播活动相关的规范性知识。

一、饮食文化传播关键词：传播、符号、概略式理解、提示

通过案例1的展示和讨论，我们可以发现留学生对有关中国烹调的问题非常多样。例如，中国烹调有什么特点？为什么中国人做菜看似比较随意？为什么中国人不分开吃饭？中国人为什么热衷讨论饮食？中国人为什么吃狗肉？为什么吃动物内脏？为什么要在汤里放枸杞和红枣？等等。

根据传播学理论，信息的接收者即受众（本案例指留学生）使用媒介的动机包括：获取信息，了解外部世界；娱乐消遣，满足精神、情感需要；获取知识。综合来看，留学生的问题其实分为两大类，一类是"有什么"，一类是"为什么"，而且"为什么"往往比较多。汉语中"什么"表示疑问，加在指物或指人的名词前，问事物的性质或人的职务身份等。"为什么"一般是询问原因或目的。由此可见，留学生对烹调专题更多的不是对性质的疑

问，而是难以理解某种做法的"原因"或"目的"。

其实，留学生所有的疑问都与传播中的理解有关，传播者希望受众留意其消息，了解其内容，并能适当改变态度或信念，或者做出传播者期待的行为反应。而"理解"理论告诉我们，解释消息的过程是复杂的，传播者的目标也许很难达到。所以通过案例1可以明确，汉语国际教育中的"传播"至少包括两点：第一，汉语教学工作本身就是传播；第二，这个"传播"更多的是促进汉语学习者理解中国及相关内容。

每一次文化活动都有从开始到结束的过程，而这个过程就是一次传播，其中包含信息发送者、信息和信息接收者。传播就是这样一个系统过程，在其中，人们凭借或者通过符号相互作用，从而产生意义或产生内涵。语言属于符号，因为含义模糊和不确定，所以汉硕生在文化活动之前要有思想准备，以面对比较困难的交流。

留学生常有概略式疑问，如"为什么中国人……"概略的概念可以帮助人理解如何处理众多的信息。人们通过各种搭配策略试图将一则新闻报道中的信息与某种原有概略相比拟。如果搭配成功，那新信息的某一部分或从信息中得出的推论就很可能会以一种修改后的概略形式被储存起来。

汉硕生可以从案例1中获知如何应对概略式提问，今后在文化活动中可以用特定图片与自己希望输出的信息相关联，形成特定"提示"，帮助留学生下次遇到类似信息时，将新信息的某一部分或从信息中得出的推论以一种修改后的概略形式储存起来，从而达到信息输出的目的。

二、茶文化传播关键词：系统、物质、非物质、动态

通过案例2有关中国茶的展示与讨论，我们可以发现留学生有关茶文化的问题其实可以分为三大类，除了与案例1相同的"有什么""为什么"之类的问题外，还多了对比类和变化类问题，比如"茶文化与咖啡文化的区别""中国茶与日本茶的区别""奶茶与中国茶的区别""年轻人还爱喝茶吗"等。

要回应上述问题，首先必须明确的是，只要存在信息交流，就属于一种传播。而传播是一个系统的过程，这意味着传播只能在特定的系统或上下文中才能被理解。而文化是传播赖以发生的重要系统之一，它也是系统的，因此，一种文化的各个侧面相互联系并且共同作用组成了这个文化的整体。文化是生活的一种方式，是观念、价值标准、信仰、组织和实践的体系，被一代接一代地传播，从而保留了生活的某些特别方式。中国茶、日本茶都是如

此。在具体回答中国茶与日本茶的文化差异时，可以借鉴传播学理论，从系统角度考虑文化的物质和非物质成分两方面。

文化是动态的，处于不断的发展变化中，要适应自然界，包括地理位置、可获得的自然资源、气候的变化和人类的行为（如发明），同时不断进化以继续存在。文化价值观和文化行为不是随意的，而是在一定的社会历史和地理环境中发展出来的。传播会引起文化变化，其首要方式就是对某一事物的命名，这决定了人们对该事物的理解。日本茶称为茶道即是如此。

汉硕生可以从案例2中理解如何回应对比类和变化类问题。在回答之前，可以从这两方面进行考虑：第一，系统，即需要思考为什么这是问题，以及在这个问题的系统方面，即物质和非物质两方面各有什么特点。第二，该问题的历史变化如何。

三、服饰文化传播关键词：扩散、同质性、异质性

通过案例3关于中国服饰的展示与讨论，我们发现留学生常有类似问题："中国古代服饰有什么特点""汉服与韩服（和服）有什么异同""为什么中国年轻人平时很少穿传统服饰"等。这些问题与案例2有些类似，但又有所区别。其区别在于案例2中有比较常见的中西对比，而案例3中留学生的疑惑更集中在东亚国家之间的异同方面。

我们首先应该明确，中国文化传统是复数的，而不是单数的。中国服饰是中华文明的重要组成部分，是对中华文明一个侧面的具体反映，也有复数特点。

此外，服饰文化是系统和动态的文化。一种文化的各个侧面相互联系并且共同作用，组成这个文化的整体。在大多数社会中，总有一种占优势的或主流的生活方式。而且文化不是观念、信仰、价值和风俗的随机组合，而是理解、传统、价值、传播惯例和生活方式的有机组合。没有哪一种变化与整个系统绝缘。在中国，服饰也有中国的一套组合方式，目前的中国服饰也是通过一代一代的传播保留下来的。服饰文化适应自然界和人类行为，中国服饰作为文化的典型特征同样具有系统和动态的特点。服饰展示了人们生活的一种方式，是一个国家和民族的观念、价值标准、信仰、组织和实践的体系，被一代接一代传播着，从而保留了这个国家生活的某些特别方式。

另外，服饰文化扩散中的同质性和异质性，与传播学理论中的"扩散"研究有关，后者是对创新（新的观念、实践、事物等）如何为人所知晓并通过社会系统进行推广的社会过程的研究。"扩散"研究称其中的相似性为同

质性,即多对相互交往的人在某些特征方面的相似程度,如信仰、价值观、教育或社会地位。而异质性是多对相互交往的人在某些特征方面的差异程度。从中、日、韩三国的服饰源流及互相影响就可以看出,服饰文化新形式的扩散正是因为三国之间文化的同质性和异质性。深受中国儒家思想影响,中、日、韩文化显然存在同质性。而在异质性方面,中、日、韩服饰文化有着鲜明的差异。

综上所述,汉硕生可以从案例3中产出的知识包括如何应对更为具体的异同类问题:一是服饰问题与文化的系统和动态有关,在具体回答"为什么中国年轻人不穿传统服饰"时,可以借鉴传播学理论,从系统和动态角度考虑;二是具体国家之间的文化异同类问题,需要理解文化的扩散创新理论,理解异质性与同质性。将来遇到异同类问题,可以从扩散理论中寻求可资借鉴的理论资源。

四、教育文化传播关键词:肯定、否定、支持性氛围

通过案例4有关中国教育的展示与讨论,我们希望了解如何应对否定性问题,如"没有创造性""不支持学生提问"等。

汉语国际教育教师应该首先了解传播理论中的"肯定与否定",当在汉语教学或文化活动中感受到否定的氛围时,应运用该理论予以应对。肯定的本质是对价值的认知。人们希望感受自身和所做事情的价值。当得到他人肯定时,人们感到愉快和被尊重;被否定时则感到被忽视。肯定和不肯定分别有三种程度。肯定最基本的形式是对他人的认知,第二个层次是对他人的感觉、想法和话语的承认,第三层次是支持,支持包括把别人的感觉或想法作为正当的事物接受。不肯定则是上述三种情况的反面。

案例4中,留学生的诸多疑问集合起来就是倾向否定(或不理解)中国的师生关系、课堂管理、教育观念等,而这些否定的信息显然会影响汉语教学或文化活动中的中国教师与留学生之间的关系氛围。面对这种情况,需要尝试通过交流建立起支持性氛围,以利于教学和活动开展。

(一)分清评价与描述

传播学理论认为,当我们认为他人在评价我们时,往往会产生抵触情绪。当自己是被评论的靶子时,没有人能感受到心理上的安全感。而与评论不同的是描述,描述性传播形容了行为却没有掺杂评价,因为描述性语言是通过不加判断的方式来形容别人的行为。

根据前文所述的"概略式理解",留学生不可能非常详细地描述自己所见到的中国课堂或师生关系,而是采用比较简单的评价式语言,比如"没有创造性""不支持学生提问"等。汉硕生要了解传播活动中可能会出现评价和描述,而评价会让被评价的人产生抵触,所以如果留学生关于中国教育的问题让人有不适感,这是非常自然的反应。而汉硕生将来自己走上工作岗位,也要注意谨慎使用评价。与此同时,教师要鼓励留学生对有关中国教育的问题减少使用评价性语言,而尝试用描述性语言,比如使用"课堂上老师布置了6道题",这就比"作业太多了"这种评价性语言要易于被接受,而这才是有利于交流的。

(二)分清定论与可探讨的

定论式语言的特征是绝对性的,所以通常是教条的。它显示,这是一个而且是唯一一个正确答案、观点或行动方式。因为带有定论特性的传播表达的是绝对正确的立场,因此会形成不利于合作的氛围。一种具有定论特性的传播方式是表达民族优越感。而民族优越感是建立在"自己的文化和它的规范是唯一正确的"假定之上的。与定论相对的是可探讨的,它表达了自己的想法是尝试性的,并且会开放地接受他人的观点。试探性地表达自己的意见,即自己有某个观点,但自己的思想不是封闭的,愿意考虑其他想法,并且鼓励他人说出自己的观点。这会促进谈话进一步进行。

有关中国教育的问题,从案例4可以看到,大部分留学生都在用定论式语言:为什么中国家长喜欢体罚孩子,为什么中国学校不培养创造性,等等。这些定论式语言表达的是民族优越感,即假定本民族的文化和规范是唯一正确的。汉语国际教育教师应鼓励留学生在提问时,用可探讨的传播话语,比如"我是这样看这件事的……"这种试探性地传播可以反映开放的头脑,也可促进进一步交流。

案例4中的中国教育管理确实有中国的传统和特色,而这都是中国文化本身的特点。因为文化是动态的,也意味着它们处于不断发展变化中。中国教育同样如此。中国是由教育部集中制定教育战略计划,这种集中使全国各学段的课程与考试趋于一体化。因为全国各学段课程设置基本相同,中国学生在转学时基本不受影响。此外,在以竞争激烈的、标准化的考试来选拔学生的时候,国家统一的评估体系起到了重要作用。而受中国经学传统的影响,中国教育传统表现出明显的泛道德主义价值取向,教育以培养"修己以安人"的士或君子为目的。因此,中国教育传统以人伦为范围,以道德品格的修养为最主要的教育活动。中国传统思维方式对创造性人才的成长有其积极的一面,但传统思维方式中的从众心理、思维定式、迷信权威等,对培养创造性人才也会有所妨碍。中国传统文化讲求"天人合一""贵和尚中",突出体现为重群体轻个体的价值取向和整体性思维方式。在人与社会的关系问题上,首先强调把个体融入自然、社会的整体之中,强调人的社会义务与责任,强调人对社会的服从。这些都是中国教育作为中华文化的一部分,在一定的历史和环境中发展出来的。文化的传统和历史也塑造着文化的特点。所以,汉语国际教育教师应该引导留学生在一定的历史背景下理解中国学校、中国师生关系等问题。

(三)分清控制导向与解决问题导向

控制导向的传播公开地试图支配他人或强迫他人服从,往往会引起他人的抵制情绪。常见的例子就是对自己的解决方案或所偏向的选项的坚持。而解决问题导向的传播意在共同找出尽量让每个人都满意的答案,交流的目标是找到各方都能接受的解决方案。这种导向倾向于减少无意义的冲突,保持开放的交流,而把焦点放在解决问题上。

案例4也一样,在面对否定氛围时,汉语国际教育教师不要试图完全支配或强迫其他人服从,显然也做不到。那么,比较好的做法就是倾向于解决问题的导向,即减少无意义的冲突。留学生说中国学校不培养学生的"创造性",那么面对这个问题,首先必须明白,在传播中人们借助语言来交流和沟通,而语言本身就具有自身特色,抽象就是其中之一。当留学生认为中国教育不培养学生的"创造性"时,汉硕生要非常清楚地意识到,"创造性"本身就是一个非常值得讨论的词汇,因为它的抽象程度非常高。汉硕生在面对留学生的疑问时,对于其中的核心词汇,要保持高度的语言敏感,看看这些词汇是否属于高度抽象的词汇,是不是可能导致交流的混乱。创造性还可能有两种含义:创造和改进。创造是造出原来并不存在的东西,改进则是在原来的基础上做出一些改变,而改进可能会创造出更大的价值。

总之,汉硕生应该从案例4中理解并产出知识:教育问题同样与文化的系统和动态有关。在具体回答为什么中国师生关系如此、为什么教育观念如此等问题时,可以借鉴传播学理论,从传播理论的肯定、否定、语言的抽象,以及通过交流建立支持性氛围等角度考虑如何回应。

五、婚俗文化传播关键词:图文关系、图片加语言符号功能

第五章通过案例5关于中国婚俗的展示与讨论,从案例中发现汉硕生文

化活动展示中存在问题。因为每一个案例中的文化产物、文化活动与文化观念应该有机结合。另外，该活动中的信息应该符合显著、易得、有对比、清晰准确和公正客观的特点。所以，出现的问题可以从两大方面改进。

（一）汉硕生文化展示存在问题及改进措施

1. 应增加关于展示重点的说明

案例5只展示了部分婚俗文化，故应该在展示前做出说明，比如"因为时间有限，只能简略展示汉族婚俗"。否则无法体现中华文化的叠合特点。

2. 注意东亚之间的文化差异

在东南亚、东亚和欧美留学生中，东亚学生的社会适应和心理适应水平是最低的。也许他们在来华前低估了文化差异。这也提醒将来的汉语国际教育教师在进行文化对比时，不要动辄中西对比，似乎文化对比就只有这一种对比角度。

研究者对来华留学生的生源情况和常见的汉语国际教育文化教学模式进行分析，可以明显看出，在汉语国际教育文化教学中，我们一直将欧美文化当作文化参照的主体内容，但来华留学生可能大部分是亚洲学生。因此，当前的汉语国际教育文化教学存在着文化参照内容与教学对象的错位问题。汉语国际教育文化教学应该注重和加强亚洲国家的文化内容和文化对比。

案例5中的汉硕生关注到了具体的中韩、中日对比，这在实际教学中是比笼统的中西对比更合适的做法。

3. 应增加当代婚俗内容

案例5的专题为中国婚俗，但从案例5的展示可以看出，汉硕生展示的主要内容仍然围绕着中国的传统婚俗。留学生通常会认为传统文化离日常生活太遥远，学了没什么用。所以他们更希望文化教材多介绍当代中国人的礼仪和道德标准，帮助其了解当代中国。

4. 谨慎选用图片

本教材每个案例中，汉硕生在文化专题展示时都会使用图片，因为图片可以起到提示作用。传播学理论表明，将新闻与各种概略图式搭配起来的方法是有用的。信息发送者可以通过标题、图像、字幕等方式帮助信息接收者确定是将这信息视为哪一种意义，所以图片使用具有帮助提示等功能，必须谨慎选图。

（二）应对复杂的文化专题及衍生类问题

1. 理解图文意义的生成方式

第一，语言加图片生成多模态语篇意义。多模态语篇指任何通过一种以上符号编码实现意义的语篇。目前语篇的多模态化已成趋势,语篇的意义生成不再单独依赖语言符号的贡献,而是进一步凸显了视觉符号的重要性,更多地将语言符号、视觉符号等多种符号体系融合,共同构建语篇的意义。从某种意义上说,语篇的多模态性具有普遍性。在这个符号体系中,视觉符号(图片)与语言符号(文本)是其中最重要的两种意义承载方式。因此,图文关系将直接影响语篇意义的生成与理解。在图文关系模式建构中,要把图文意义看成动态的有机整体,充分考虑图文意义的互动性特点,合理选择图文关系模式,从而丰富多模态语篇意义建构的手段。

第二,文本锚定图片意义。语言与图片都具有模糊性特点,图片存在着多种可能的解读,需要用文本去"固定"住它们的意义,语言信息的功能就是去固定或锚定这些可能意义,指导读者解读,解决可能存在的视觉歧义和误读。如果像案例5中,将一夫一妻制的文字"只有一妻"锚定在图片上的抓小三形象上,就会变成把图片的意义固定为中国的一夫一妻制的意义就是抓小三,这显然是与事实相悖的。

文本是表意的基础和根本,是必选概念;相比之下,图片则是依附于文本的存在而存在,属于可选范畴。汉硕生将来在教学或者文化活动中选择示例图片时,应该慎重考虑图文相互作用生成的意义。例如案例5,如果要说明一夫一妻制,选用一张普通的结婚登记照并配以恰当的文字,就能够将意义表现得比较清楚了。

2. 图片是信息的一部分

关于图片,媒介常常将图片作为信息的一部分来使用。视觉修辞理论可以帮助人们理解处理图片信息的方式。大多数图像研究者将图片当作现实的透明表现,或将它们当成情绪诉求的传达工具,还有人认为图片可以起到符号的作用,用来建构修辞论述。总之,视觉元素可以代表概念、抽象物、行为、隐喻和修饰物,可以被组合成各种复杂的论述。

在案例5中,汉硕生在使用关于"买卖婚姻"漫画时,就没有意识到这里的"有货啦"图片作为符号加上文字会组合成复杂论述,而复杂的论述可能无法达到客观、公正的要求。新闻照片可能更多地被用作现实的透明表现,而漫画显然不是现实的透明表现。也就是说,关于"买卖婚姻"的漫画不可能完全真实地再现我们的现实世界,而更有可能作为情绪诉求的传达工具或一种有关彩礼的符号。

第一,图片有说明功能。在图文关系中,若图像中的某个人物直视着读者,该图像表示一种"要求",图像人物要求读者进入到某种想象性关系。若图像人物没有直视读者,该图像在表达一种"提供",即把图像人物作为信息提供给读者。图像色彩的运用、细节和背景的展示能传递一定的情态意义。若文中的漫画部分不存在直视读者的目光，漫画是在"提供信息"。另外，当图像人物处在远景中，这会进一步强化"提供信息"这种意义。

第二，彩礼有叠合特点。绪论已经论述了中华文化的叠合特点，其实彩礼同样具有类似的叠合色彩，其中既有历史的原因，也有当代的变化，有农村的突出特点，也有城市的形式，在总体上是一个非常复杂的问题，并不能简单理解为用来交换妻子的物品。因为彩礼有这样复杂的社会基础，与性别人口差、养老观念、传统婚姻模式、社会变迁等有着千丝万缕的联系，所以案例5中出现的漫画图片"有货啦"显然非常不合适，这样的图片不仅不能让读者清楚地了解中国婚俗与彩礼的复杂含义，反而会强化中国婚姻市场上女性被物化的刻板印象。

3. 语言加图片作为符号的功能

既然图片可以是现实的透明表现，也可以传达情绪，还能被当作符号，那么在文化展示的时候，就要特别关注图片作为符号的各种功能。再加上一般文化展示的PPT中，往往既有图片又有语言文字说明，就更需要关注语言加图片作为符号的各种功能。

因为语言符号是人为确定的、模糊的和抽象的，对于某一种体验、人、关系、政策或想法，可以用很多种方式的定义。一旦我们选择了一个标签，就倾向于留意标签所关注的内容，而忽视其他的内容。这就提出了一条使用和阐释语言的道德原则：应该考虑我们和他人使用的语言包含了哪些内容、排斥了哪些内容。此外，符号不是中性的，它们负载着价值，这是符号的本质特征。

在案例5中，当图片中出现"有货啦""抓小三"等语言文字时，等于选定了婚姻中"货"和"小三"等标签，而排斥了婚俗中其他的内容。事实上，中国的婚恋状况也一直处于变迁之中，绝非简化到只剩"货"和"小三"。

综上所述，如同其他文化专题，中国婚俗也是中华文化的一部分，是在一定的历史和环境中发展出来的。这种文化的传统和历史也塑造着这种文化的特点。所以，汉语国际教育教师在引导留学生理解中国婚俗等问题时，应该在一定的历史背景下加以理解，而不是进行简单的漫画式处理，尤其在使用图片上必须谨慎选择。

总之，汉硕生应该从案例5中理解并产出知识：图文密切相关，图文互动产生意义；图片是信息的一部分，图片加语言等于符号。所以在具体回答相关问题时，在进行文化展示时，应谨慎选图，慎防歧义。

六、民俗禁忌文化传播关键词：传播规则、组织性规则、规范性规则、语言传播、非语言传播

不同于其他几个案例，案例6由本级汉硕生全体共同完成，各小组根据本组成员的籍贯等情况负责介绍中国某一个地区的禁忌情况。

禁忌遍及世界各地，具有一般普遍存在性。禁忌也是每个国家、民族或种族对内、对外不愿公开或有所避讳的文化敏感区。目前，各个民族、地区甚至各国之间的联系日益密切，人们接触来自不同文化背景的人的机会逐渐增多。因此，了解一些禁忌势在必行。

第六章通过案例6关于中国禁忌的展示与讨论，使得汉硕生明白中国各地区禁忌有颇多类似，但一般意义上的"禁忌文化"是指在现实社会中，不便公开讨论、说明，让人尴尬难堪，甚至是人们有意回避的一些不好的事情。人们往往担心因为触犯这些话题会有不好的结果，所以应该如何回应留学生关于中国民俗禁忌的疑问？汉语国际教育教师应该主动讲解还是应该随事讲解？总之，案例6中汉硕生的疑问主要集中在两个方面：一是汉语国际教育教师是否应该主动讲解禁忌问题；二是如果要讲解，应该从哪些角度出发进行讲解。

汉语国际教育教师是否应该主动谈及禁忌问题？从实际教学情况来看，应做好适时讲解的准备。本章已经说明，调查结果显示亚洲、欧美、非洲地区的留学生虽然对中国文化的关注点并不完全相同，但中国人际交往中的文化，受关注程度始终较高。留学生普遍关注当代中国人的交际，而禁忌内容可能会引起交际失败。在教学中解决跨文化交际冲突的职责在教师一方，但在教学中，禁忌可能并不适合在课堂上讨论。这时就可以援引真实案例来进行教学，从与禁忌相关的实例推导出相应规则，即从案例问题帮助留学生产出规则类知识。

如果把传播界定为"交流"，那么传播也可以区分为语言传播和非语言传播，二者都与文化密切相关。如同语言传播，非语言传播也是通过符号进行的，也是人为确定的、抽象的和意思模糊的。语言传播和非语言传播，都受没有用语言表达出来的，但是被广泛理解的规则所规范。传播规则是人们对传播意味着什么、在不同的场合哪些传播形式合适或不合适的共同理解。大部分情况下，这些规则不是外显的或有意建构的。有两种规则指导传播，规范性规则特别规定了何时、何地、与谁、如何谈论某事的规则。组织性规则通过告诉我们某些传播行为归属哪一类，从而定义了这些传播行为的含

义。社会互动往往遵循这些特定的为社会所广泛承认的规则。

(一) 汉语国际教育层面的语言与非语言禁忌

汉语国际教育层面的语言禁忌。第一，人名、人称的禁忌，忌直称父母亲及祖辈等尊长的名字。第二，"死"字的禁忌，一般忌讳别人当面提及、谈论后事。即便是谈论，也要尽量用委婉的词语来替代。第三，被中国人视为不吉利数字的禁忌。

汉语国际教育层面的非语言禁忌。第一，饮食禁忌，有些食物禁忌是针对某些人的，而对其他人并不适用。第二，颜色禁忌。汉族对颜色的区分好恶不是从审美的角度，而是赋予其明确的象征意义。第三，馈赠及交际禁忌。中国人在交往过程中讲究礼尚往来，这其中也有些禁忌。如汉族忌送刀、送伞等。

(二) 结合传播规则与禁忌层面做好教学知识储备

第一，规范性规则方面的语言和非语言禁忌教学内容。例如，从案例6可以知道，因为文化叠合的特点，中国人代与代之间对于"隐私"存在不同看法，所以应留意语言方面的禁忌，要注意与不同年龄的人谈论"隐私"要有不同的做法。相对来说，年轻人更重视"隐私"观念，而老年人可能会用更宽松的态度对待隐私问题。

第二，组织性规则方面的语言和非语言禁忌。组织性规则通过告诉我们某些传播行为归属哪一类，从而定义了这些传播行为的含义。例如，哪些行为是表示尊重（如专心听）、表达友爱和显得粗鲁的。所以在将来教学中，要通过案例，从组织性规则方面将典型的语言禁忌和非语言禁忌向留学生进行讲解。

语言禁忌方面，例如，在山陕地区，在餐桌上说把鱼"翻一翻"，也许不会被认为不合适；但在沿海区域，这就是犯忌的行为。

第三，从打破规则的案例推导出禁忌交际规则。按照传播学理论，社会互动往往遵循这些特定的、为社会所广泛承认的规则。在与他人互动时，人们通常在无意识中学习了禁忌交际规则。在禁忌交际规则被打破之前，人们往往意识不到它们的存在；或者只有当例外出现时，人们才知道规则的存在。意识到禁忌交际规则的存在，人才有能力去改变不利于互动的规则。

对于留学生来说，他们显然不了解中国这些特定的禁忌交际规则，即不了解中国人的禁忌，例如，第六章的南美汉硕生的例子显然就打破了"颜色"和送礼禁忌规则。这就可以作为一个生动的案例进行教学,教师可以帮助留学生了解被打破的组织性规则,即某些传播行为归属哪一类。而例子中赠送白色灯笼显然不能归属为有礼貌的交际行为,反而是属于犯忌的非语言行为。从而推导出有关送礼的非语言禁忌的组织性规则,即在中国赠送礼物要符合当地习俗,白色灯笼绝不是合适的礼物。

综上所述,如同其他文化专题一样,中国民俗禁忌也是中华文化的一部分,是在一定的历史和环境中发展出来的。文化的传统和历史也塑造着这种文化的特点。所以,汉语国际教育教师在引导留学生理解中国民俗禁忌等问题时,应该从语言和非语言禁忌两大角度出发,结合一定的典型案例从组织性规则和规范性规则两方面进行教学,以利于留学生的汉语学习和对中国文化的理解。

总之,汉硕生可以从案例6中理解并产出知识:传播分语言传播和非语言传播两类,都遵守组织性规则和规范性规则;禁忌也有语言禁忌和非语言禁忌,二者都与文化密切相关。教师可以将无意中被打破的规则作为典型案例,从语言禁忌和非语言禁忌两方面,综合规范性规则和组织性规则推导出有关禁忌的交际规则,以利于留学生汉语学习和跨文化交际。

本教材第一编的六章内容帮助汉硕生从有关中国烹调、中国茶、中国服饰、中国教育、中国婚俗、中国禁忌6个方面梳理并学习相关中华文化知识,让汉硕生了解如何在不同主题的文化活动中展示文化产物、文化活动与文化观念,还可以帮助汉硕生发现汉语文化活动展示中容易出现的问题。针对这些问题,通过借鉴传播学理论,教材第一编认为可以从系统、动态、支持性氛围、图文关系、传播规则等角度出发,应对这些专题中留学生的概略式疑问、中西文化对比类问题、东亚文化异同类问题、中国文化变化类问题、否定性提问、婚俗衍生类问题以及交际中的禁忌类问题等。

综上所述,本编通过梳理文化知识,发现文化教学中容易出现的问题,进而借鉴传播理论掌握文化教学中传输信息的关键角度,以培养汉硕生叠合的文化传播能力。

第二编

叠合的文化教学研究

本编重点在于对汉硕生文化教学研究能力的培养。文化教学研究能力属于汉硕生的专业能力，即汉硕生将要作为汉语国际教育领域的从业者在教学工作中应具有的文化教学研究能力。本编着重于介绍汉硕生应该关注的文化教学研究内容。

导语一　汉语国际教育文化教学研究现状

从汉语国际教育学科确立起，语言教学一直是教学的中心，虽有曲折，但研究成果丰硕。而文化教学则发展缓慢，直到20世纪80年代"文化研究热"开始及学界对"语言交际"的认识提升之后，学科内部才逐步重视"文化"，并展开了一系列论述。关于文化教学的性质与地位问题的讨论，学者虽有不同切入点，但整体基本达成一致，即必须重视文化在汉语国际教育中的作用。总体来看，文化教学研究主要集中在两方面："教什么"和"怎么教"，两者同步进行。20世纪80年代以来，汉语国际教育文化教学研究主要围绕文化教学的性质与地位、教学内容、方法与策略、国别化研究等内容开展，而编制文化教学大纲、落实针对性原则、提升文化教学质量等问题亟待解决。

从研究成果看，文化教学研究大致以2004年和2015年为节点，分3个阶段。第一阶段（20世纪80年代至2004年），研究成果聚焦于语言与文化的关系、文化/文化因素的地位、文化导入初探等，围绕这些问题形成了不同的观点，但文化在汉语国际教育中的地位逐步得到学者们的认可，并转向讨论如何发挥文化的作用、如何进行文化导入的问题探究。第二阶段（2004—2015年），文化教学相关成果逐渐增多，研究的广度和深度都大大超越了第一阶段。该阶段的研究重点在于教学内容的划分及教学方法/策略，即文化教学"教什么、怎么教"。伴随着孔子学院的建立，国别化文化教学也开始出现并逐步占据主流。第三阶段（2015年至今），相较于第二阶段，该阶段的文化教学研究成果略有减少，研究方向也以"国别化/区域性文化教学"为主，而且研究成果以学位论文为主要呈现形式。

目前的文化教学研究尚存在不足。首先，文化教学大纲问题。教学大纲作为开展教学活动的依据，对教学具有重要意义。原国家汉办相继推出了语法、词汇、汉字等级大纲，而文化教学大纲虽有学者讨论，目前却尚未颁布权威文件。其次，文化教学的针对性问题。文化教学的针对性该如何细化、如何推进，这些问题在实际教学中经常被忽视，却影响着文化教学的质量。

再次，文化教学教材与教学法问题。文化教学类教材少，在内容编排、编写理念等方面与现代社会脱节，存在重古轻今现象，缺乏动态性。此外，文化教材内容存在与语言教学分离的现象，难度大，给教师对教学方法的选择也带来了困扰。最后，文化推广与文化教学关系问题。文化教学隶属于汉语国际教育，而文化推广归属于国家形象、软实力层面，两者有交集，但不应该混为一谈。实践中存在个别机构将文化教学作为文化推广的实现方式，过分强调文化输出而忽视受众的语言水平、接受能力等，从而造成文化教学失去了原有的内涵，甚至造成误解。

对未来发展的展望主要聚焦于以下三点。首先，编制适应汉语国际教育文化教学的大纲，为文化教学提供指导。呼吁国内外专家、学者加入到文化教学大纲的讨论与编制中，以推动文化教学大纲尽快落地实施。其次，将针对性原则真正落到实处。汉语国际教育文化教学的受众已具有一定文化基础。因此，在教学前必须充分了解学生的基本情况，包括但不限于中华文化认知、原有文化底蕴等。此外，教学内容的选择方面，也要注意时代性，注重传统文化在现代社会的新内容，做到推陈出新，与时俱进。最后，注重文化教学的质量。在看到"量"的增加的同时，必须把握好"质"的提升。文化教学是为了促进交际，扩展学生的知识面，文化推广应当是自然而然、润物无声的过程，总之，提升教学质量应该放在首位（康永超 等，2021）。

导语二　有针对性地建构文化教学研究能力培养框架

汉语国际教育的文化教学研究已经取得了不少成果，但仍然存在一些问题。比如，文化教学的针对性该如何细化、如何推进、如何解决；文化教学类教材少，在内容编排、编写理念等方面与现代社会脱节，存在重古轻今等现象；此外，文化教材的语言难度大也是突出问题。张英（2004）、周小兵等（2010）均指出文化教材存在上述问题，所以文化教材中的相关问题特别值得关注和研究。本编着重对上述问题进行讨论。

需要特别说明的是，汉语文化教学研究的论文已有不少，本领域内各位专家也多有建树，在具体课程教学中，教师可以自行选择合适的论文作为范例（表2-1）向汉硕生展示，而本编所选论文只是为接下来的讨论提供一些合适的角度，仅仅是起到提供选择和促进思考的作用，并不一定要作为课程教学的必选项。

表 2-1 文化教学研究范例

序号	具体内容	相关范例
1	文化课教学模式研究（面向本科留学生）	本科留学生中国文化课教学模式及微观层面教学设想
2	文化教材研究	中级精读课文文化点对比研究
		少儿汉语教材性别角色研究
		汉语国际教育口语教材人物形象分析
		汉语国际教育文化教材人物设计研究
3	文化课程研究（面向本科留学生）	论来华本科留学生中国电影与文化课程需求
		论影视文化课及其教学内容设计
		第二语言教学视域下的中国当代电影女性人物形象分析

范例和案例，二者虽有相似之处，但存在区别。第一编以案例为主，案例偏重实践，指向实践中的具体事件，以文化活动展示为表现形式；第二编以范例为主，指向偏重理论的具体研究，以相关论文为表现形式。

本编认为，研读汉语教学领域的具体研究成果，应该比抽象地讨论方法和概念，更有助于掌握这一领域的研究路径要领。为此，本编将选择相关研究中若干论文作为范例，需要特别说明的是，为方便教材编写，第二编所选范例论文均出自教材编写者，并不是因为这些论文足堪典范大任，而是因为选取比较便利。在实际教学中，教师完全可以安排汉硕生分组自行选择相关文化教学研究论文作为课堂范例。无论选择哪一种范例论文，目标都是演示其所研究的问题和教学设计，并分别说明这些研究：①如何发现问题；②尝试解决问题的路径是什么；③对今后相似研究问题有什么启发。通过对这三个方面的分析，帮助汉硕生了解汉语国际教育文化教学研究领域的一种路径，希望这些直观的启示可以帮助汉硕生尽量减少缺乏研究角度的困扰，尽快成长为具有开放性的、可以兼容各种理论视角的研究设计者，从而将新角度引入新问题，验证、补充和审视汉语国际教育文化教学中的各种理论视角，进而为学科做出自己的贡献。

具体步骤为：本编范例以论文形式呈现，通过论文讨论信息传播三要素——作为信息接收者的教学对象（留学生）、信息发送者（汉语国际教育教师），以及传输的信息（文化教材或教学内容），可以哪些角度出发研究，进而具化和拓展汉语文化教学研究，并不断提高汉硕生的文化教学研究能力。

第七章　本科留学生中国文化课教学模式研究范例分析

[导　语]

1. 本编关注汉硕生文化教学研究能力的培养。文化教学研究能力属于汉硕生的专业能力，即汉硕生作为汉语国际教育领域从业者将来在教学工作中应具有的文化教学研究能力。

2. 本章讨论汉硕生可以从本科留学生中国文化课教学模式研究中发现的文化教学研究角度。

3. 本章采用"范例展示＋分析＋产出文化教学研究关键词"的体例编排。

[关键词]　信息准确

第一节　范例展示

一、范例展示之前的准备

根据本编的安排，首先由教师展示范例1论文作为本章内容主体，接下来是本级汉硕生在课堂完成对范例1论文的讨论，最后教师总结并分析，进而从范例1产出文化教学研究关键词。

在范例课堂展示正式开始之前，本班汉硕生需要提前准备，在组长的组织下，共同完成范例1论文的课前阅读和小组分析。

二、范例展示

【范例1】

本科留学生中国文化课教学模式及微观层面教学设想

一、引言

中国文化课的重要性已开始成为共识，目前，国内高校的留学生汉语言本科大都开设了各种形式的中国文化课。但在汉语国际教育界，对文化教学的许多问题尚未展开充分研究，这其中就包括本科留学生中国文化课教学模式。这些状况给本科留学生中国文化教学带来不小困扰，不仅增大了教师备课量，也影响了课程的科学性，新手教师更会在教学中因为已有中国文化课教学模式研究的不足而感到困惑。

本文希望通过梳理国内教学模式研究现状，整合出较为清晰的本科留学生中国文化课教学模式概念，并在微观层面上提出较理想并具有实操性的本科留学生中国文化课教学模式设想。需要说明的是，本文的中国文化课指为本科留学生开设的、独立于语言课之外的中国文化课程，而关于本科留学生中国文化课教学模式的讨论归属于汉语国际教育模式研究。

二、教学模式研究述览

（一）对教学模式概念的讨论

关于教学模式概念的提法有很多，其中斯特恩（H. H. Stern）的研究较为全面，他在论述语言与教学法的理论框架时，提出了三层次的框架模式（如图2-1所示）。该框架提供一个能用来分析语言教学问题和难题的教学模式，使读者在其指导下能做出判断（转引自梁海燕，2008）。

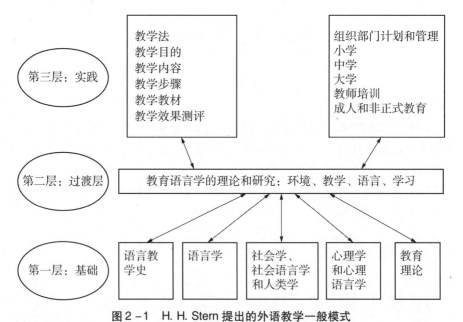

图2-1　H. H. Stern 提出的外语教学一般模式

资料来源：梁海燕《斯特恩的教学模式和理论分析》，载《首都师范大学学报（社会科学版）》2008年第S2期，第27-31页。

（二）汉语国际教育学界对教学模式的定义

马箭飞（2004）认为完整的教学模式应包含五个基本要素：①理论基础，指教学模式建立的教学理论或教学思想；②教学目标，指教学模式所能达到的教学效果；③操作程序，指教学活动在时间上展开的逻辑步骤以及每个步骤的主要做法等；④实现条件、手段和策略，指促使教学模式发挥效力的各种条件，如教师、学生、教学内容、手段、时间、空间等的最优化方案；⑤评价，指评价的方法、标准等。

（三）汉语国际教育理想教学模式的思考

在20世纪90年代前后，第二语言教学研究者基本上达成了共识，就是不存在适用于所有学习者的最佳方法，因为语言教学的重要特征之一是多样性。但是较理想的教学模式还是人们的关注点。在综合各种模式的基础上，张皎雯（2010）提出汉语国际教育模式三级层次框架，即教学模式是在一定的教学和学习理论指导下，实现教学各基本要素间组合方案最优化的系统。它有三级层次框架，如图2-2所示。

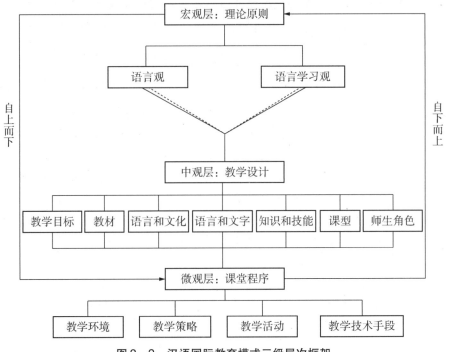

图2-2 汉语国际教育模式三级层次框架

注：图中的虚线表示中观教学设计并非必须由语言观和语言学习观完整组合，有些教学设计可以只受语言学习观的指导。

总体来看，这种三级层次的框架是目前比较合理的表述，也切实考虑到了教学实践。

(四) 对中国文化课教学模式的讨论

1. 多义的中国文化课教学模式概念

有关汉语国际教育模式的研究不多，有关中国文化课教学模式的研究也较少。探讨汉语教学模式的论文，大部分并未单独讨论中国文化课教学模式。研究中国文化课教学模式的，则模糊地称之为"教学策略""教学方法""教学手段""教学方式""教学活动""教授模式""授课模式"等，使中国文化课教学模式呈现多义局面，这增加了梳理难度。

(1) 同时使用不同概念。

杨丰荣 (2015) 发现，目前，大部分文化类课程都是系统地介绍某项中国文化知识，教学方式一般是由任课教师在课堂上进行口头授课，完成文化知识的讲解，同时也会配合一些声、像等教学手段，课程内容往往集中在书本知识讲解上。这种"满堂灌"的教授模式虽然能够向外国学生灌输大量的文化知识，但单一的口头授课使得教师和学生之间的互动不足，学生与学生之间的讨论机会也较少。文中使用了"教学方式""教学手段""教授模式"，但未界定教学模式及与三者的关系。

(2) 未辨析授课模式、教学法与教学模式的关系。

周琦 (2013) 发现，早期实践的传统型教学模式，在中国文化课的授课上做出过调整，如将课程内容划分为不同专题、教师根据各自专题以讲座的形式授课等，但是在教学模式上仍然沿袭国内高校传统的思政课程所惯用的大班授课模式。该文未对教学模式做定义，但使用了"授课模式"。

郭凌云 (2010) 认为，文化课教学属于内容型教学，应根据文化课教学特点和学生需求，建构一套基于内容的文化课教学模式。根据学生的语言水平和文化认知目标，灵活应用支架式教学法进行教学实践，促进留学生文化认知水平的提高。该文未辨析教学模式与"支架式教学法"的关系。

(3) 未辨析教学策略与教学模式的关系。

张莹 (2004) 认为，汉语国际教育教师对文化的不同理解使其在教学中采用不同方法来处理文化，形成不同的教学策略，这些策略可以归入当前三种较有代表性的教学模式之中。在这里，论文并没有辨析教学模式与教学策略的关系。

(4) 未辨析教学模式与教学方法的关系。

郭凌云 (2010) 在研究中发现，文化教学也能采用"结构、功能、文化相结合"的教学方法，该理念虽好，但始终没有落实到教学实践上来。有些教师采用任务式教学理念改良文化课教学,"以任务为教学单位的基于内容的教学"方法认识到了"任务型教学"与"教学任务"的差别,但文中没有对教学模式与教学方法加以区分。

(5) 未辨析讲座或课程内容与教学模式的关系。

闫志威(2012)认为,高级阶段的专门文化课教学基本上把留学生等同于中国学生来进行教授,这样,学生就可以慢慢适应各种文化类讲座甚至学术报告,其研究能力也可以得到提高。张莹(2004)也认为,如果要让学生对某一部分中国文化有较为系统、完整的认识,较常使用的方式之一就是开设专题讲座。

黄霜霜(2016)发现,国际上关于中国文化课教学模式的探索也从未停止,以美国堪萨斯中南部教育服务中心为例,他们给学生提供的中国文化课教学模式丰富多彩,形式多种多样,主要以经典文化课、节日文化课和专题文化课为主。

2. 学界概括的常见的中国文化课教学模式

虽然中国文化课的教学模式概念存在一定模糊性,但研究者认为,因为教师对文化的不同理解,形成了不同的教学模式。有的将文化看成一种知识,有的将文化看成一种交际行为,有的持多样化文化定义,认为文化复杂多样,不能仅靠"知识"或"行为"概念涵盖,所以在教学中采用了不同方法来处理文化,运用不同的教学策略,并进而形成了当前三种较有代表性的教学模式。

(1) 知识文化传授模式、灌输式或讲授式。传统的文化教学模式,被命名为"灌输式""讲授式""传统型教学模式"或"大班授课模式"。这种依靠教师权威进行授课的教学模式虽然有助于教师按照相应教学大纲有目的、有计划地完成教学任务,但因为课堂时间有限、学生人数过多而不利于课堂师生互动。

(2) 交际文化训练模式。该模式被认为较好地克服了语言和文化分离这一局限。其从语言交际的角度出发,通过模拟汉语文化环境下的交际行为,使文化和语言这两项本就息息相关的内容有机融合。交际文化训练模式为学习者提供了亲身经历交际行为从而获取文化知识的机会,并要求学习者学会应用这些知识,变知识为行动。

(3) 多元文化互动模式。多元文化互动模式的前提是文化差异的显现,研究者认为,留学生在目的语环境中,必然带着各自的文化困惑,教师可以在课堂上有意识地引导学生发现文化差异。不过,这种模式比较考验教师的文化素养和控场能力。

3. 学界对理想的中国文化教学模式的设想

虽然中国文化课教学模式概念尚为模糊，但学界对理想教学模式的研究也在进行。

(1) 重点聚焦在课堂组织的建议。

第一，注重类比法。一种观点认为，由于其地域、国情和文化背景的不同，来自不同国家和地区的留学生难免对中国国情的内容不太理解。而通过类比法，把他们国家类似的情况和事例拿来跟中国的进行比较，尤其是一些反差较大的情况，更能使学生在这种强烈对比中很快掌握中国文化。

第二，注重互动性模式。在正确对待文化差异的问题上，多元文化互动模式承认多元文化的存在，确立了学习者本民族文化在语言教学课堂中的合理地位，还可以克服知识文化传授和交际文化训练两种模式教授单一的知识文化与交际文化的局限，既重视知识文化的传授，又强调交际行为的重要性。增强互动性的模式还包括"互动性教学模式"，也就是跟大班授课相反的"小班化教学模式"，这一模式可以增强师生之间的互动。

也有建议尝试"需求导向性教学模式"，即大班授课和小班讨论相结合的教学模式。这一模式既能按要求完成教学任务，也能激发学生的主动性思维。或者是"专题互动型模式"，将专题教学模式和小班化的互动型教学模式结合。这种模式要求文化课堂上一个班的人数控制在10人左右，一堂课的教学内容按照一个个文化专题进行选择。从上述建议可以看出，讨论的重点均落在具体的课堂组织方面。

(2) 其他角度的中国文化教学模式设想。

第一，以内容为主的支架式教学设想。郭凌云（2010）认为，文化课教学与"包含文化因素的语言教学"有本质区别，文化课教学属于内容型教学，即"语言与内容融合的教学"，学生通过文化课学习可以同时提高文化认知能力和语言能力。根据这一特点，中国文化课应该采用以支架式教学为主、其他灵活多样的教学手段为辅的教学方法。支架式教学是建构主义教学方法的一个重要分支，主张通过搭建概念框架、学生独立探索、情境创设、协作学习、展示与评估等环节进行学习。

第二，建议教学模式的探讨必须增强四个意识。与大部分研究者直接注意课堂教学不同，刘颂浩（2014）注意到教学模式的探讨需要增强管理，并认为中国高校要想创建优秀的汉语国际教育模式，必须具备并加强以下四个意识：管理意识、环境意识、教师培养意识和技术意识。他认为，任何一个教学模式都必须考虑其所在环境的具体特点。在中国学习汉语，是第二语言环境，学生随时可以在生活中和中国人用汉语交流，接触中国文化，这是巨大的优势。因此，可以精心设计，把汉语环境变成教学项目的一个有机组成部分，还可以加强留学生日常学习的小环境。这四种意识勾勒了教学模式需要的管理机制，对理想的中国文化课教学模式讨论有所启发。

第三，经借鉴形成的中国文化教学模式三级框架。张皎雯（2010）借鉴了诸多教学模式，构建了一个教学模式三级层次框架，在此框架中，宏观理论原则层包括语言观和语言学习观的发展新趋向，中观教学设计层包括设计新思路，微观课堂程序层包括新做法的总结、归纳和预测。该文以建构主义学习论为基础，认为"文化教学"实质上是"语言教学"在深层次上的体现，包括了目的语背后的民族特殊思维方式、价值体系、概念和意义体系等在内的特定文化知识。微观课堂程序层是教学模式最直接的试验田，所有的理念和设计都将在这个层面实施。

该模式对教学模式有较详尽的归纳，因为微观层被认为是教师发挥自身潜能之处，所以对于中国文化课教学模式探讨来说，这个三层框架模式在微观层给其他研究者留下了足够的探索空间。

三、微观层教学模式设想

综上所述，在宏观、中观、微观三个层面中，宏观层是理论原则，中观层是教学设计，微观层重在实践。微观层重点考虑课堂程序，包括教学环境、教学策略、教学活动、教学技术手段等方面。因这一部分内容里，前人研究中对教学技术手段已经讨论得比较多，比如运用多媒体、声像手段等，本文将侧重讨论本科留学生中国文化教学模式微观层面的教学环境、教学策略和活动组织，提出如下三方面的设想。

（一）教学环境：充分利用母语环境

1. 让本科留学生"走出去"+支架式教学活动

目前，本科留学生中国文化课程教学以课堂讲授居多。以前的一些文化实践活动也以旅游、参观为主，真正意义上的文化课程学习还不够深入。在文化课程教学方面还可以尝试做到理论联系实际，学校小课堂与社会大课堂相结合，以及"走出去"和"请进来"相结合。"走出去"要根据课程内容的需要，组织学生参观、访问、采访。通过到社会访问调查，开阔学生视野，了解中国社会文化。但要做到不流于形式，就要在课程开展前期引导学生做好相关的资料收集工作；在文化实践进行的过程中，教师要发挥积极的引导作用和支架作用，提示学生查找资料的角度，解决学生在理解资料过程中所遇到的语言困难及背景知识欠缺问题，引导学生理解中国文化的历史和变化。

支架式教学活动是一个不错的设想。在大方面，要搭建概念框架，为学生对文化知识的独立探索提供各类支架。所谓概念框架，是指由相关概念和知识点之间的有机联系构成的知识体系，鼓励学生的个人探索。首先，教师可提供相关资料或者资料检索渠道，促使学生尝试扩大、深化对专题文化的理解。然后，设计学习情境，通过设计系列问题或系列任务等创设情境。通过个人的独立探索或小组协作完成相关问题或任务的一部分，提高学生分析和解决问题的能力。最后，在课堂上对学习结果进行展示、评估与反思。

总之，"走出去"的重点应该是：项目开始前，教师做好引导，先搭建文化概念支架，学生带着具体问题出去，收集材料之后回到课堂再讨论或者是集体分析问题，理解文化。

2. 请中国汉硕生进本科留学生课堂

"请进来"，是根据中国文化课的需要，请有代表性的人员走进课堂。如果经常能有人到现场演示中华才艺当然非常好，但是备课要求太高，实施有困难。在这方面笔者赞成刘颂浩（2014）提出的建议，即利用母语环境当中的汉硕生，就是国内各高校的汉语国际教育硕士研究生。在目前的教学实践中，大多数高校的汉硕生常有教学实习或者听课的需求，如果将面向本科留学生的中国文化课与汉硕生的教学实习联系起来，将本科留学生的同龄中国人请进本科留学生中国文化课堂，针对某些问题做自由讨论，则既能极大激发本科留学生的学习兴趣，也可以让汉硕生尽快接触到本科留学生的中国文化教学。

（二）教学策略：陈述性知识部分，凸显教学目标

张英（2004）认为，文化教学的目标既不是文化的专业性教育，也不是像观光客那样，只是浮光掠影地了解，而是在汉语国际教育这个大背景下的文化教学，其最根本的目标在于提高学习者对汉语言的接受、理解和使用能力。

但是目前的本科留学生中国文化课在教学实践中往往会因为留学生人数多、课堂容量有限等局限，选择类似于讲座式的"满堂灌"教学策略。笔者认为，根据认知心理学关于知识的分类，在教学模式微观层面有一点需要注意，就是在陈述性知识部分，必须凸显文化课的教学目标，即重点在接受、理解。心理学家认为，贮存于个体内的信息及其组织是个体的知识，包括陈述性知识和程序性知识两大类。陈述性知识是个体所具有的回答"世界是什么"之类问题的知识，而程序性知识则是个体回答"怎么办"之类问题的知识。当面临新的问题情境时，获得的知识就会被提取出来，用来解决"是什么"和"怎么办"的问题。

对于本科留学生中国文化课来说，"世界是什么"这一部分的陈述性知

识，重点应该在凸显教学目标，而不是面面俱到却内容泛泛的讲座式课堂。在文化内容选择方面，教师无须从古到今细细说起，而可以选择从本科留学生的生活实际出发，在教材方面按照物质文化、制度文化、精神文化三方面内容递进，选择相关文化点择要讲述。在课堂上，应从学生需求出发，可以按照如下顺序进行：提出相关文化点问题→观看相关文化点视频或者影视资源片段→教师内容讲解。而提出相关文化点问题、观看相关文化点视频或者影视资源片段可以与前面的设想，即利用母语环境联系起来，将学生查找资料并实践之后发现的问题在这一部分展示，然后再加上教师在课堂上的内容讲解。在教师内容讲解部分，应始终贯穿问题意识，防止"全而泛"，凸显本课程教学目标。总之，要在这一部分帮助学生完成陈述性知识的学习，即本科留学生通过中国文化课这一部分学习后可以知道相关中国文化点"是什么"。

（三）教学活动：程序性知识部分，创设情境

对于程序性知识，即课堂练习部分，中国文化课的教学活动应集中创设文化情境，让本科留学生在面临新的问题情境时，可以提取出在陈述性知识部分获得的知识，用来解决知道了"是什么"之后"怎么办"的问题。

陈申（2000）引述克拉姆契（Kramsch）的观点，认为："教授一种语言就是教怎样塑造一堂课的上下文。这堂课既是单独的个体学习事件，又是一个社会缩影。教学场景，每一参与者所扮演的角色，教学活动的目的，对话的课题、语气、模式、互动的规范以及各种人物的类别都统统集中在课堂上。"在这样的汉语情境中教学，能有效提高学生对汉语文化的适应力，学生会潜移默化地获得跨文化交际的语言能力。

例如，在中国烹饪这个文化点的课堂练习方面，可以安排教学活动，教师组织本科留学生分组，通过创设餐馆点菜、座位安排、餐桌聊天等文化情境，使本科留学生将前面学过的"中国烹饪是什么"的陈述性知识在这个情境当中提取出来，解决此刻情境中的"怎么办"等问题。

综上所述，本文认为将本科留学生中国文化教学模式分为宏观、中观、微观三个层面比较合理，与教学实践关系密切的微观层面，可以通过三个设想具化，将这三个具有实操性的设想付诸实践，新手教师能较快熟悉本科留学生中国文化教学课堂，并进一步提升教学效果。

（原载于《世界华文教学》2018年12月，此处有删节改动）

第二节 提问与讨论

一、范例展示前的提问

在范例展示之前,引导汉硕生关注如下问题:①论文关注留学生文化教学哪些问题?②论文中如何回应这些问题?③对将来的文化教学研究有哪些启示?

二、课堂讨论

范例展示结束之后,汉硕生先分小组简单讨论,然后集体讨论,最后由教师分析并总结。一般范例展示和讨论在第一课时全部完成,教师在第二课时进行小结和分析。经过不同角度的讨论和分析,使汉硕生全面了解范例1中关注的问题、尝试解决问题的路径、对今后相似研究问题的启发,再结合传播理论,从而可以顺利从范例中产出文化教学研究角度。

范例展示其实是尝试把汉硕生放进相关情境中,要求他们分析如何解决范例中提出的问题,以帮助汉硕生从一个具体的问题出发,结合理论解决实际问题。目前在汉语国际教育教师培养过程中,汉硕生的研究能力是不容忽视的一部分,即便是教书已经得心应手的教师,其发展策略也仍然是增强科研意识,提高科研能力,使自己的教学进入一个更加得心应手的境界(李泉、关蕾,2019)。

一般来说,范例展示之后,往往形成一条这样的路径:汉硕生阅读范例→范例讨论→教师理论阐述→体悟汉语国际教育教师要求→结合自身研究兴趣反思。在学习范例过程中,汉硕生必须具备问题意识,并选择聚焦于重要问题,思考范例中的问题、解决路径和启发。

以前在学期末的反馈中有汉硕生表示,文化教学研究范例课程为大家提供了不少研究角度,通过范例展示、讨论、分享,大部分学生提高了综合概括能力,也发现了自身不足,还有的学生找到了将来的研究方向。

第三节 分析与产出研究角度：信息准确

一、从三方面对范例进行总结和分析

（一）总结范例提出的问题

对外汉语教学中的中国文化课的重要性已成为共识，目前，国内高校的留学生汉语言本科大都开设了各种形式的中国文化课。但在汉语国际教育界，对文化教学的许多问题尚未展开充分研究，这其中就包括本科留学生中国文化课的教学模式。

范例关注到了一线汉语国际教育教师必须面对的教学实际，即不仅中国文化课的教学模式概念存在不同界定，有关中国文化课教学模式的研究，将其称为"教学策略""教学方法""教学手段""教学方式""教学活动""教授模式""授课模式"等，不一而足，这已经在实际上使得中国文化课的教学模式处于界定不清的状态。而且在教学实践中，因为授课教师对文化的不同理解，进一步形成了不同的教学模式。这种多重歧义的状态显然不利于文化教学的规范发展。

这种状况不仅给本科留学生中国文化教学带来不小困扰，增大了教师备课量，也影响了课程的科学性，新手教师更会在教学中因为现有中国文化课教学模式研究的不足而感到困惑。汉硕生作为将来的汉语国际教育教师，也应该了解文化课教学模式方面存在的问题。

（二）尝试解决路径

范例1首先通过梳理国内教学模式研究现状，整合出较为清晰的本科留学生中国文化课教学模式概念，辨析其中容易混淆的问题，然后通过借鉴教学模式三级层次框架，重点阐述其中的微观层面，提出本科留学生中国文化课教学模式在微观层面的三点设想，以便新手教师尽快了解本科留学生中国文化课教学，进而提升教学效果。

（三）启发

任何一个领域，定义都是非常重要的，对概念的不同理解有可能带来完全不同的处理方式。

二、产出研究角度：文化教学研究的信息辨析

文化教学活动是传播行为，其中有向教学对象传输文化信息的过程，过程中有发送者、信息（传播的材料）和接收者，与之相关的文化教学研究也要相应关注这三方面。如果说传播过程的信息编码要清晰、准确，尽量客观、公正、形式多样，才能提高传播效果，那么在文化教学研究方面，相关的定义和概念也应符合"信息"的特点，即清晰、准确，才有可能清楚地传达研究意义和价值。

范例1集中讨论了"文化教学模式"，辨析了相关定义，并对"文化教学模式"进行相对合理清晰的界定，同时对教学实践提出了可操作的建议。上述过程中的发现问题、解决路径、对教学的启发三方面，都紧紧围绕着"文化教学模式"这一概念的界定，焦点比较清晰。

综上所述，汉硕生可以从范例1中得到启发：与传播过程中的信息一样，文化教学研究中的"信息"同样应该做到清晰、准确，将来在研究中的起始工作应该是辨析相关定义和概念。

第八章 中级精读课文文化点对比研究范例分析

[导　语]

1. 本编重点关注汉硕生文化教学研究能力的培养。文化教学研究能力属于汉硕生的专业能力，即汉硕生作为汉语国际教育领域从业者将来在教学工作中应具有的文化教学研究能力。

2. 本章讨论汉硕生可以从范例2中发现的文化教学研究角度。

3. 本章采用"范例展示+分析+产出文化教学研究关键词"的体例编排。

[关键词] 需求导向两因素

第一节　范例展示

一、范例展示之前的准备

根据本编的安排，首先由教师展示范例2论文作为本章内容主体，接下来是本级汉硕生在课堂完成对范例2论文的讨论，最后教师总结并分析，进而从范例2产出文化教学研究关键词。

在范例课堂展示正式开始之前，本班汉硕生需要提前准备，在组长的组织下，共同完成范例2论文的课前阅读和小组分析。

二、范例展示

【范例2】

中级精读课文文化点对比研究

一、引言

如何更好地提高留学生的文化理解能力，除了专门的文化课之外，作为中级汉语教学中比重最大的精读课其实也同时承担着提高留学生文化理解能力的任务。但目前学界对文化内容如何与语言教材更好地融合还缺乏更深入的研究，而且与之相对应的汉语国际教育文化大纲尚未制定完成，所以反映在精读教材编写中，文化点的选择和编排也缺乏统一标准，编者无法可依，编写的教材内容与学习者的实际需求可能无法达成一致。从伊志（2012）的调查研究中也可以了解到，大部分学生认为《博雅汉语》系列教材中呈现的文化点他们感兴趣，而且对他们的生活和学习有帮助，那么，该教材在课文中是如何具体选取和编排文化点，而其他中级阶段精读教材课文中又是如何考虑文化点编排的，这些问题值得探讨。因此，本文选取中级精读教材《阶梯汉语·中级精读》第3、4册（以下简称《阶梯》）与《博雅汉语·冲刺篇》Ⅰ、Ⅱ（以下简称《博雅》）进行对比，原因有三点：第一，两套教材都是综合教材，而且从自序中得知编者在编写过程中贯彻了语言学习和文化学习相结合的原则；第二，目前中山大学国际汉语学院的进修班一直在使用这两套教材；第三，教材的适用对象都是中级。本文希望对比两者课文中文化点的编排情况，发现中级教材文化点编选的问题，进而对其他精读教材在课文文化点选编上提供一些有益建议。

二、《博雅》和《阶梯》课文中文化点的定量考察

（一）两套教材文化点类别统计与分析

1. 文化点的选择和统计

赵金铭（2004）指出："作为第二语言和汉语国际教育中必不可少的文化教学内容，语言教学本身不应该也不能脱离文化因素的教学。所谓的'文化因素'，是指跟目的语的理解和用目的语表达密切相关的文化因素，主要是隐含在目的语的结构系统和表达系统中反映该民族的价值观念、是非取向、衣食住行、风俗习惯、审美情趣、道德规范、生活方式、思维方式等方面的特定的文化内涵。具体来说，这类文化因素体现在目的语的语汇系统、语义系统、语法系统和语用系统中，他们对语言的理解和运用有着重要的甚至是不可或缺的规约作用。"

本文采用赵金铭（2004）关于汉语国际教育中文化的定义，即教材中反映中国人价值观念、是非取向、衣食住行、风俗习惯、审美情趣、道德规范、生活方式、思维方式等方面的具有文化内涵的词语、句子、注释等形式的文化点。

从呈现方式的角度来看，前人对文化点的选取角度不尽相同。本文主要参考了李鸿亮、杨晓玉（2011）的分类，即直述式呈现、附带式呈现以及蕴含式呈现。本文将这三种方式所呈现的文化点都作为统计对象。

在进行文化点统计时，本文采用了中山大学国际汉语教材基地在"国际

汉语教材智能标定系统"（以下简称"标定系统"）项目中文化子项目研究时使用的"国际汉语教材文化点分类框架"。该框架将文化点分为四层，第一层包括5类（中国国情、成就文化、日常生活和习俗、交际活动、思想观念），第二层包括46类，第三层包括212类，第四层包括70类。这是目前为止最为全面的文化分类框架。本文对文化点的统计到第三层。在统计时，按照分类框架，对两套教材的文化点进行了穷尽式的统计。

为了统计数据的准确性、统一性和客观性，本文对在同一篇课文中出现的同一类别的文化点不做合并处理。对在不同课文中出现的同一个文化点也不做合并处理。此外，在文化点表述上，除了少部分必须要用概括的语言表达外，其他的都采用其在课文中的原文表述。

2. 文化点数量统计及对比分析

从结果看，两套教材的文化点总数相差较大，《博雅》包含的文化点相对多一些，但由于二者的课文数目略有不同，所以从每篇课文平均所包含的文化点数量来看，相差不是很大，不过，《博雅》的文化点出现率仍较高于《阶梯》。两套教材分册文化点的比重非常接近，而且都是后一册的文化点比前一册的文化点数量多且比重大。可见这两套教材在文化点编写上应该都参考了相应的文化编排标准，考虑到了文化点分布的均衡性。

3. 第一层文化点分类统计分析

为了进一步考察两套教材所包含的文化点的总体情况，将两套教材中出现的文化点按照中山大学标定系统"国际汉语教材文化点分类框架"的第一层5类进行了统计。

（1）《博雅》文化点分布统计及分析。统计发现，《博雅》中的中国国情类文化点比例最高，占38%；其次是日常生活和习俗，占31%；成就文化占19%；交际活动占7%；思想观念最少，只有5%。

（2）《阶梯》文化点分布统计及分析。统计发现，《阶梯》中的中国国情类文化点比例最高，占61%；其次是成就文化，占20%；日常生活和习俗，占12%；思想观念占4%；交际活动最低，只占3%。

由上面的数据可以发现，这两套精读教材的相同点是中国国情类文化点呈现率最高，而思想观念和交际活动类文化点的呈现率都非常低。不同点是《博雅》中的中国国情类文化点所占比重没有超过50%，而《阶梯》的大于50%；《博雅》中的中国国情类文化点与日常生活和习俗类文化点占比只相差7%，而《阶梯》的中国国情类文化点比日常生活和习俗类文化点占比多49%。

4. 第二、三层文化点分布情况统计

两套教材的第二、三层文化点，即中国国情、成就文化、日常生活和习俗、交际活动以及思想观念共5类文化点分布情况如下。

（1）中国国情类文化点分布情况。《博雅》和《阶梯》中国国情类文化点中关于"地理"和"人民"的文化点是最多的，这两类文化点在这两套教材中相加的比例都超过了70%。另外，在这两套教材中文化点较多的是"历史"和"家庭"。在《博雅》中最少的是"政治与法律""经济"和"性别"，都为0。在《阶梯》中最少的是"中国体育"和"大众传媒"，都为0。

（2）成就文化类文化点分布情况。在《博雅》成就文化点中，"语言文字"和"文学"内容最多，分别占38%、35%；"艺术"次之，占24%。在《阶梯》成就文化点中，"文学"和"艺术"内容最多，分别占64.7%、13.7%；而"语言文字"次之，占11.8%。

（3）日常生活和习俗类文化点分布情况。在《博雅》中，"饮食及习俗""休闲娱乐与健康"和"禁忌迷信与象征"最多，分别占67.3%、8.7%、8.7%；而"服饰及习俗""节日节气""人生庆典""度量衡""交通""家庭生活""购物消费"都很少，都没有超过4%。在《阶梯》中，"饮食及习俗""人生庆典""休闲娱乐与健康"和"节日节气"最多，分别占43.3%、16.7%、13.3%、13.3%；"服饰及习俗""度量衡"和"交通"的内容都为0。

（4）交际活动类文化点分布情况。《博雅》和《阶梯》一样，在交际活动类文化点中，"交际情景规范"内容最多，分别占70%、62.5%；其次是"跨文化交际"，在两套教材中分别占22%、37.5%；而"交际风格"和"非语言规范"在《阶梯》中没有。

（5）思想观念类文化点分布情况。《博雅》的思想观念类文化点中"价值观"和"哲学思想"内容最多，分别占35.3%和23.5%。而《阶梯》中"哲学思想"和"时空观"分别占40%、60%，其他内容占比均为0。

（二）两套教材课文中文化点的呈现方式

中山大学的标定系统列出的文化点在教材中的呈现形式有准备活动、课文及课文注释、练习、文化知识部分、插图共5种。本文结合该标定系统所列出的文化点呈现形式，根据所研究教材的实际情况，将所探讨的课文中文化点的呈现形式分为标题、课文内容和注释。其中，"标题"包括两套教材中主、副课文的标题，"课文内容"指两套教材主、副课文内容，"注释"指两套教材主、副课文内容后面或旁边出现的内容。

1. 文化点以标题形式出现

在两套教材中，文化点在标题中直接出现的课文有很多。《博雅》两册教材共 22 课，44 篇课文，其中以文化点作为标题的有 17 篇课文，占 38.6%；《阶梯》两册共 24 课，48 篇课文，其中以文化点作为标题的有 22 篇课文，占 45.8%。

2. 文化点在课文内容中出现

本文所研究的"课文内容"指两套教材的主、副课文内容。结果显示，两套教材中课文中出现的文化点占教材总文化点的比例都很大。

3. 文化点在注释中出现

本文所研究的"注释"指两套教材主、副课文内容后面或旁边出现的内容。结果显示，两套教材注释中出现的文化点占教材总文化点的比例都不是很高。

三、《博雅》和《阶梯》课文文化点相关性和复现情况考察

（一）两套教材主、副课文文化点相关性分析

本文所研究的文化点相关性以同一课为单位，以主课文中出现的文化点为依据，判断主、副课文文化点是否相关，主要看有没有相同或相近的文化点。结果显示，《博雅》18.2%的主、副课文文化点具有相关性，《阶梯》37.5%的主、副课文文化点具有相关性，二者文化点具有相关性的主、副课文都没有超过 50%。《博雅》中文化点不相关的主、副课文文化点的占比居然达到 81.8%，而《阶梯》中文化点不相关的主、副课文也有 62.5%。

（二）两套教材文化点复现情况考察分析

本文所讨论的教材文化点复现包括两种情况：一是每课主课文中出现的文化点，如果在同一课的副课文再次出现或在其他课的主、副课文中再次出现算作复现；二是每课副课文中出现的文化点，如果在其他课的主、副课文中再次出现也算作复现。复现形式包括四种：其一，同一文化点只在同一课复现；其二，同一文化点只在不同课复现；其三，同一文化点在同一课复现，又在不同课复现；其四，同一文化点在教材中零复现。下面就两套教材详细分析各类复现形式的情况。

1. 同一文化点，只在同一课复现

同一文化点只在同一课复现，实际上就是指在两套教材的主课文中出现的文化点又在其副课文中出现的情况。结果显示，在《博雅》两册共 22 课中，只有 2 课出现了同一文化点只在同一课中复现，占 9.1%。而在《阶梯》两册共 24 课中，有 6 课出现了同一文化点只在同一课中复现，占 25%。由此看来，这种复现形式的比例《阶梯》略高于《博雅》，但二者的比例都偏低。

2. 同一文化点，只在不同课复现

同一文化点只在不同课复现包括两种情况：一种是同一文化点先在前面的课的主课文中出现，在该课的副课文中没有复现，却在后面的课的主、副课文中复现；另一种是同一文化点先在前面的课的副课文中出现，再在后面的课的主、副课文中出现。

统计发现，在《博雅》两册共22课中，有7课出现了同一文化点先在主课文出现，并只在不同课中复现，占教材课总数的31.8%；而在《阶梯》两册共24课中，有8课出现了这种情况，占教材总课数的33.3%。两套教材的情况差别不是很大。

统计发现，在《博雅》两册共22课中，有4课出现了这种先在副课文出现，并随后只在不同课中复现的形式，占18.1%；在《阶梯》两册共24课中，只有1课出现了这种情况，占4.2%。两套教材的情况差别较大。

3. 同一文化点，在同一课复现，在不同课再次复现

同一文化点既在该课的副课文复现，又在其他课的主、副课文中复现的情况为：《博雅》两册22课中，只有1课出现了这种复现形式，占4.5%；《阶梯》两册共24课中，有3课出现了这种情况，占12.5%。两套教材这种复现情况差别较大。

4. 同一文化点在教材中零复现

零复现就是指某一个文化点在整套教材中只出现了一次，没有再次出现的情况。结果显示，《博雅》有非常多的文化点都是零复现的，22课中，有18课都存在这种情况，占81.8%；零复现的文化点总数为287个，占教材总文化点的86.7%。《阶梯》也有非常多的文化点都是零复现的，24课中，有17课都存在这种情况，占70.8%；零复现的文化点总数为198个，占教材总文化点的78.3%。

5. 小结

总之，《博雅》和《阶梯》的课文中，文化点主要是在不同课复现。但是相比较而言，《阶梯》也兼顾了只在同一课复现和零复现两种复现形式。《博雅》和《阶梯》的课文中，大部分的文化点都没有复现，相对来说，《阶梯》复现的文化点比《博雅》的多。两套教材课文中文化点的复现率都不高，且复现形式都以在不同课复现为主。

四、《博雅》和《阶梯》课文中文化点设置的调查与分析

（一）调查问卷及实施情况介绍

调查问卷的设计主要参考了2006年陈运香、王海华关于大学英语教学中文化现状的问卷以及中央民族大学李习文（2012）关于《博雅》和《中

文听说读写》中文化输入情况的调查问卷。本问卷只采用中文版。调查对象是正在使用《博雅》《阶梯》这两套教材的学习者。

（二）调查结果统计并与文化点考察结果对比分析

参与调查学生的国籍有韩国、伊朗、印度尼西亚、越南等13个国家，其中亚洲学生占90%。95%的被调查者学习汉语的时间都在一年以上，可以确保学生理解问卷内容。

通过对比问卷调查结果和文化点统计结果，可以看出学习者对交际活动和思想观念类文化点的感兴趣程度均高于中国国情类文化点，而两套教材都以中国国情类文化点为主。由此可见，两套教材的文化点设置比例与学生的喜好不太一致，存在一定差距。

统计结果显示，学习者对"日常生活与习俗"类文化点感兴趣的程度，从高到低依次是"饮食及习俗""节日节气""学习与工作""休闲娱乐与健康""服饰及习俗""人生庆典""购物消费""居住""通讯""交通""禁忌迷信与象征""安全"。其中，《博雅》中"饮食及习俗""休闲娱乐与健康""禁忌迷信与象征"最多，《阶梯》中"饮食及习俗""人生庆典""休闲娱乐与健康""节日节气"最多。

对比问卷调查结果和文化点统计结果，可以知道学习者最感兴趣的日常生活和习俗类文化点是"饮食及习俗""节日节气""学习与工作""休闲娱乐与健康"，最不感兴趣的是"禁忌迷信与象征""安全"。可见《阶梯》日常生活和习俗类文化点的设置和学生的兴趣更趋一致。

根据统计可以看出，学习者对交际活动类文化点感兴趣的程度，从高到低依次是"非语言规范""交际情景规范""跨文化交际""交际风格"。但《博雅》和《阶梯》一样，在交际活动类文化点中"交际情景规范"内容最多，其次是"跨文化交际"，而"交际风格"和"非语言规范"在《阶梯》中没有。由此可见，两套教材交际活动类文化点的设置与学生的兴趣不一致。

根据统计可以看出，学习者对思想观念类文化点感兴趣的程度，从高到低依次是"审美观""财富观念"和"教育观念"（三者分数一样），"价值观""哲学思想"和"自然观"（三者分数一样），"时空观"，"宗教信仰"。但《博雅》思想观念类文化点中"价值观"和"哲学思想"内容最多，而《阶梯》中"哲学思想"和"时空观"分别占40%、60%，其他均为0。由此可见，两套教材设置情况与学习者的兴趣不太一致。

五、结语

本文考察了两套教材课文文化点选取与正、副课文文化点相关性和复现情况，并结合问卷进行了对比分析。发现在文化点五大类的设置比例方面，两套教材设置了过多的中国国情类的文化点，而日常生活和习俗的文化点的比例不够高，对学习者感兴趣的交际活动和思想观念类的文化点设置比例非常低。因此，应当根据问卷调查结果增加相关的文化点。

在文化点的呈现形式上，两套教材在课文内容中呈现的文化点占文化点总数的比例最高，这个和学习者的喜好一致。但是，《阶梯》需要增加图片形式呈现文化点，《博雅》需要提高图片呈现文化点的质量，要注意选取与课文内容相关的图片。

在文化点的相关性和复现上，两套教材主、副课文文化点的相关性低，课文中文化点的复现率都不高，复现形式都以在不同课复现为主，零复现的文化点占很大比例。

（原载于《海外华文教育》2017年第2期，此处有删节改动）

第二节　提问与讨论

一、范例展示前的提问

在范例展示之前，引导汉硕生关注如下问题：①论文关注哪类课型教材的问题？②论文中如何回应这些问题？③对将来的文化教学研究有哪些启示？

二、课堂讨论

范例展示结束之后，汉硕生先分小组简单讨论，然后集体讨论，最后由教师分析并总结。一般范例展示和讨论在第一课时全部完成，教师在第二课时进行小结和分析。

范例展示之后，汉硕生通过阅读范例，需要留意的是论文为什么关注中级精读教材中课文的文化点，借鉴了哪些框架来进行分析和讨论，论文中的调查是否为必须等问题。范例2比较详细地介绍了中山大学国际汉语教材文化点的分类框架，清楚地演示了如何使用该分类框架来统计课文中的文化点，对汉硕生启发较大。

第三节　分析与产出研究角度：需求导向

一、从三方面对范例进行总结和分析

（一）总结范例提出的问题

近年来，随着汉语国际教育事业的发展，有关汉语国际教育教材的研究也越来越多，但是目前针对汉语国际教育中级精读教材文化方面的研究还不是很多，这不利于教材研究和留学生文化理解能力的整体提高。作为中级汉语教学中比重最大的精读课，其实也同时承担着提高留学生文化理解能力的任务，但目前人们对文化内容如何与语言教材更好地融合还缺乏更深入的研究，而且与之相对应的汉语国际教育文化大纲尚未制定完成，所以反映在精读教材编写中，文化点的选择和编排也缺乏统一标准，编者无据可依，编写的教材内容与学习者的实际需求可能就无法达成一致。调查研究显示，大部分留学生认为最常用的精读教材中呈现的文化点令人感兴趣，而且对其生活和学习都有帮助，所以精读教材在课文中如何具体编排和选取文化点，值得我们进一步探讨。

（二）尝试解决路径

范例2首先运用定量、定性分析的方法考察了《博雅》《阶梯》两套教材课文文化点的设置情况以及文化点的相关性和复现情况，然后对留学生进行了关于两套教材课文文化点设置的问卷调查，最后结合问卷结果与文化点设置情况进行对比分析，有针对性地提出了精读教材课文中文化点设置方面的一些建议。

（三）启发

"复现"概念常常用于语言学习方面，尤其是词汇学习。对于汉语国际教育来说，精读教材课文中的文化点复现同样是一个值得重视的问题，毕竟学习方面的道理都是相通的。

二、产出研究角度：需求导向两因素与突出强调

传播理论认为，媒介的议程设置功能是指媒介的一种能力，通过重复性新

闻报道来提高某议题在公众心目中的重要性。研究结果显示，在媒介突出强调的各类议题和民众对各类议题之显著性与重要性的判定之间，存在非常密切的关系。媒介促使公众将注意力转向某些特定议题。同时，认知心理学认为，人是"问题的解决者"，而不是被控制或受操纵的对象，解决问题带来需求导向问题，而人们对导向需求不一样。导向的需求基于两个因素：信息对个人的相关性与有关信息的不确定程度。信息的相关性越大，事物的不确定程度越高，人们对导向的需求就越大（赛佛林、坦卡德，2006：189－201）。

从范例2和第一编的论述可知，留学生对中国人的日常生活与习俗类文化点特别感兴趣，如饮食习俗等，这其中留学生又对与之相关的交际活动类文化点感兴趣，感兴趣程度从高到低依次是"非语言规范""交际情景规范""跨文化交际""交际风格"。但综合教材中交际活动类文化点的"交际情景规范"一项内容比较多，其他都比较少，甚至在一些教材中关于"交际风格"和"非语言规范"的文化点都没有。借鉴传播学理论可知，这属于信息相关性越大（留学生对日常生活与习俗类、交际活动类习俗的信息感兴趣，因为学了可以马上用），而典型信息的不确定程度却非常高（教材中没有，或罕见）。

针对上述情况，从需求导向两因素（相关性和不确定性）方面来看，留学生对与自己相关性非常高的文化信息非常感兴趣，可这些却是综合教材中不确定程度最高的内容。为此，范例2提出了相应的改进建议，提供与留学生相关性高的文化点，提升信息的确定程度。此外，复现，也就是教材作为媒介对相关信息的突出强调，可以促使留学生将注意力转向与他们相关的文化信息，从而提升教学效果。

综上所述，汉硕生可以从范例2中得到启发，借鉴传播理论的强调议题、需求导向两因素，将来在研究中可以考察研究教材作为媒介的议题强调功能，以及与留学生相关性高的文化信息的确定程度，从而开拓研究思路。

第九章　少儿汉语教材性别角色研究范例分析

[导　语]
1. 本编重点关注汉硕生文化教学研究能力的培养。文化教学研究能力属于汉硕生的专业能力，即汉硕生作为汉语国际教育领域从业者将来在教学工作中应具有的文化教学研究能力。
2. 本章讨论汉硕生可以从少儿汉语教材对比研究中发现的文化教学研究角度。
3. 本章采用"范例展示＋分析＋产出文化教学研究关键词"的体例编排。
[关键词]　受众理论

第一节　范例展示

一、范例展示之前的准备

根据本编的安排，首先由教师展示范例3论文作为本章内容主体，接下来是本级汉硕生在课堂完成对范例3论文的讨论，最后教师总结并分析，进而从范例3产出文化教学研究关键词。

在范例课堂展示正式开始之前，本班汉硕生需要提前准备，在组长的组织下，共同完成范例3论文的课前阅读和小组分析。

二、范例展示

【范例3】

少儿汉语教材性别角色研究

一、引言
（一）选题缘由及研究对象
汉语国际教育研究中对教材的研究已经有大量成果，但是对教材中的性别却关注不多。其实，国内外关于教材性别角色的研究已经很多，其研究结果都证实了很多教材中都存在性别偏见和性别刻板印象。人虽有男女之分，但特定的性别意识和观念却是后天习得的（波伏娃，1998：59），"是通过人类的互动、社会生活而被不断地创造和再造的"（Lorber，1993：133）。心理学家 S. 贝姆的性别图式理论认为："在一个强调性别差异的社会中成长的儿童易于按照男性、女性的文化差异来加工和组织信息，即牢牢根植于文化解说和社会实践中的性别差异已被发展中的儿童内化为自身的一部分；一旦使儿童接受这种性别上的文化差异，儿童便会认同它。"（史静寰，2004：16）教材是社会文化的重要载体。教材体现了怎样的性别观念，在尚不具备批判性思维的小学阶段的学生就会不经挑选地自动将其内化，并影响性别角色的建构。所以，对教材的性别角色文化考察非常重要。

本文希望结合教育学、教育社会学相关知识，研究两套少儿汉语国际教育教材中的性别角色，考察教材中是否存在性别偏见，希望能给汉语国际教育教材的编写和教学提供一定的借鉴。

本研究以《小学华文》1～5年级全10册新版教材、《快乐儿童华语》1～4册为主要研究对象。考察对象是：①《小学华文》教材中课文的插图与文本。插图包括教材的封面图、课文中的主图以及其他部分出现的副图；课文文本涵盖每一课的"导入课文""核心课文""'我爱阅读'阅读材料""趣味语文"和"深广课文"部分。②《快乐儿童华语》教材中课文的插图与文本。插图包括教材的封面图、课文中的主图以及其他部分出现的副图；课文文本涵盖每一课的"导入课文""试试看""读一读"三个部分的文本。

（二）研究方法

定量统计。主要统计男、女性出现的频次和比例，插图（封面图、主图、副图）、课文角色（主角、非主角）两个维度，私领域（家庭）、公领域两个活动领域，亲属身份（如父亲/母亲、祖父/祖母等）、职业身份等身份倾向。

文本分析。对定量统计后的活动领域、身份倾向、性别角色三个部分进行具体分析，对用文字形式出现的带有性别色彩的内容进行文本分析，进一步研究文本中所呈现的性别角色的性格特征、家庭地位、知识能力、工作能力等。

二、文献综述

本研究主要涉及两个方面的文献：一是关于教材性别角色的文献，二是与两套教材直接相关的研究。故将文献分为以下四类。

（一）教材性别角色的研究

国外关于教材性别角色的考察已经很多，如沙若兰（Sutherland）对英国初等学校的教科书的考察等。国内关于教材性别角色的研究，有史习江（2005）、王晓蕾（2010）、杨雪芳（2011）、耿泽岩（2014）等人的研究。另外，史静寰主编的《走进教材与教学的性别世界》（2004）探讨了教材、读物文本中的性别文化。此类文献为本研究提供了丰富的研究思路，本研究借鉴并整合了其中的研究方法、研究对象的划分维度、研究框架等。

（二）汉语国际教育教材性别研究

丰汝谊（2009）、缑莹（2014）、姚靓（2013）的三篇文献在研究汉语国际教育教材中的性别问题时，考察维度主要涉及话题选择、词语使用和插图统计，但每一篇的研究维度相对单一。

（三）关于《小学华文》和《快乐儿童华语》的相关研究

关于《小学华文》教材的研究，主要倾向于从教育学和语言学本体范畴来进行分析，包括课程标准与教材的纵向历时研究、与我国小学语文教材的对比分析、汉语拼音注音的历史演变等，而忽视了对教材性别角色的考察。与《快乐儿童华语》直接相关的文献目前主要是关于该教材适用性的研究。

（四）对《小学华文》和《快乐儿童华语》中性别角色的研究

目前，尚未发现专门考察这两套教材中性别角色的文献。

三、《小学华文》性别角色考察

（一）插图与课文角色统计

经统计，《小学华文》全10册教材共计2047幅插图，其中封面图20幅，主图1458幅，副图569幅，各插图类型的性别分布如下。

从插图类型来看，在封面图类别上，该套教材10册封面都一样，都出现两男两女，男女角色数量相同，比例持平；在所有主图中，男、女性插图数量差异较大，且男女比例差高达36.36%，男性角色占据近2/3的主图；在副图中，两性角色差异也较为明显，男女性别比例差也达到了26.54%。因此，仅从封面图来看，男女角色的数量和比例均各占一半；但从主图和副图的性别分布来看，男女两性角色在数量上存在显著差异。

再从所有插图来看，男性角色的数量占据绝对优势，男性角色的数量几乎是女性角色的两倍，男女比例差高达33.26%，呈现出明显的不平等。由此可见，教材编写者对男女两性角色的插图没有给予同等的重视。

（二）主角性别分布

在以上的插图统计中，男性出现的数量远远超过女性。接下来主要考察教材文本中的中心人物的性别分布情况。本部分主要统计课文中主角的性别分布，统计范围为《小学华文》1～10册中"导入课文""核心课文""'我爱阅读'阅读材料""趣味语文"以及"深广课文"中的主角。主角，即文中的主人公形象，有时是一个人物形象，有时主角由多个人物形象组成。

统计结果显示，男女主角出现的数量差距明显，男性主角数量比女性主角数量的两倍还要多，比例差也达到了近40%，数量分配实在太不均衡。另外，在这些主角中，所有具名人物（"具名人物"即教材中出现的有名字的人物，仅用"我""他"或"她"等人称代词来代替的都计为"不具名人物"）之中的主角总数为89位。其中，具名男性主角的数量远远超过具名女性主角的数量，几乎呈现出两倍的差距。在具名男性主角中，大多为历史名人，比如孔融、司马光、曹冲、华盛顿、爱因斯坦、孙中山、包拯、哥伦布、爱迪生、祖冲之、莫扎特、林谋盛、林肯、陶侃、安培、贝多芬、陶行知、李白、朱比赛等，其中不乏中外政治家、艺术家、科学家、历史英雄；但具名女性主角中仅有南丁格尔、花木兰、居里夫人三位是真实人物，其余具名角色均为故事中的虚构人物。不仅从数量上可以看出两性差距明显，从涵盖领域来看，男性也占据了绝对优势。因此，在课文主角这一维度上，男女角色分布呈现出不平衡的现象。

（三）成年人身份统计及分析

前文的考察以教材中的每一篇课文为基本单位，考察课文中主角的性别分布，所有主角中既包括男女儿童，也包括成年男女两性。其中，男女儿童出现在教材中均以"学生"这一单一身份出现，并无职业之差；而教材中的成人则可能具备多重身份，在家庭中的爸爸有可能是职场中的司机，成人可能兼具亲属身份和职业身份。因此，这一部分只针对教材中出现的成年男女两性人物展开研究，以分析两性在家庭或职场中的重要性。本文将身份这一维度分为亲属身份和职业身份两类，从两个不同的角度出发并展开考察：一是教材中带有亲属身份的成年男女两性，比如爸爸妈妈、爷爷奶奶、叔伯舅和阿姨等；二是教材中出现的有职业身份的成年男女两性，比如男教师、女护士等。

1. 亲属身份的人物统计及分析

成年人在家庭中扮演着重要的角色。统计显示，教材中共出现成年人310人（男性193人，女性117人），其中带有亲属身份的成人角色共计146人（男性69人，女性77人）。在亲属身份维度上，本文将《小学华文》1~10册的所有文本（含搭配插图）中带有亲属身份的成年男女进行量化统计，如果同一人在同一课文出现多次，则只计为一次。

统计结果显示，两性在此维度上数量相差不大，占所有亲属数的比例差仅为5.48%，占所有成人总数比例差也只有2.57%，从数量上难以看出其内在的性别分工。因此，本文接下来针对两性亲属们在课文中出现时所参与的活动及该活动出现的次数进行统计，以考察带有亲属身份的成年两性分工如何。统计结果显示，男性亲属更多时候出现在给孩子讲解科学知识、带孩子外出活动等场景之中，其中教育子女这一项就出现了23次；女性亲属基本都出现在家庭场景中，做家务这一项就出现了26次，而教育子女仅出现1次。由此可见，男性在家庭中比女性更有权威，并且他们在家庭中的表现是他们在工作场所或公共场所中表现的延伸，是睿智的家长、科学的普及者；而女性则承担大部分的家务，是传统居家女性的典型表现。

2. 职场成年男女人物统计及分析

本维度主要将《小学华文》1～10册的所有文本（含搭配插图）中成年两性的职业进行量化统计，如果同一课文中出现同一职业多次，也只计为一次。

经统计，教材中职业男性共有110人，职业女性仅37人，在总人数上已经存在显著差异。结果显示，从职业种类来看，男性职业种类达17种之多，而女性职业才7种，不及男性职业种类的一半。除去两性相同的职业，男性在此套教材中的专属职业有农民、军警/消防、工人、政客/政治家、杂技演员、乞丐、小偷、船长/水手、司机、登山队员、送餐员等11种职业，女性的专属职业则仅有护士这一种。男性的专属职业数量远远超过女性的专属职业。

在男女两性共有的职业中，只有教师这一种职业男性教师的出场次数是低于女性教师的。因此，本文就教师职业中的不同性别展开了深入统计，统计教材中男女教师分别参与了哪些活动以及活动次数。统计结果显示，男女教师参与的活动按照其活动次数进行降序排列，男教师最多出现在课堂中，具备了传统的知识传授者的形象；出现次数次之的则是"学生向教师行礼"的场景中，行礼表示尊重教师权威，而女教师却没有出现在这样的场景中。

由此可见，在教师这一共同职业中，虽然男性教师在数量上不及女性教师，但教材中塑造的具有职业素养的男教师形象却比女教师多，并且男教师的职业层次相对高于女教师。

在男女两性的共有职业中，男性明显多于女性的职业有：商贩、艺术家、科学家。这塑造出男性在商业、艺术和科学领域的造诣都高于女性的形象。

因此，在职业领域，不论是职业种类的多少，还是相同职业中男女两性的侧重点，都表现出男性在职场中处于优势，而女性在职场中处于劣势。

综合以上的亲属身份和职业维度来看，在教材中，不论是在家庭中作为亲属出现，还是在职场中出现，男性都占据优势，并且存在"男主外、女主内"的性别刻板印象，性别分工依然是传统模式。

（四）成年人活动领域统计及分析

因教材中的儿童均为学生，并无职业，不存在生活领域和职场之分，因此活动领域维度上也无须统计学生群体，只针对成年人进行统计。教材中的成年男女两性都出现在一定的场景中，把他们的活动范围分为两类，分别是公领域和私领域：公领域是该角色处于工作场景当中，私领域则是工作场景以外的活动范围，如家庭领域、社区领域等。本维度的统计对象为《小学华文》1～10册所有文本中出现的成年男女两性角色，其总的性别分布显示，男女角色的总人数分配已经存在较大差异，比例差达到25%，即男女角色在数量上已经存在不平衡的现象。

仅从总体数量上看并不能完全判定教材是否存在性别不均衡的现象，因此下文将继续从亲属身份和职业两个角度出发，统计教材中成年男女在活动领域中的分布情况。综合的统计结果显示，男女两性在亲属身份中，出现在私领域的次数都占据上风，这是毋庸置疑的。因为亲属身份多活跃在家庭活动中，自然占据私领域的绝大部分比例。但在职业范围内，公领域中的男性人数与女性人数之间的比例差达到25.49%。结合教材文本来看，男性都是出现在公领域中的职业男性或是出现在私领域中的智慧担当，扮演着权威的角色；而女性多出现在家庭（私领域）中，扮演着贤妻良母的角色，即使是在公领域，也是诸如女教师关爱学生之类的情节，是女性在私领域中贤良淑德的延伸。以上情况说明无论公、私领域，男性均占据绝对优势，而女性不及男性，且在人物角色的分配上，依然遵循"男主外，女主内"的分工模式。

（五）性别角色分析

本部分主要运用量化统计和文本分析相结合的方法考察教材中人物的性别角色，将教材《小学华文》1～10册中的所有人物根据年龄分为成年人和儿童，并针对文本分别分析教材中塑造的性别角色，考察其是否带有性别刻板印象或性别偏见的色彩。

1. 儿童

《小学华文》1～10册教材中，通过统计文本和插图得出：教材描绘了共计498名儿童，其中男童人数357名，女童人数141名。男、女童人数相差较大，比例差高达43.48%，仅从儿童人数上来看，男童占据优势。教材课文中呈现的儿童人物有虚有实，因此本部分将分别统计分析教材中的真实历史人物和虚构人物，分析这些儿童的形象倾向。

（1）真实儿童人物。教材在呈现真实历史人物的童年时期的形象时，都是带有积极的正面教材教育意义的，但是在人数安排上男童远远超过女童，男童有 12 名，女童仅有 1 名。就课文中塑造的以上人物形象来说，女童是好学、专注的，而男童的形象要比女童丰满得多，展现出他们勇敢、家国情怀、诚实、好奇、孝顺、聪明机智等优点。女童因为只有一位而显得"势单力薄"。

（2）虚构儿童人物。

课文中的虚构儿童人物则正、反面角色都有。因教材人物众多，且主角是教材课文着重表现的人物，因此只统计作为主角在教材中出现的儿童。本维度将教材中虚构的儿童人物分为正面形象和负面形象两类，统计这些人物的名字或出现时的人称代词、在文中的表现以及课文所要表现的优点或其错误类型，课文中无明显正、负面倾向的则不做统计。正面形象统计结果显示，虚构儿童人物中，男童正面形象共 42 位，女童 25 位，数量上男童占据优势。从他们参与的活动来看，男童大多参与运动、学习与讨论、解决问题、了解异国文化等活动，从而表现了他们爱国爱家、聪明好学、坚强独立、有远大志向等优秀特质；而女童多帮妈妈做家务、送妈妈生日卡、帮生病的邻居洗衣服等，集中体现女童的心善、柔美的一面，也是成年女性温柔、善良、贤内助的一种缩影。

虚构男女儿童的正面形象人数比较多，而负面则相对较少，虚构男童的负面形象共计 10 名，而女童为 4 名，看来男性在童年时期更容易犯错。统计结果显示，儿童都会犯的错误主要是学习态度不端正、丢三落四、责任意识薄弱；而男童更容易破坏公共秩序、欺负同伴、推卸责任。结合男孩在童年时期的特点来看，似乎"调皮捣蛋"是他们普遍容易被贴上的标签，其实这也隐含了性别刻板印象。

总的来说，教材表明男童和女童都会犯错，但是男童更容易犯错，并且容易形成对规范的挑战。

2. 成人

在《小学华文》1～10 册教材中，前文已经统计过，成年男性出现 193 次，成年女性出现 117 次，两性数量相差大，比例差也达到了 25%。下面分两类人物形象来进行分析。

（1）真实成人形象。教材中呈现的成年人形象虽然很多，但真实历史人物仅 10 名，其中男性 8 名，女性 2 名，从数量上看，男性角色远远超过女性角色。虽然男女成年形象都不多，但相对来说，男性所具有的性格特质相对更为丰富，不仅包括家国情怀，也蕴含了个人智慧、科学思维，更体现了他们具有勇气和决断力等优点,而教材仅有的两位真实女性身上所具有的坚韧不拔在男性身上也都有所体现。因此,《小学华文》教材在展现以上真实历史人物的时候,男性不仅在数量上占据优势,在性格优势的丰富程度上也略胜一筹。

(2) 虚构成人形象。真实的两性成人形象较少,而虚构的成年男女相对多一些。本维度同样只选取作为文章主角出现的成年人形象为考察对象,将其分为正、负面两种。统计结果显示:成年男性的负面形象共4位,女性1位,占各自总人数的比例差不多,人数太少不具代表性。但在正面形象的塑造上,成年男性是16人,女性仅6人,男性角色再一次占据优势。教材塑造的正面形象之中,男性成人不仅在数量上要多于成年女性,而且具有睿智、启发周围人的领袖气质、教育子女的智慧、善于发明等优点。另外,教材中塑造的职场中的精英分子形象也是男性,比如四年级上册中第八课出现的掏粪工人,像这样的劳模都是男性。但成年女性的正面形象多呈现她们照顾老人、关心教育孩子的一面。教材更多地肯定了男性在社会中起到的带头或支柱作用,同时也更多展现的是女性的辅佐作用。

总的来看,教材不论是在呈现儿童时期还是成人时期的两性角色,男性都占据着优势。

四、《快乐儿童华语》性别角色考察

(一) 插图与课文角色统计

本部分主要采取量化统计的研究方法,将《快乐儿童华语》1～4册教材中的所有插图分性别及分类别进行统计。经统计,《快乐儿童华语》全套教材插图共计646幅,其中男性337位,女性309位。统计结果显示:《快乐儿童华语》封面图没有人物形象,主图的男女两性人数比例差仅为4.36%。不论是从教材所附各插图类型,还是从男女总数来看,教材插图中性别差并不突出,性别失衡现象也不明显。

(二) 主角性别分布

本部分主要针对教材文本展开分析,本套教材中有4个固定的男女主角,分别是李大中(男性,中美混血)、王小文(女性,中国人)、白大卫(男性,美国人)、白玛丽(女性,加拿大人),其余角色基本都是围绕这些角色的亲属或教师等,出现频率远远不及这4位主角。因此,这里主要统计4位主角的出场次数。统计结果显示,4位主角两男两女,在性别分配上是比较平衡的。此外,4位男女主角出场次数之间的比例差仅为5.16%,并且数据相差为6,差异并不明显。就此维度来看,该套教材并未出现性别失衡的问题。

（三）身份统计及分析

1. 亲属身份的人物统计及分析

经统计，整套教材中出现成年男性53名、成年女性54名，共计107名成人。其中，带有亲属身份的成年人共49名，包括23名男性和26名女性。数量上两性仅相差3名，占亲属总人数的比例相差6.21%，占成人总数比例相差2.8%，相差甚微。统计结果显示：男性只有爸爸和爷爷两种亲属身份，而女性也只有妈妈和奶奶两种亲属身份。

《快乐儿童华语》1～4册教材中，"爸爸"与"妈妈"共同出现15次，这15次不仅涉及父母一起带孩子去动物园、旅游、购物、开车、看电视、给爷爷过生日等，而且在介绍他们的生日、国籍、年龄、职业、属相、爱好等方面也是对等的。因此，教材中的父母共同出现时并没有明确的分工。"爸爸"共出现16次，单独出现仅1次（"爸爸"在买水果）。而"妈妈"全书共出现20次，单独出现则是5次，这5次分别是：给孩子买衣服2次、给孩子买书2次、询问课程1次。由此说明，"妈妈"也会在家中询问孩子的学习和课程，"爸爸"也会承担为家庭购物的责任。该教材在亲属这一部分，做到了男女两性性别的平衡，并无明显的性别分工。

2. 职场成年男女人物统计及分析

《快乐儿童华语》中，职业成年男女人物共61人，其中男性32人，女性29人。职业男性统计结果为：从职业种类来看，男性职业种类共有10种，而女性职业为5种，女性职业种类仅为男性职业种类的一半。在此套教材中，除去两性相同的职业，男性的专属职业有司机、商人、医生、运动员、艺术家、邮局职员和警察7种，而女性的专属职业则仅有售货/服务员和银行职员这2种服务性的职业。女性在该教材多数职业中未出现，男性的专属职业种类远远超过女性。就职业种类来看，女性职业的丰富程度不如男性。

在《快乐儿童华语》这套教材中，男女两性共有的职业是教师、校长、演员3种，虽数量有所不同，但因人数都偏少，因此不具有代表性。

总的来说，在亲属身份上，本套教材做到了男女平衡，但在职业身份上，职业种类的编排有所偏颇，男性的职业多于女性。

（四）活动领域统计及分析

不论是亲属身份的成年人，还是有职业的成年人，都出现在一定的场景中。统计《快乐儿童华语》1～4册所有文本中出现的成年男、女性角色的活动领域，结果为：从身份来看，亲属身份角色的成人，成年男女出现在私领域的概率均远远大于出现在公领域的概率；而在有职业的成人当中，两性也都在公领域出场多、在私领域出场少。不计身份，从公私领域笼统地来看，教材中的成人角色出现在公领域时，男性多于女性，但比例差很小，而在私领域中，女性多于男性。但两性在公、私两个领域出场的比例差相同。

这说明教材中成年男女在活动领域的分配上，不论是数量还是所占百分比都大致趋于平衡。

（五）性别角色分析

《快乐儿童华语》1～4册，每册12课，共计48课，每一课所出现的每一次对话和每一篇课文，都有一个话题，并且围绕这个话题，都会有角色的出现。因本套教材中共出现4位主角，故只考察教材对这4位主角的呈现。

1. 话题

本文将统计出4位主角对各个话题的参与，即他们分别参与了哪些话题。统计结果如下：4册教材共计44个话题，其中男、女性共有的话题数为31个，占总话题数的比例为70.45%，说明话题在4位主角中的性别分配上比较均衡，并且男、女性独有话题数量仅相差一个。就具体话题内容而言，不论是男、女性共有话题，还是独有话题，都无明显倾向性，男、女性都是动静皆宜的，既包含了运动方面，也有安静一点的文娱休闲方式；再比如在"问路与指路"话题上，男性有问路也有指路，女性也有问路也有指路，表现出来的男、女性方向感都很好，并没有性别差异。

由此可见，在话题分配上，男、女性共同参与的话题较多，各自独有话题数量也相差无几，即话题分配上没有明显的性别差异。

2. 对话次数与话语长度

在《快乐儿童华语》教材中，教授新知识的主课文几乎都以对话形式展开。因此，本部分将统计教材中4位主角的对话次数，以考察教材对对话的分配是否存在性别差异。统计结果显示，男性在对话中出现的比例高出女性出现比例12.5个百分点，即男性在对话中的出场次数高于女性；但男性总句数只多出女性5.88个百分点，话语总长度也只多出4.7个百分点；前几个维度都是男性略胜一筹，但在对话中的平均话语长度中，女性比男性多出0.18字/句，相差甚微。

在这一维度上，男性在对话次数上略占优势，但就话语长度来看，女性又扳回一城，将平均话语长度之间的差距缩小了。因此，总的来看，男、女性在对话次数和长度上相差无几，比较平衡。

3. 人称代词的使用

在文学作品中，运用第一人称和运用其他人称表达最大的区别在于，第一人称时常被视作个体自我感受和体验最直白的呈现。因此，本部分将统计4位主角使用第一人称的次数和背景，以此研究男、女性对话语主动权的掌握，统计结果如下。

从人称代词的使用次数来看，男、女性差异并不明显。从使用的背景来看，李大中和王小文使用第一人称时的背景相对比较丰富，白大卫和白玛丽第一人称的使用背景相对简单一些。

另外，把李大中和白大卫归为男性、王小文和白玛丽归为女性分别来看，男性特有的使用第一人称的场合有以下 7 个：住址、穿着、询价与讲价、时间的表达、爷爷的生日、我的社区、中国文化；女性特有的使用第一人称的场合有 6 个：打招呼、颜色、语言、课程、点菜、买东西。男、女性特有的第一人称使用场合在数量上相差无几，不仅囊括了生活方面，比如男性的关于住址的询问和回答、女性的打招呼，而且也涵盖了学习方面，比如男性的关于对中国文化的学习、女性对课程的介绍。

由此可见，在这一维度上，《快乐儿童华语》教材也做到了男女之间的性别平衡。

通过以上三个维度的统计来看，《快乐儿童华语》1～4 册教材无论从角色分配，还是角色形象的设计都没有明显的性别差异，做到了男女性别平衡。

五、两套教材的对比分析

（一）教材性别角色之比较

两套教材分别出版于不同的国家：《小学华文》出版于新加坡，《快乐儿童华语》出版于美国。《小学华文》教材无论是在插图、主角的分配上，还是对男女两性在职业范围和活动领域的角色设计上，性别差异都较大，呈现出性别不均衡的现象；而《快乐儿童华语》教材在插图、主角的性别分配上虽然也存在一定的差值，但每个维度之间的差值很小（毕竟要做到绝对的各占一半是不现实的），较《小学华文》而言，此教材中的性别分布可称得上平分秋色。

在性别角色这一维度上，《小学华文》1～10 册教材中所呈现的性别角色，无论是儿童还是成人，无论是真实历史人物还是虚构历史人物，男性角色都比女性角色有优势。只是在儿童阶段，男童比女童更容易犯错误，并且容易对规范形成挑战，这是符合孩子活泼好动的天性特点的，符合儿童的成长阶段规律。而《快乐儿童华语》1～4 册中的 4 位主角，无论是从话题数量和涵盖范围，还是从其对话次数和话语长度，抑或是第一人称的使用情况来看，男女性别是平衡的，并不存在性别偏见。

总的来看，这两套教材中，《快乐儿童华语》教材做到了性别平衡，并且教材中 4 位主角的插图设计也别出心裁，随着年级的增长，插图中主角的相貌、身高比例都有所变化，符合儿童成长规律，细节之处足以看出教材编写之用心；而《小学华文》教材则有明显的性别不平衡现象。两套教材一对比，高下立现，很明显《快乐儿童华语》教材比《小学华文》教材在性别角色的设计上更凸显了性别平等的观念。

（二）教材背景之比较

教材中所呈现出的文化不仅表现了教材编写者不同的编写理念，更是对教材背后庞大而复杂国情的呈现，是编者与出版国文化的一种缩影。本文所考察的两套教材出自不同的国家，《小学华文》出版于新加坡，《快乐儿童华语》出版于美国，不同国家的不同国情或多或少影响着教材的编写。因此，本部分主要探讨两套教材背后的国情及历史文化。

1. 新加坡社会中的性别文化

（1）历史与传统。新加坡作为一个典型的国家父权制政府，严格承袭了华人的伦理道德观念，奉行国家至上、家庭为根。在他们的观念里，对于女性的第一角色定位是"贤妻良母"，女性处于家庭的中心，她的任务就是相夫教子、辅佐丈夫。正如董志勇（2006）的研究所呈现的，在新加坡社会，大部分男性仍固守着"男主外，女主内"的思想观念。

（2）妇女就业状况。根据2010年的《全球性别差距报告》，新加坡排名第56位，虽然性别差距依然很大，但名次已经有所提升。范若兰（2016）提出，新加坡政府确实鼓励妇女就业，提高妇女就业率，但其并不是以性别平等或妇女权利为出发点，而是为了服务于国家利益，新加坡的国家父权制将妇女角色从家庭上升到国家控权。该文还指出，新加坡妇女在就业中面临的最大阻力就是家庭，如何兼顾家庭与工作是最主要的困难，因此职业女性通常在婚前就业，生育之后就退出职场，回归到家庭当中。可见，新加坡尽管已跻身发达国家之列，但其性别平等观念依然落后。

（3）教育政策。新加坡教育部大力发展华文教育，实行"双语教育"以促成华文与英语在学校"并驾齐驱"，还特意于2004年成立了"华文课程与教学法检讨委员会"，全面检讨新加坡华文教学的情况，目的则是针对华文教学提出实际可行的改革建议，让学生们把华文学好。该委员会于2007年提出了《小学华文课程标准》，其关于教材编写的建议不仅涵盖了对教学内容的调整，也包括了对教材呈现方式的建议，但其中并未提到要注重男女性别角色建构，也并没有出现从性别角度出发的建议。

可见，《小学华文》教材在编写和修订过程中忽视了教材性别平衡的问题，此处的欠缺是历史传统和观念造成的。

2. 美国社会中的性别文化

（1）历史与传统。自开国伊始，美国虽然倡导人人平等的观念，但这时的平等只属于部分人种，与其他种族、与女性之间依然存在着权利的双重标准。尔后，美国经历了两次性别平权运动，在那之后，女性的人权状况才逐步得以改善。

（2）妇女就业状况。美国历史上曾经也存在着严重的女性歧视现象，在职场中男女两性地位悬殊。从20世纪60年代开始，美国对女性就业权的保护逐渐拉开帷幕。美国颁布的关于保护性别平等权益的法律，从法律上保障了女性就业的合法权益。在2010年的《全球性别差距报告》中，美国排名第19位，说明美国的女性和男性收入差距较小。相比之下，新加坡的第56位已经远远落后。

（3）教育政策。自20世纪70年代以来，美国社会对教育这一领域中的性别平等也愈加重视。这样的历史和法律环境使得性别平等观念深入人心。在教材编写过程中，作为教育科学工作者的编者们很显然已经留意到了这一问题，所以才会有《快乐儿童华语》中性别平衡状态的呈现。

六、思考与建议

（一）对教材编写的思考及建议

经过上文对两套教材性别角色的考察，以及教材背后的国情分析，可知教材编写是在整个国家背景下进行的，同时教材为教育所用，其中更蕴含了国家对人才的要求。教材既是对国家文化的体现，又是社会舆论的传播者，教材的编写因而是一项具有使命性意义的工程。国家历史不会逆转更改，社会传统更不会消散。根据性别图示理论，教材中呈现的性别角色会影响儿童的性别角色建构，在教材编写时，性别不平等现象就应该被有意识地修正，将性别平等、性别和谐的内容纳入教材中。

针对以上两套教材的实际情况，本文有如下建议。

（1）在人物的选择上，应时刻关注性别平等。教材中的正面人物应该是学生们效仿的榜样，要让学生认识并学习这些优秀的人物，不要偏向于其中一种性别。

（2）应兼顾男、女性的活动领域。小学阶段的孩子模仿力和可塑性极强，教材中的性别角色很可能成为他们模仿的样本。因此，在教材编写时，要改变"男主女从"的观念，不能让学生通过对教材的学习，无形中形成性别刻板印象，无论是公领域，还是私领域，教材编写都不能固守"男主外，女主内"的传统观念。

（3）应扩展男、女性的职业范围。如今行业众多，并没有明确的性别界限。处在儿童阶段的学生，很容易将教材中的性别与其职业关联起来，内化于心。因此，教材的素材中，应扩展两性尤其是女性的职业范围，不要局限性别的职业种类，尽可能多编排出不同职业的男、女性角色。

（4）应避免过于带有形象倾向的编排。男女儿童在团队中互相协作，女童也可以充当领导者，男童也可以充当辅助者；在个人活动中，男童并不总是对科学感兴趣，女童也不总是沉浸于琴棋书画当中。不论是男童还是女童，都应该有多面、丰满的形象。对于成人的形象，也应当注重丰富其形象，而不能将他们固化为"科技男性"或"人文女性"，或者说，不要形成"男性—女性"对立的性别模式，不要僵化他们的形象。

（二）对教学的思考及建议

如果教材中的偏颇一时难以纠正，那么教师在使用教材的实际操作中可以进行弥补和完善。本文针对教学提出两点建议：第一，应加强自身性别平等意识。教师要不断强化自身的性别平等意识，多多学习与性别平等有关的课程，扩充相关的理论知识，确保自己已经树立了正确的性别观念，才能具备对学生进行两性平等教育的基本能力和知识。第二，教学各环节中应渗透性别平等观念。在课程的教授过程中，关注学生的话语或表现，及时纠正其性别偏见。课后练习方面，教师也可从性别平等的角度出发，设计一些课后练习，让学生结合自身生活经验完成。

（原载于《云南师范大学学报（汉语国际教育与研究版）》2018年第2期，此处有删节改动）

第二节　提问与讨论

一、范例展示前的提问

在范例3展示之前，引导汉硕生关注如下问题：①论文关注少儿汉语教材的什么问题？②论文中如何回应这些问题？③对将来的文化教学研究有哪些启示？

二、课堂讨论

范例展示结束之后，汉硕生先分小组简单讨论，然后集体讨论，最后由教师分析并总结。一般范例展示和讨论在第一课时全部完成，教师在第二课时进行小结和分析。

范例展示之后，汉硕生通过阅读范例，对论文关注的性别角色非常有兴趣，觉得大大拓展了自己的视野，尤其是范例中的插图统计和教材编写背景比较，有不少汉硕生表示启发很大。

第三节 分析与产出研究角度：受众理论

一、从三方面对范例进行总结和分析

（一）总结范例提出的问题

汉语国际教育研究中已有大量关于教材的研究成果，但是对教材中的性别研究却关注不多。实际上，教材是一个国家社会文化的重要载体，它不只是传递知识的文本，更是自然地蕴含着文化基因和价值导向的重要载体。教材体现出的性别观念，会被尚不具备批判性思维的小学阶段的学生不经挑选地自动内化，并进一步影响其性别角色的建构，所以，对少儿教材的性别角色文化考察非常重要。

（二）尝试解决路径

为考察教材是否体现了性别陈规，范例以《小学华文》1～10册新版教材、《快乐儿童华语》1～4册为主要研究对象，从性别角色的角度出发，采用定量分析和文本分析的研究方法，对教材的插图和课文进行统计和分析。希望通过对两套教材中的性别角色的研究，考察教材中性别的呈现情况，并为提高教材的性别公平和性别平衡提供相应的编写和教学意见，力求促进教材与教学中的性别平衡，进而在展现中国的文化价值和精神内涵基础上，展现多元、开放、进步且性别平等的中国文化图景。

（三）启发

少儿汉语教材的特别之处在于"少儿"。现在海外汉语学习者中的低龄儿童越来越多，低龄受众的汉语教材读者，值得作为一种特殊受众群体被教材文化研究领域关注。

二、产出研究角度：受众理论

早期传播理论认为，传播具有强大的威力，各种各样的思想、感情、知

识、动机,均可通过媒介不知不觉地灌输到受众的头脑里,进而改变他们的态度,影响他们的行为。研究者后来认识到,每个受众会特别选择那些与己兴趣相关、与己立场一致、与己信仰相吻合且支持其价值观的信息。其后通过归纳总结、研究发现,与受众相关的理论包括个人差异论、社会类别论、社会关系论、文化规范论、社会参与论、使用与满足理论等(段鹏,2013:224-228)。

其中的社会类别论从社会学角度出发,强调人在社会群体性上的差异。受众作为生活在不同社会群体中的个体,必然会受到群体规范影响。而受众可以按年龄、性别等人口学意义上的相似而组成不同社会类型的群体,这些群体有相似的性格和心理结构。范例3关注了少儿汉语学习者作为低龄汉语学习者的特点,他们的相似之处就是都处于小学教育阶段,这一阶段的教材往往是他们长期接触的文化载体,其中体现出的观念,对于尚不具备批判性思维的小学生来说,会被不经挑选地自动内化,然后进一步影响他们正在成长的性别角色建构。

此外,文化规范论也认为,媒介(如范例3中的汉语教材)充当着文化的选择者和创造者的角色。媒介为社会树立文化规范,人们在社会文化之中生活(或学习),久而久之便会形成与这种文化相符的社会观和价值观。

为此,教材编写者要认识到教材既是对国家文化的体现,也是社会舆论的传播者,教材的编写是一项具有使命性意义的工程。教材中呈现的性别角色会影响儿童的性别角色建构,所以在教材编写时,性别不平等现象就应该被有意识地修正,将性别平等和性别和谐的内容纳入教材。而汉语国际教育教师要加强自身性别平等意识,多多学习与性别平等有关的知识,确保自己已经树立了正确的性别观念,然后在教学各环节中渗透性别平等观念。

综上所述,汉硕生可以从范例3中得到一点研究方面的启发,即借鉴传播理论中的受众理论,将来在研究中可以考察研究教材受众的社会类别以及文化规范的影响,进而开拓研究思路。

第十章　汉语国际教育口语教材人物形象研究范例分析

[导　语]

1. 本编重点关注汉硕生文化教学研究能力的培养。文化教学研究能力属于汉硕生的专业能力，即汉硕生作为汉语国际教育领域从业者将来在教学工作中应具有的文化教学研究能力。

2. 本章讨论汉硕生可以从汉语国际教育口语教材研究中发现的文化教学研究角度。

3. 本章采用"范例展示+分析+产出文化教学研究关键词"的体例编排。

[关键词]　固定层次抽象

第一节　范例展示

一、范例展示之前的准备

根据本编的安排，首先由教师展示范例4论文作为本章内容主体，接下来是本级汉硕生在课堂完成对范例4论文的讨论，最后教师总结并分析，进而从范例4产出文化教学研究关键词。

在范例课堂展示正式开始之前，本班汉硕生需要提前准备，在组长的组织下，共同完成范例4论文的课前阅读和小组分析。

二、范例展示

【范例4】

汉语国际教育口语教材人物形象研究

一、研究意义

汉语国际教育教材研究一直受到学界的重视，目前国内对中级口语教材的研究较为集中在教材编写体例、编写原则、话题选择、体裁设计、功能项目和情景项目以及文化项目的选择等方面,对人物设计的考察和分析较少。近十年内出版的许多汉语国际教育教材中都有人物角色的安排设计,但设置各异。有些教材人物角色贯穿教材始终,有些则是在系列教材的某几册间穿插几个人物角色;有的人物角色性格鲜明,有的只是符号意义上的人物角色;有的在课文开始部分列出人物角色列表,做一番特别介绍与预告,有的则直接出现在了课文的对话或语段中,毫无征兆。

人物角色设计对于语言教学是颇具意义的,如果人物角色设计具有典型性和代表性,会使得课文内容更加符合学习者的需求,会让学生产生亲切感,这有助于激发学习动机。而且人物角色设计还反映了跨文化交际的种种因素,人物设计合理才能保证教材的可接受性。明确的角色定位,将有助于学生更准确地把握交际功能。相反,平淡随意的人物角色设计必然削弱人物角色的价值,难免被人忽视(王彬,2010:5)。

本文拟考察分析由刘德联、刘晓雨编著,北京大学出版社2015年5月出版的《中级汉语口语2》(第3版)的人物设计情况和人物发言情况,进而为汉语国际教育中级口语教材人物设计提出一些有益建议。

二、《中级汉语口语2》人物设计具体情况

(一)教材基本信息

教材《中级汉语口语2》(第3版)在2014年1月改版时对部分课文做了一定修改,补充了一些新课文,不过在人物设计方面没有变动。而关于该教材的人物设计,出版前言已经说明:以若干主线人物贯穿始终,赋予人物一定的性格特征,让不同性格的人物说出不同风格的话,避免出现书中人物千人一面、干巴巴问答的现象。

教材每一课的课文设置均由若干人围绕一个话题进行对话。综观全书,教材没有对书中主要人物进行关于国别、性别、年龄、容貌、背景等方面的介绍。从第一课开始,就直接出现了玛丽、大卫、麦克、安娜、田中和日本留学生山本的对话。

(二)人物发言频率

教材每四课之后有一个复习和额外补充的语言知识,类似于教学节奏的停顿和复习,基本可以视为以四课为一个单元。下面先考察第一单元即教材第一课至第四课人物的发言次数。

统计结果显示,在第一课至第四课,即第一单元中,主要人物的出场是不均衡的。7位人物中,玛丽的出场与发言数量占绝对第一位。她一个人的发言就有50次,占总数的51%。排第二位的是安娜,发言次数是18次,占总发言比例的 18.4%。发言比例排第三位的是王峰，有 15 次，占总发言比 15.3%。剩下的其他人物发言比例都非常低，而且分布也不均衡，从 7% 到几乎可以忽略的 1%。因为教材没有对人物的性格特征做任何交代，所以从现在这样的结果看，有点莫名其妙。这与教材编者的初衷"以若干主线人物贯串始终，赋予人物一定的性格特征，让不同性格的人物说出不同风格的话"不太相符。

由于教材事先并没有对"玛丽"和"安娜"进行任何简介，只能从第三课玛丽和出租车司机的对话中推测，玛丽是美国人，目前在中国留学。再看后面第九课和第十三课的话题开场简介，读者才能知道，原来玛丽和安娜都是某大学的留学生，而王峰是玛丽请的汉语辅导老师，他是历史系的学生。所以如果编者真的希望"以若干主线人物贯串始终，赋予人物一定的性格特征，让不同性格的人物说出不同风格的话"，则首先应在教材前言部分对人物有个背景介绍。此外，教材若对主要人物的性格特点或者爱好等有所介绍，会让学生更容易掌握人物性格，从而更好地理解对话。

第二单元人物发言情况考察结果显示，人物发言次数似乎并没有遵循什么规律。第一单元的绝对主要人物玛丽在第二单元的发言也不过占总发言数的 17.8%，第一单元的二号人物安娜在第二单元的发言数量占 11.6%，反而第一单元的次要人物山本发言比例为 14.3%。这样的安排实在令人无法看出所谓的"主要人物贯穿始终"的编者意图。

三、发言比例与主要人物性格考察

（一）玛丽在第一、第二单元发言比例情况

教材编者希望人物"有一定的性格特征，让不同风格的人说出不同的话"。本文拟借助叙述学关于"人物"的理论来分析教材中的主要人物是否具备了一定的性格，是否在课文的对话设置中真的做到了"让不同人物说出不同的话"的初衷。

玛丽是第一、第二单元的核心人物，但统计结果显示，她的发言数量也不稳定，课文中其发言比例变化比较大，第二课至第五课基本稳定在 40% 左右，可是在第六课、第八课中为 0。可以说，玛丽的发言比例没有明显规律可循。

（二）发言文本呈现的人物语言风格

叙述学假定"人物是具有显著的人类特征的行为者"，而人物也是一个"复杂的语义单位"。"人物并不是人，但类似于人。它不具备真实的精神、容貌、思想或行动的能力，但是它又具有那些使精神和意识形态描述成为可能的特征。""当人物被赋予名字时，这就不仅确定其性别（作为一条规则),而且还有其社会地位、籍贯,以及其他更多的东西。名字可以是有目的的,可以与人物的某些特征发生联系。"

在叙述过程中,相关特性以不同的方式经常重复,从而表现得越来越清晰,所以重复就是人物形象建构的重要原则。除了重复之外,资料的累积也在形象的构造过程中起着作用。特征的累积产生零散的事实的聚合,它们相互补充,然后形成一个整体:人物形象。此外,与其他人的关系也确定这个人物的形象。最后,人物是会变化的,人物所经受的变化或转变,有时会改变人物的整个结构,一旦人物最重要的特征被挑选出来,就较易于追踪转变,并将它清楚地描述出来。重复、积聚、与其他人物的关系以及转变,是共同作用以构造人物形象的四条不同原则(巴尔,1995:90-98)。

人物的言语,不论是在对话中还是作为无声的心理活动,都可以通过其内容与形式体现一个或几个性格特征。言语的形式或文体是文中人物刻画的常用手段,特别是在人物的语言具有个性并与叙述者的语言大有区别的文中。文体可以体现出身、居住地、社会阶层、职业等。人物的语言文体除了可以揭示他的社会情况以外,还可以暗示出一定的个性特征(凯南,1989:114-116)。

下面以玛丽为例,考察人物是否通过叙述学意义上的"重复"从而形成自己的性格。

1. 长短句比例

要考察人物的语言特点,首先可以考察人物发言句子的长度。句子有长句、短句之分,本文所考察的句子是指能够表达完整的意义的,标点符号方面是以"。""!""?"为标志的整句,而非小句。易读性公式认为,文本整体段落和句子应力求简洁、短小、精悍,宜短不宜长。在允许的情况下应对文本整体多分段,并将段落中的句子控制在一定的长度(如20个字)之内。本文借鉴这一概念,将课文中人物发言不超过20个字的称为短句,除短句之外,其他所有超过20个字的发言都统称为长句。特别需要说明的是,为方便本文对比统计,某个人物一次发言中用几个句子组成的语段也统一界定为"特殊长句"。

统计结果显示,玛丽在第一单元的四课中,占据了总发言数量的50%。在这50次发言中,她在第一课到第四课的发言短句数量分别占她本人在该课中发言数量的50%、66.7%、40%和64.7%,所以在擅长发表长篇大论还是措辞简洁之间,玛丽并没有形成固定风格,她的长句和短句比最大差异达到了26.7%,并且从第一课到第四课,她的长短句比呈现的是不规则变化。

在第二单元,玛丽虽然发言数量仍然是所有人物中最多的,但是她发言的短句和长句比例仍然无规律。在第五课、第七课中,玛丽发言的短句与长句的比例分别为68.7%、50%。综合来看,玛丽的言语风格并没有得到重复并真正形成类似于人物那样的固定风格。

2. 玛丽发言内容考察

(1) 通过易读性对句长风格的考察。

弗雷奇在1949年出版的《易读性作品的艺术》一书中,提出了易读性公式。通过计算影响文章的音节、词汇和句法长度来得出文章难度(胡正荣等,2008:166)。下面考察玛丽在第一单元每课发言最长的3个长句,通过对比分析发言总字数与句数来测量平均句长。

统计结果显示,玛丽在第一单元的发言中,虽然平均句长大部分没有超过20个字,但是有3次接近20个字,有一次句长在27个字。从这些数据可知,玛丽似乎保持了说短句的习惯。但是作为一名美国留学生,忽然一次能在日常口语中说出27个字的长句,显然不合理,也打破了她说短句的重复行为。这不利于人物的性格塑造,且影响读者对人物可靠合理性的判断。

此外,玛丽在第五课到第八课发言的平均句长不均衡,变动范围从10.5~23字,也并没有随着课文的深入,像想象的那样,汉语水平越来越高,句子越说越长,反而变成了越说越短。这样的安排显然不合理。

总体来看,在第一、第二单元中,玛丽作为最主要人物并没有重复自己的语言习惯与风格,所以教材人物的设计存在问题。

(2) 对玛丽发言人情味的考察。

弗雷奇的易读性测量公式包括两部分:阅读易读性公式+人情味公式。人情味分数指每百字中的人称词数目,每个句子中的人称词数目得分在0~100之间,得分越高说明文章越有趣。目前,人情味公式大多用在新闻体裁的文章中,本文只是借鉴其建立一个参考标准。

人称代词是在语用的经济原则和主体中心原则之下产生的一类特殊代词,它的基本功能是称呼和代替,在语用学中也称为人称指示语,指用话语传达信息时对相关角色的指代称呼,包括说话人、听话人,以及说话人和听话人以外所涉及的人。

本文中,人称代词指在言语交际中代替交际双方和相关联(言语交际双方谈及)的第三方的名称的一类词。这里的言语交际,包括具有当场性、非当场性的言语交际和具有交际虚拟性的书面言语交际。本文中的人称代词包括你、我、他、你们、我们、他们等,也包括称谓词,如师傅、大爷和具体的对某人名字的称呼。

玛丽在第一、第二单元的发言中使用人称代词情况。借鉴弗雷奇关于人情味的测量,可以说,在第一单元,玛丽的发言风格属于比较枯燥的风格。在这一点上,第一单元倒是给玛丽这个主要人物设置了一致的风格。

  人物语言可以塑造人物形象。文中每个人物都在使用语言进行交流,但不同的人物使用语言说话时,应该能反映出各自的不同性格,所谓言如其人、千人千声,这就是人物语言的性格化。教材中人物语言要做到性格化,主要有以下两个原因。一是人物语言的性格化有利于读者理解人物的性格。人物语言的性格化是符合社会现实情况的,现实生活中,不同职业、时代、地域的人语言各不相同。读者通过课文中人物和其他人物的语言来理解人物的性格,人物的语言越符合现实情况也就是越性格化,也就越能加深读者对人物性格的理解,增强对课文内容的理解把握。二是人物语言的性格化有利于激起读者阅读学习的兴趣。人物语言的性格化,就是要说好不同人物的性格语言。课文中人物语言的性格化的体现,主要是通过人物自己的语言以及其他人物的语言来共同实现的。

  虽然编者在编写前言中申明,希望能通过设计若干主要人物来丰富对话风格,但是,通过对第一、第二单元玛丽这一主要人物的实际发言情况的考察,可以看到,尽管编者有良好的愿望,但是在教材具体的贯彻过程中,并没有将其落到实处。综观第一、第二单元,首先,没有关于玛丽人物背景的介绍。其次,玛丽的发言也没有让她呈现出令人难忘的印象,她在说短句和长句(也包括语段)之间跳跃,而复杂语段的平均句长,有不少接近令人难懂的程度,这无助于凸显其留学生的形象。而对人称代词的不注重,也使她呈现出较为枯燥的语言风格,或者说在人情味上有所欠缺。

  综上所述,玛丽语言的风格飘忽不定,背景不清楚,对话较为干巴,没有达到编者最初的预期。而这启示我们将来在口语教材的人物设计方面应该更多地关注人物角色风格,注意人物语言相似特点的重复,注意平均句长应该符合人物的背景,注重提高对话中的人情味,从而更好地塑造口语教材人物,吸引学生关注课文和对话,进而达到更好的教学效果。

(原载于《海南师范大学学报(社会科学版)》2018年第3期,原题为《对外汉语口语教材人物形象研究》,此处有删节改动)

第二节 提问与讨论

一、范例展示前的提问

在范例4展示之前,引导汉硕生关注如下问题:①论文关注中级口语教材的什么问题?②论文中如何回应这些问题?③对将来的文化教学研究有哪些启示?

二、课堂讨论

范例展示结束之后,汉硕生先分小组简单讨论,然后集体讨论,最后由教师分析并总结。一般范例展示和讨论在第一课时全部完成,教师在第二课时进行小结和分析。

范例4展示之后,汉硕生通过阅读范例,要讨论的是论文为什么关注中级口语教材的人物形象,借鉴了哪些理论来进行分析和讨论,论文中人情味公式是否可以作为理论依据等问题。大部分汉硕生表示,这篇论文范例运用了文学研究中的叙述学理论,演示了如何借鉴文学研究的方法来考察汉语国际教育口语教材课文中的人物形象,给汉硕生提供了一条新的研究思路。

第三节 分析与产出研究角度:固定层次抽象

一、从三方面对范例进行总结和分析

(一) 总结范例提出的问题

汉语国际教育教材研究一直受到学界的重视,目前国内对中级口语教材的研究较为集中在教材编写体例、编写原则、话题选择等方面,对人物设计的考察和分析较少。

实际上,人物设计对于语言教学是颇具意义的,如果人物角色设计具有典型性和代表性,会使得课文内容更加符合学习者的需求,会让学生产生亲切感,这有助于激发学习动机。而且人物角色设计还反映了跨文化交际的种种因素,人物设计合理才能保证教材的可接受性。明确的角色定位,将有助

于学生更准确地把握交际功能。相反,平淡随意的人物角色设计必然削弱人物角色的价值,不利于学生学习。

(二) 尝试解决路径

范例4讨论口语教材的人物形象设计是否应该遵循一定的规律,文中运用了数据统计法对中级汉语口语教材的第一单元的四课进行了详细统计和考察分析。通过考察发现,该教材没有相关人物背景介绍,主要人物在说短句和语段之间跳跃,复杂语段的平均句长与其留学生形象矛盾,而且其语言风格较为枯燥。在此基础上,范例4提出了有益于汉语国际教育中级口语教材人物设计的一些具体建议,以使教材人物设计合理,更有利于教学。

(三) 启发

汉语教学本就是一个以汉语言文字教学为基础的、关涉其他许多学科,如应用语言学、教育学、心理学、文学以及文化、艺术和其他某些学科的多学科的交叉性学科,所以在范例4中可以借鉴文学研究方面的叙述学理论和传播学领域的弗雷奇易读性公式,综合考察汉语教材中的人物设计。

二、产出研究角度:固定层次抽象

除了范例4已运用的叙述学理论和传播学理论,在传播理论方面还可以参考"固定层次抽象"概念。

固定层次抽象,是指固定在某个抽象层次上,既可以是高抽象层次也可以是低抽象层次。例如"自由"一词,是高抽象层次。而一个人来回重复一天生活中的细节,这时的语言就固定在低抽象层次上。普通语义学认为,有效的传播应该包括各种层次上的抽象,一条有效消息应该既包括高抽象层次的概括,又包括低抽象层次的细节。而在教学中,有经验的老师会采取行之有效的技巧即举大量的例子(赛佛林、坦卡德,2006:84)。

在范例4中,作为教材,要将人物的相关信息有效地传输给学习者,就应该注意在教材中既有高层次抽象,也有低层次抽象,即对于教材人物既要有比较抽象的性格特征介绍,如"乐观""外向",也要相应地在课文中设置配合这个高层次抽象的细节。如果人物被设置为乐观、外向,那么,在接下来的课文中应该有很多细节作为低层次抽象来呼应人物的高层次抽象特征。例如,外向的人物,一般应该在教材的大部分情境中愿意参与讨论,愿意发起话题，并在某些细节上有合理的重复。这样才能做到有效地传输有关人物的信息。

综上所述，汉硕生可以从范例4中得到启发，对于文化教学研究，既可以关注专门的文化教材和教学，也可以关注与文化教学相关的其他课型的教材，在研究中可以借鉴文学、传播学等领域的概念。例如，将来在研究中可以集中考察教材中的某一类信息的固定抽象层次问题，从而不断开拓研究思路。

第十一章　汉语国际教育文化教材人物设计研究范例分析

[导　语]

1. 本编重点关注汉硕生文化教学研究能力的培养。文化教学研究能力属于汉硕生的专业能力，即汉硕生作为汉语国际教育领域从业者将来在教学工作中应具有的文化教学研究能力。

2. 本章讨论汉硕生可以从汉语国际教育文化教材人物设计研究中发现的文化教学研究角度。

3. 本章采用"范例展示＋分析＋产出文化教学研究关键词"的体例编排。

[关键词]　类别思维与偏向

第一节　范例展示

一、范例展示之前的准备

根据本编的安排，首先由教师展示范例5论文作为本章内容主体，接下来是本级汉硕生在课堂完成对范例5论文的讨论，最后教师总结并分析，进而从本范例产出文化教学研究关键词。

在范例课堂展示正式开始之前，本班汉硕生需要提前准备，在组长的组织下，共同完成范例5论文的课前阅读和小组分析。

二、范例展示

【范例5】

汉语国际教育文化教材人物设计研究

一、研究意义

近十年来，不少采用对话体的文化教材设置了虚拟人物，可是对其中人物设计的考察与分析并不多见。而人物角色设计对于经典文化教材的推出颇具意义：可以让课文内容更加符合学习者需求；贴合学生生活的虚拟人物能使学生倍感亲切，有助于激发学习动机；反映跨文化交际种种因素的人物设计的合理性，能够促进教材的可接受性；明确的人物角色定位也是课文内容语境的一部分，有助于学生更准确地把握交际功能。

本文拟分析由杨瑞、李泉编著，北京语言文化大学出版社1999年出版的《汉语文化双向教程》（以下简称《双向》），以及由张英、金舒年编写，北京大学出版社2003年出版的《中国传统文化与现代生活：留学生中级文化读本》（以下简称《现代》），考察两部教材在虚拟人物角色设置方面的情况，并在此基础上提出一些编写建议，希望使教材人物设计更趋合理，进而助力文化教材编写与改进。

二、人物设置与刻画综述

汉语教材中关于人物角色设计的研究主要包含人物的设置情况和设计原则、形象特征与刻板印象、人物语言与行为刻画等方面。

王彬（2010）、刘弘和孔梦苏（2014）、朱勇和张舒（2018）、颜湘茹（2018）等人先后研究过教材人物相关内容。综合来看，他们认为教材人物设计要注意两方面：第一，人物设置上，要有稳定性和多样性。稳定性，即人物出场发言的稳定和人物言语行为的前后统一，而人物之间相互关联有利于强化这种稳定。多样性，就单个人物而言，是指对人物角色的尽可能多方面的基本信息进行明确设定，包括但并不限于国别、年龄、职业、性格、性别等，以使人物更立体、突出，不同人物间的差异也有利于多样性的呈现。第二，人物刻画上，要体现鲜明性和真实性。鲜明性，即人物角色有相对完整的并且区别于其他角色的个人特征，主要通过人物行为和话语呈现。真实性，即外国人物设计需要尽量符合相对真实的跨文化交际情境和现实情况。

三、两部教材人物设置情况考察

《双向》和《现代》两部教材，均设置了有名有姓的虚拟人物。所谓人物设置，指人物信息的基础设定和人物出场发言的安排。人物基本信息包括人物的姓名、外貌、性别、国籍、年龄、职业等。叙述学认为："当人物信息直接给予时，我们就涉及'限定'。这种限定属于'明确的限定'。""一定的材料基础上，人物多少是可以预测的，可预测性使发现人物身上的一致性更为容易，它有助于从丰富性的信息中形成人物形象。"（巴尔，1995：90-105）当这些信息一旦被界定，读者对人物便会有一定的预期。人物自身需要呈现立体感，人物之间也需要体现差异性。

（一）两部教材人物设置"稳定性"考察

《双向》共16课，每课安排2～5人出场，共出场了10位人物，其中4位为贯穿全书的主要人物，且教材中每一位人物均与其他人物相互关联。《现代》共出场6位主要人物，没有次要人物，主要人物彼此是朋友关系。两部教材在人物出场及人物关系设置上均较为稳定。

（二）两部教材人物设置"多样性"考察

1. 人物基本信息设置

（1）《双向》的人物基本信息设置。

《双向》在教材开头虽未对人物做系统介绍，但通过插图及对话内容，可推测出人物的相关信息。其对话编写体现了一定的故事性，对话内容以文化课程作为情境展开。该教材共设10位虚拟人物，其中主要人物4位，次要人物6位；中国人物7位，美国人物3位。

在人物职业设置上，仅有教师、学生、工人3种职业，且主要人物的职业为教师和学生，比较单一。从年龄层面看，中国角色涵盖老、中、青、幼年龄层面，但美国角色只有青年人。人物关系层面，中国人物有师生、朋友、夫妻、祖孙、母女、同事6种社会关系，而美国人物间只有同学关系，较为单一。《双向》在人物设置上，中国人物基本信息较美国人物丰富。

《双向》的主要外国人物只有美国人，都是金发碧眼白种人，年龄、职业完全一样，在人物设置上仅存在性别差异。单从人物设置的多样性看，可以用于区分人物的基本信息不多，人物间区别度不大，削弱了人物设置的多样性。伍俊霞（2016）曾指出汉语教材编写中人物的选择有明显倾向，即倾向于男性、白种人。王彬（2012）通过问卷调查也发现留学生不满足于教材在外国人角色上往往只选择白人。

（2）《现代》的人物基本信息设置。

《现代》在教材开头专门设置了人物介绍，包括人物的卡通形象、姓名、性别、国籍等人物基本信息，并且注明均为二三十岁的青年人，彼此之间的关系是朋友。统计可知，上述人物基本信息还缺少明确的职业信息和性格信息。从单个人物基本信息设置方面来看，缺乏多样性。

从基本信息情况来看，国别仅包括美、日、韩；人种只有黄种人和白种人，并且黄种人占大多数；年龄方面仅有青年。这些个人信息都属于叙述学中"明确的界定"。因为教材中人物间"明确的界定"少，所以人物缺少年龄、职业、性格上的差异，更接近于同一个没有年龄、职业、性格差异的扁平人物。

另外，《现代》中不同人物的出场和发言次数不均衡。其中平均出场与发言次数最高的为男性中国人物刘文涛，达12次；发言次数最少的角色为女性日本人物山本惠，有6.5次。前者的发言次数几乎是后者的两倍。

综上所述，从人物设置的多样性上看，两部教材人物提供的基本信息均十分有限，尤其是《现代》。两部教材人物虽有姓名、性别、国籍，但都缺少性格的明确说明。按照叙述学的理论，人物的构建有赖于"明确的界定"和"语义的积聚"，单薄的人物基本信息不利于人物形象的形成，因为缺少对"性格"的明确设定，所以很难判断人物的性格特征，这对人物刻画产生了一定影响。

2. 人物性别设置

（1）《双向》的人物性别设置。

以性别为视角，本文对《双向》中人物的发言情况进行考察，结果如下：就发言次数而论，主、次要人物层面的性别分布来看，主要人物女性发言情况为164/281（58.4%），较多，男性人物仅在次要人物的发言次数上多于女性。可以说主要人物的发言更偏向于女性。

就国别层面的性别分布看，性别设置差异明显。中国女性角色发言情况为93/121（76.9%），远高于中国男性角色，而美国女性角色的发言情况则为77/172（44.8%），较低于美国男性角色。换言之，《双向》在人物性别设置上，中国女性发言占据优势。

就职业层面的性别分布来看，男女差异更为明显。《双向》中分别设置了女教师吴老师和男教师李老师，女教师发言87次，远超于男教师的3次。教育部2018年的《中国教育年鉴》统计显示，本科高校女性专职教师的人数占比为48.1%。由此可见，现实中女性教师的人数并不占优势，而《双向》中教师这一职业身份虽然设置了两种性别，但是对于女教师发言率高达97.7%的情况较为失当。颜湘茹（2018）指出："人物的选择上，应注意性别平等观。如今行业众多，行业之间并没有性别的界限。应当扩展女性的职业范围。"对于性别平等观的贯彻，也应该体现在同一职业下两种性别角色的出场与发言情况上，以体现多样性。

除了职业范围，从"亲属身份""职业身份"两类来考察可以发现，在《双向》中，出场的所有中国女性角色，设置上均带有亲属身份（孙女、姥姥、妻子），出现率高达100%，而职业身份（教师）仅为25%。从这个角度来说，女性的角色设置更偏向亲属身份。

就年龄层面的性别分布来看，《双向》中虽然设计的年龄层涵盖了老、中、青、幼各层，但是在年龄层面的性别分配上不足，老、中、幼年龄层几乎全是女性，而青年层女性比例又明显减少，性别分布在年龄层面不均衡。

总的来说，《双向》中的性别设置情况，有不太合理之处：主要人物、中国人物、人物年龄层分布上均倾向于女性，还存在着将某种职业和某种性别相关联的情况。

(2)《现代》人物性别设置。

由于《现代》中人物基本信息的差别除了性别外仅有国别，因此只从国别角度对性别分布进行考察。由统计可知，《现代》中性别设置在国别上的分布较为均衡，男女发言比例差值不超过5%。

3. 人物国别设置

(1)《双向》人物国别设置。

《双向》总计16课，其中仅两课没有中国人物出场，中国人物承担着向外国人物角色介绍、传播中国文化的作用。在第2～13课，"文化解说员"的角色由中国人物吴老师充当，第14～16课，吴老师不再出场，取而代之的是历史系研究生桑林。如果把所有中国角色视作一个抽象集合符号"中国人物"，把所有外国角色视作一个抽象集合符号"外国人物"，考察其出场和发言情况，统计可知，中国人物数量为7人，外国人物数量为3人，中国人物在数量上较多。从出场与发言次数上看，外国人物出场次数为16次，出场率为100%，共发言172次，高于中国人物的87.5%出场率及121次发言次数。外国人物每次出场平均发言10.75次，而中国人物平均发言8.64次。可见，《双向》在人物的设置上，中国人物角色数量虽多于外国人物角色数量，但外国人物出场与发言次数略高于中国人物。

总之，在性别设置上，《双向》中分别设置了女性吴老师和男性李老师。女教师是主要人物，说话次数占有绝对优势。在主要人物、年龄层面，《双向》在性别分布上也不够均衡，不如《现代》。

(2)《现代》人物国别设置。

《现代》中，每课出场1位中国人物，仅在第Ⅱ册第十六课未有中国人物出场；每课出场2～3位外国人物，有时是欧美的，有时是日韩的，有时交叉出现，并无规律。对人物出场和发言情况进行统计，结果显示，在外国人物中，欧美人物出场率高于日韩人物，发言次数接近日韩人物的两倍。可以说，欧美人物在出场和发言上均占绝对优势。

根据吉艳艳（2016）的统计，"时至2013年，来华国际学生的洲别分布发生很大变化。亚洲学生已过所有来华国际学生的半数，比例达61.66%；欧洲学生比例大幅下降，只占来华国际学生总数的17.26%；美洲学生比例有所上升，占国际学生总数的10.39%。""2013年，欧美来华国际生总数占比约27.65%；2000年以来，与中国相邻的日本、韩国一直是中国最大的两大生源国。"可见，《现代》对于人物出场发言的设置，更多倾向于欧美人物，这并不符合留学生洲际来源的实际情况。

刘弘、孔梦苏（2014）发现，一些汉语教材中的日韩虚拟人物身上存在"谦虚""文静"的国别刻板印象，但是来华留学生对本国籍虚拟人物个性特点的认同度并不是很高。研究认为，这种刻板印象可能使"一些亚洲的学生认为自己本身不如欧美学生思维活跃，在课堂上保持沉默只听他们积极发言是理所应当的"，从而产生一定消极影响。文化教材在人物设置上，也应该规避这种情况。

总之，在国别和人种设置方面，两部教材均明显倾向于西方白色人种，缺少黑色人种。这与前人研究过的汉语语言类教材中的人物设计存在的问题一致。《双向》中只有单一的美国白人形象，而中国人物更丰富多样。《现代》中的欧美人物虽与日韩人物在人数上持平，但是发言次数明显较多。

四、两部教材人物刻画情况考察

一个人物刻画成功与否，一定程度上有赖于它刻画的鲜明性与真实性。生动鲜明、具有特征的人物更容易给读者留下印象，而人物刻画得真实则可以增强人物的可信度和读者的代入感。为此，本文将从"鲜明性"和"真实性"两个角度对两套教材中的人物形象刻画进行考察分析。

人物特征的呈现一定程度上取决于人物间的差异，人物特征越"同一"，则个体特征越稀少，人物形象也越不鲜明。下文将对比人物在明确限定的特征、各类文化点参与的情况和认知程度上的差异，并将其与现实情况做比较。

（一）两部教材人物刻画"鲜明性"考察

人物在叙述过程中，如何被读者读出，并留下鲜明的印象，"最简单的方法莫过于直接介绍"（傅修延，1993：218）。叙述者（可以是作者，也可以是文本中人物）对人物清楚、明确的语义表述，均可被视作人物"明确限定"的特征。"明确的语义限定"是角色鲜明性构建的重要手段之一。

在叙述过程中，重复、积聚、关系、转变是人物构建的重要方式。愈多特征积聚到一个人物身上，这个人物就愈立体、突出；一个人物某种特征重复得越多，则该特征在人物形象中愈显鲜明、生动。

考察可知，《双向》人物刻画"明确限定"的特征中，人物明确限定的特征共有20项，之间仅有1处重合（桑林和茉莉都熟悉中国历史），这说明人物特征之间具有差异性。共有5人具有明确限定的特征，占比5/10（50%），平均每人4项特征，特征最多的人物为李老师（6项），最少的为吴老师（2项）。值得注意的是：李老师是次要人物，仅出场1次、发言3

次；而吴老师为主要人物，出场发言多达 87 次。

《现代》人物刻画"明确限定"的特征中，人物具有一定"明确的界定"特征。但这些界定大都是关于人物的喜好。而且"明确的限定"大都只存在于外国人物身上，中国人物身上的明确限定特征相对较少，而且不涉及个人喜好。这说明教材中的中国人物较少讨论自己，也较少被人讨论。

此外，人物"明确的限定"与相关课文的对应度并不高。换言之，虽然教材中设置了"明确限定的特征"，但在文本叙述的过程中，这些特征并没有得到充分"重复"，因而呈现得不够鲜明、突出。比如，"喜欢历史"的金智元在关于历史的课文第Ⅱ册第 18 课《五四运动》中没有出场，"喜欢背诗"的玛利亚在第Ⅱ册第 3 课《唐诗宋词》中也没有出场。这在一定程度上削弱了人物形象刻画的鲜明性。

（二）两部教材人物刻画"真实性"考察

对人物刻画真实性的考察分析，主要聚焦于两部教材中的外国人物，考察虚拟人物对中国文化的认知程度是否与现实情况相符，是否存在自相矛盾、前后穿帮的"失当"情况。

关于汉语学习者对中国文化的了解程度，孙方媛（2019）曾做过问卷调查，发现"约 38% 中级学生对中国文化的了解程度大多集中于 30% 以下，说明被试对中国文化有一定的了解，但这些程度还不够"。统计可知，《双向》中对中国文化了解程度在 30% 以下的人数占比 50%，《现代》为 25%，这与调查所得 38% 的现实情况均不相符。这在一定程度上削弱了人物塑造的真实性，对学习者的代入感产生影响。张英（2004）认为："文化内容要按'由少到多、逐步增加'的原则进行教学。"从两部教材的使用对象上看，《双向》适用于过渡阶段的准中级，而《现代》适用于中级，在中国文化认知程度上《现代》应略高于《双向》的设置。

另外，两部教材中均存在"失当"情况。比如，《双向》中的大为关于同类文化点的呈现。在第四课时，大为还从未听说过"阴阳"，而到了第九课，大为却说自己读过《道德经》英文版翻译，已经知道了"无为"和"五行"的概念。"阴阳""无为""五行"都属于道家思想中的基础概念，大为知道"无为"和"五行"，却不知道"阴阳"，有悖常理。

总之，教材中人物发言存在自相矛盾、前后穿帮的"失当"情况，所以两套教材在人物刻画的真实性上均存在瑕疵。

五、结语及教材编写建议

本文借助叙述学中关于人物的理论，对文化教材《双向》和《现代》中的人物设置情况和人物刻画情况进行考察，结果发现：两部教材的人物基本信息设置均不够立体、多样，都偏向于西方白种人，人物显得扁平、模糊。同时，两部教材在人物刻画方面存在的问题是，人物在各类文化点的参与或认知程度上并没有呈现出令人印象深刻的特征，人物之间差异不大，人物对中国文化点的认知情况与现实不符，还存在前后矛盾情况。

为此，本文认为教材人物设计要注意体现"多样性""鲜明性"与"真实性"，具体教材编写建议如下。

第一，注意人物基本特征的完备性与具体性。叙述学认为，特征在人物身上"积聚"得越多，则人物越立体突出。汉语教材中的虚拟人物虽不必像文学作品中那样多面、复杂，但是基本信息的完备有利于使虚拟人物"立起来"。基本信息的完备不仅是具有性别、国别、种族、职业、年龄、性格、样貌、穿着等基本要素，还包括要素的细致、具体。

第二，添加人物"明确限定的特征"并彰显出人物间的差异性。叙述学认为，"直接介绍"是最简单明了且有效的构建人物特征的方法，在教材开头专门列出人物简介比较方便。在文本叙述的过程中，让虚拟人物去复现叙述展现某一特征的语义，无形中能强化相关印象。教材编写者在刻画人物之前，还可以先列出人物的总特征，包含对人物诸多特征明确的语义限定，让具体的人物形象在构思中成形。这样不仅可以在一定程度上避免文本叙述过程中人物设定前后矛盾的情况，还可以为后文的叙述找到"轴心"。关于人物"明确的限定"，人物之间应尽可能地不要重合，从而体现出人物的差异，让人物具有有别于其他人的特质，显得多样。

第三，避免对某类人种或国别的偏爱，秉持平等性与真实性原则。汉语教材中倾向于设置欧美白种人。事实上，来华留学生的生源情况并非如此。世界各国的文化，没有优劣之分，应以平等的心态看待每一个国家、民族和每一种肤色人种，不应厚此薄彼。建议以实际情况作为参考，依据教材的使用对象具体问题具体分析，设计具有典型意义的代表性形象。除了中国人物，更要注意塑造来自世界各国的外国留学生，关注其文化背景、语言习惯等，合理塑造外国人物。

第四，使人物某一特征反复出现，得以强化。叙述学认为，"反复"是人物建构的重要原则。在人物设计中，可以让人物的某一特征反复出现；在文化教材中，则可以体现为人物反复参与某一文化点或某一类文化点，从而体现人物对该类文化项目的热衷度或认知度，使人物具有差异、具备特征。

第五，为人物设计寻找真实的参照系人物。凭空虚构人物容易出现纰漏，不妨选取现实中真实存在的人物，将他们作为人物设计的原型，以降低"无中生有"的难度，从而使人物更加生动。对某类文化点的反应方面，必要时还可以对现实中真实的原型人物进行采访，从而获取真实的创作素材。

第六，中国人物个体不一定了解中国文化的方方面面。从跨文化传播的视角来看，中国人物形象也代表了中国形象。《双向》中的桑林是历史系研究生，而他所参与的文化点，并不包含任何与历史相关的文化点，这样人物设定并没有和文化点紧密结合。《现代》中的两位中国人物，对中国文化的了解程度涉及"方方面面"，存在一定失真。

第七，将人物设计与跨文化因素结合。在跨文化意识已经被汉语国际教育界重视的大背景下，人物设计同样要考虑跨文化因素。对跨文化因素的考量有利于人物真实性的呈现，也有利于增加学生的代入感，让学习者倍感亲切，也更容易进行文化对比。

希望上述建议能助力文化教材设计出鲜活真实、生动有趣的人物，从而提升汉语国际教育文化教材的编写质量。

（原文于2021年8月在"第二届国际中文教育发展智库论坛"分论坛上宣读，原题为《对外汉语文化教材人物设计研究》，此处有删节改动）

第二节 提问与讨论

一、范例展示前的提问

在范例5展示之前，引导汉硕生关注如下问题：①论文关注文化教材的什么问题？②论文中如何回应这些问题？③对将来的文化教学研究有哪些启示？

二、课堂讨论

范例展示结束之后，汉硕生先分小组简单讨论，然后集体讨论，最后由教师分析并总结。一般范例展示和讨论在第一课时全部完成，教师在第二课时进行小结和分析。

范例展示之后，汉硕生通过阅读范例，要讨论的是论文为什么关注汉语国际教育文化教材中的人物设计，借鉴了哪些理论来进行分析和考察，论文中发现了教材的哪些问题。大部分汉硕生表示，这篇论文范例详细地运用了文学研究中的叙述学理论，演示了如何借鉴文学研究的方法来考察汉语国际教育文化教材课文中人物设计方面的问题，给自己今后的研究提供了一条新思路。

第三节　分析与产出研究角度：类别思维与偏向

一、从三方面对范例进行总结和分析

（一）总结范例提出的问题

范例5分析了两套中级语言文化类教材，考察两部教材虚拟人物角色设置方面的情况，并在此基础上提出一些编写建议，希望使教材人物设计更趋合理，进而助力文化教材的编写与改进。

（二）尝试解决路径

范例5运用定量统计法，结合叙述学中关于"人物"的理论，对两部中级语言文化类教材《汉语文化双向教程》《中国传统文化与现代生活：留学生中级文化读本》进行考察分析，结果发现两部教材人物基本信息的设置不够立体、多样，所刻画的人物在对同类文化点的参与度和认知度上没有体现出明显差异，特征不明显，甚至存在一些失真、前后矛盾的情况。在此基础上，范例5提出一些编写建议，希望使教材人物设计更趋合理，从而助力文化教材的编写与改进。

（三）启发

汉语教学本就是一个以汉语言文字教学为基础的、关涉其他许多学科（如应用语言学、教育学、心理学、文学以及文化、艺术等）的交叉性学科，所以在范例5中可以借鉴文学研究方面的叙述学理论，从人物设置和人物刻画两方面综合考察汉语教材中的人物设计，大大提升文化教材的生动、有趣程度。

二、产出研究角度：类别思维与偏向

除了范例5已运用的叙述学理论，在传播理论方面还可以参考"类别思

维"与"偏向"概念。

类别思维,指无法分清同一类别或范畴中成员之间的区别,把同一类别中的不同成员视为相同的个体,在日常用语中,也指过度概括。通常,由于语言的分类特征,人们又分不清个体间的差异,就形成了这种过度概括。偏向是对所描述主体有利或不利细节的选择,虽然绝对的客观性不太可能存在,但是传播者可以尽量接近客观,有意识地避免偏向(赛佛林、坦卡德,2006:84-89)。

作为教材人物,要将人物的相关信息有效地传输给学习者。通过范例5的考察可以发现,上述两套教材对人物的设计存在偏向,比如,其中一套教材的人物设置中外国人物只有美国人,而且都是白种人,这与来华留学生的国别情况并不相符。此外,从中国人物的发言情况来看,基本全是女教师在发言,这也属于偏向。另一套教材的外国人物发言者中,欧美留学生发言的比例过高。这其实也是对同一类别成员的过度概括,即类别思维,似乎欧美人更加外向、爱表达,日韩等国留学生更加内向、寡言。这些都属于教材人物设计不合理、不客观的地方,也都会影响教材相关信息的传输。

总之,汉硕生可以从范例5中得到启发,对文化教学研究,既可以关注文化教材的主题等方面,也可以关注与对话体文化教材密切相关的人物设计。在研究中,可以借鉴文学研究、传播学理论等领域的概念,集中考察教材中是否存在类别思维和偏向,以及应该如何改进等问题,不断开拓教材研究的思路。

第十二章　留学生中国电影与文化课程需求范例分析

[导　语]

1. 本编重点关注汉硕生文化教学研究能力的培养。文化教学研究能力属于汉硕生的专业能力，即汉硕生作为汉语国际教育领域从业者将来在教学工作中应具有的文化教学研究能力。

2. 本章讨论汉硕生可以从留学生对中国电影与文化课程需求研究中发现的文化教学研究角度。

3. 本章采用"范例展示＋分析＋产出文化教学研究关键词"的体例编排。

[关键词]　使用与满足理论

第一节　范例展示

一、范例展示之前的准备

根据本编的安排，首先由教师展示范例6论文作为本章内容主体，接下来是本级汉硕生在课堂完成对范例6论文的讨论，最后教师总结并分析，进而从范例6产出文化教学研究关键词。

在范例课堂展示正式开始之前，本班汉硕生需要提前准备，在组长的组织下，共同完成范例6论文的课前阅读和小组分析。

二、范例展示

【范例6】

论来华本科留学生对中国电影与文化课程的需求

一、引言

电影以内容直观生动、信息容量大、可供多角度立体化学习的特点逐渐受到汉语国际教育界重视。吴思娜（2013）发现最受留学生青睐的课堂活动包括"放中文电影"。汉语国际教育的各种课型都可引入影视作品，但如何向来华留学生开设中国电影与文化类课程还少有研究。在为本科留学生开设中国电影与文化课程之前，笔者经过简单了解发现，留学生们在来中国之前几乎没看过中国电影，身边人也很少看。黄会林等（2017）[①] 通过调查也发现，中国电影在周边国家的影响力欠佳，但数据显示，电影仍是传播中国当代文化形象较为有效的途径。

汉语国际教育的总目标是培养学生的语言综合运用能力，包括语言知识、技能、策略和文化意识。中国电影承载着丰富的文化内容，认知学、心理学和教育学理论都为影视教学提供了理论支持。但留学生在来华前很少接触中国电影，而面向留学生的中国电影课程研究又非常缺乏。这些因素让担任来华留学生中国电影课程教学的教师面临着巨大挑战：不了解留学生对中国电影的认知情况，也不清楚留学生的中国电影课与中国学生的影视赏析课有何不同，更不了解留学生对中国电影课有哪些具体需求，自然也不清楚应该如何针对这些不同和需求开展教学。为此，本文希望通过调查了解留学生对中国电影的认知和对电影课程的需求，以便教师掌握具体情况并能有针对性地开展教学，从而达到良好的教学效果。

二、问卷调查及结果分析

（一）问卷发放与回收等基本情况

本问卷调查时间为2019年11月，调查对象是中山大学2019年第一学期选修中国文化专题课程的留学生。调查采用问卷法，向被调查群体发放匿名问卷。本次调查共整理出有效问卷38份，其中男性23人，女性15人，包括泰国、越南、印度尼西亚、韩国、柬埔寨、塔吉克斯坦等11个国家的来华留学生。其中，泰国学生人数最多，有10人。留学生平均年龄为23岁。

（二）调查结果分析

1. 留学生来华前对中国的了解

问题1：在你来中国之前，你认为中国是怎样的？（单选题）

调查结果显示，有42.11%的留学生对"落后的"持"一般认同"态度，有44.74%对"冷漠自私的"持"一般认同"，有55.26%对"环境脏乱的"持"一般认同"。对"有较大国际影响的"，也有47.37%持"一般认同"态度。可见在来中国之前，接近或超过一半留学生对中国的认知是：环境脏乱、有较大国际影响的、冷漠自私又落后。为什么留学生在来华之前会

---

① 范例6问卷部分问题参考此文。——编者注

对中国有这样的印象？这些印象与中国电影是否相关？

问题2：来华前与来华后的观影量是怎样的？（单选题）

在来中国前的观影量问题上，65.79%的留学生表示总观影（不仅仅是中国电影，指所有看过的各国电影）量在15部以上，且19人（占50%）表示来华前仅看过1～5部中国电影，只有5人表示来华前就已达到15部以上的中国电影阅片量。

问题3：在中国电影中，你看过最多的电影类型是什么？最少的是什么？请按照由多到少的顺序给它们排序。（排序题）

对于问题3，39.47%的留学生将功夫片定为看过最多的中国电影类型，有15人。13.16%的留学生将功夫片放在第二位，可见功夫片已成为留学生接触最多的中国电影类型。此外，有7人将中国剧情片放在第一位，5人将喜剧片放在第一位，与选功夫片的人数占比有较大差距。31.58%的留学生将宗教片定为看过最少的中国电影类型。总之，功夫片基本上是留学生心目中的中国电影代表类型。

问题4：来中国之前，你是通过什么宣传渠道接触到中国电影的？（多选题）

有57.89%的学生表示接触中国电影始于朋友（含社交平台）推荐，有47.36%的学生表示通过线上观影渠道接触了中国电影的预告片，有29.94%的学生通过名人推荐，仅有13.15%的学生通过纸媒宣传渠道接触中国电影。由此可见，朋友（含社交平台）推荐是目前留学生最有可能接触、了解中国电影的渠道。

问题5：来中国之前，你是通过什么渠道观看中国电影的？（多选题）

与问题4相关，通过免费视频网站或App观看中国电影的人数占比为63.16%。其次是通过电视观看，占比60.53%。此外，留学生还在电影院观看中国电影，人数占比50%。可见，在观看方式上，除了位居榜首的免费视频网站或App，传统的电视、电影院仍是留学生主要观看中国电影的方式。

问题6：来中国之前，你认为中国电影的制作水平（美术、特效、创意水平）如何？（单选题）

对于电影制作水平，来华前留学生大都认为"一般"（人数占47.37%）。有44.74%的留学生认为"较好"。可以看出，如今中国电影整体的制作水平在海外得到了一定的认可。

问题7：来中国之前，在制作（美术、特效、创意）方面给你印象最深的一部中国电影是？说说理由，15字左右。（简答题）

38位留学生中，此题有效答案为30个。出现频次较高的电影为《西游记》、《三国演义》、"成龙的电影"、《功夫足球》等。与功夫相关的,如《叶问》、"成龙的电影",占比40%。与历史有关的如《杨家将》《还珠格格》等,占比43.3%(对于留学生来说,电影与电视剧没有区别,都是"中国电影")。剩余答案为爱情电影,1位留学生选择该选项。可见,中国传统文化与功夫,仍是目前留学生主要了解的内容,他们对当代中国了解不多。

问题8:来中国之前,你所看到的中国电影有什么特点?(多选题)

有47.37%的留学生选择了"充满正义",有39.47%的留学生认为中国电影是"以人为本的"。但仍有34.21%的留学生认为来华之前观看的中国电影充满暴力。整体上看,留学生在来华前认为中国电影的正面特点较为显著。

21世纪以来,以国仇家恨为叙事动机的武侠功夫片在全球化、和平崛起的语境中遭遇到前所未有的价值观挑战。"民族主义""逞强好斗""罔顾法理"的帽子令人避而远之(黎煜,2017)。为何仍有34.21%的留学生认为中国电影充满暴力?这是否与中国功夫片的输出以及他们在海外的观影选择有关?

2. 留学生来华后接触中国电影情况

问题9:在中国,你是通过什么宣传渠道接触到中国电影的?(多选题)

问题10:现在,你是通过什么渠道观看中国电影的?(多选题)

来中国后,76.32%的留学生得到了友人和相关社交软件的影片推荐信息,观看渠道变得多样。65%的留学生选择影院观影,68%的留学生选择免费视频网站,63%的留学生选择付费视频网站。可以看出,留学生明显愿意接触中国电影,无论是否需要付费。

问题11:现在,你认为中国电影的制作水平(美术、特效、创意水平)如何?(单选题)

来华后,留学生对中国电影的制作水平印象也有变化。6人认为中国电影制作水平"很好",较来华前多了4人。20人认为中国电影居于"较好"水平,占比52.63%,而来华之前就认为"较好"的占44.74%,认为"较好""很好"者在比例上有所提升。评价"一般""较差""很差"的总数与来华前持平。评价"较差"有3人,来华前仅1人。

数据显示,来华后,留学生接触到更多中国电影,对中国电影的制作水平有了更正面的评价,但是提升比例并不大。

问题12:现在,在制作(美术、特效、创意)方面给你印象最深的一部中国电影是什么?说说理由,15字左右。(简答题)

在38份回收的问卷中，位居前列的是电影《流浪地球》《哪吒》《功夫》《中国机长》。一方面，被调查者倾向于选择近期上映的电影，这些电影话题度高，宣传力度大，因此留学生印象也更深刻。其中，《流浪地球》《哪吒》《中国机长》均为本文调查时刚上映的电影。另一方面，也有不少留学生选择以前的经典电影，如《功夫》《警察故事》等，说明无论来华与否，中国电影中的功夫片始终受到留学生的关注。

问题13：在观看某部中国电影时，你的中断次数是？（单选题）

观影中断次数能反映观影者是否沉浸于影片之中，从侧面反映电影的节奏感与吸引力。结果显示，21%的留学生不希望有任何中断，26%表示会有1次中断，42%表示会中断2～3次，3%表示会中断3～5次，8%的人则表示可能会中断5次以上。

该数据显示，留学生在观影过程中的中断次数有近50%在2～3次，从侧面说明其观影的沉浸程度不算太高。

问题14：你认为你观看的中国电影的故事是否打动人？（单选题）

被调查者中有10%产生了强烈共鸣，有50%（19人）认为中国电影观看后"有比较深刻的印象"，有34%（13人）认为"感觉一般"，还有6%表示看后印象不深。

总体上看，有超过60%的调查对象对中国电影产生强烈共鸣或有比较深刻的印象，这说明大部分留学生能够感知或接受中国电影所表达的文化情感。

问题15：你是否能看懂中国电影？（单选题）

数据显示，有11%的留学生表示完全看得懂，18%比较懂，42%能看懂大部分，选择"一般"的只占29%。

这说明，一方面，来华留学生在中国生活、求学，沉浸式体验让他们对中国文化、中国观念有更直接的感知；另一方面，也有可能是选择观看的中国电影本身内涵的表达较清晰，能为大部分人所接受。

问题16：在剧情方面给你印象最深的一部中国电影是？说说理由，15字左右。（简答题）

在剧情上，更多留学生倾向选择爱情片、青春片，可能因为被调查者大部分是青年，对青春和情感问题更有兴趣。

问题17：你认为在中国电影中，以下价值观体现程度如何？（多选题）

结果显示，"家族至上"和"集体主义"最高各得到68%的评分，其次是"爱好和平"占66%，"以人为本"占65%，以上均为正面价值观输出。而留学生在日常生活中，所感受到的价值体现也是如此，"爱国情怀"得到了70%的评分,"家族至上""诚信友爱"也各得到68%。可以看出,通过在中国观看中国电影以及切身感受,留学生对中国电影价值观的认知较来华之前大有改变。

问题18:现在,你认同下列形容中国的国家形象的词语吗?(单选题)

对中国国家形象的认同,调查采用了特定词语作为选择项。结果显示,"历史悠久"是最具有认同感的选项,接下来依次是"高速发展的""经济发达的""热情友善的""和平的"。这与来华前34.21%的人认为"中国电影充满暴力"形成了极大反差。

问题19:在你日常接触的中华文化中,你认为以下价值观体现程度是怎么样的?(多选题)

在日常接触到的中华文化价值观中,认为"爱国情怀"得到体现的留学生占70%,接下来依次是"家族至上"(68%)、"诚信有爱"(68%)、"人与自然和谐相处"(64%)、"重视人际和谐"(64%)。总之,留学生来华后通过观影和日常接触,对中华文化价值观有了非常正面的了解。

汉语教学本是以汉语言文字教学为基础的、关涉其他许多学科的交叉性学科,而语言教学与文化教学不可分割,这早已是学界共识。文化在语言教学中从"知识"到"行为",又转变为由意义相连的统一综合体(周芸、杨恬,2008)。现在的调查表明,看电影既是留学生最欢迎的课堂形式,又是传播中国当代文化形象较有效的途径,所以为留学生开设中国电影与文化课程很有必要。

3. 留学生对中国电影与文化课程的期望

问题20:你认为学校的中国电影与文化课程应该偏重哪一部分?(单选题)

结果显示,留学生希望课程同时兼顾电影类型和电影内容,而电影内容以人的日常需求为主。

问题21:关于电影中涉及的人的日常需求层次,你更希望关注哪一部分?(单选题)

结果显示,留学生对电影课程中关于人的基本需要最感兴趣的选项是:首先是情感,占比39%;其次是中国人的饮食,占比33%;然后是自我实现的追求,占比22%;6%选对超自然的理解;没人对人身安全方面内容感兴趣。

相关调查也表明,80%的留学生认为中国治安情况很好,很安全(蒲瑶等,2013),这大概是留学生并不关注人身安全方面的中国电影的原因(黄飞等,2019)。留学生最容易适应的三项是"交朋友""购物""吃饭和住宿"。这说明：中国居民态度友好，留学生很容易交到朋友（一般意义上的朋友）；中国商品种类繁多，留学生很容易购买到需要的物品；食宿条件令人满意（孙乐芩等，2009）。虽然来华留学生也使用微信，但数据显示，留学生的微信好友中，中国好友的数量占比较低。这说明留学生的微信好友群体还是以其他外国留学生及其同伴为主，缺少当地朋友。这导致其无法融入当地生活圈子，因此在情感支持方面的获得感有所欠缺（匡文波、武晓立，2019）。这大概也是留学生格外关注"情感"方面的中国电影的原因之一。

问题22：你想关注哪种电影类型呢？（单选题）

有70%的留学生对商业片感兴趣，15%对中国特色主旋律电影感兴趣，15%对中国艺术电影（指小众电影）感兴趣。可见绝大多数留学生对商业片感兴趣。

因为主流商业电影，往往被认为应当在心理意义上塑造出观众的认同对象，引导观众的心理指向；在文化传播的意义上，建构出价值指认对象，体现作品的价值取向（贾磊磊，2016）。作为传播受众的留学生看中国电影其实处于跨文化语境，会经常停留在最直观的视听语言层和故事层，并按照自己理解来重构电影，商业片往往比较好看，而一部"好看的电影"比"深沉的电影"更容易跨越文化间壁垒（宋苏晨，2004）。这里的"好看"，指故事可读性强、易理解，令人感兴趣或轻松愉快（罗钢，1994：253）。

问题23：关于商业片，你更想了解哪几种类型的电影？（多选题）

留学生偏好的商业片类型中，喜剧片占比62.3%，青春片占比50%，警匪片和爱情片占比均为42.9%，伦理片和魔幻片占比均为35.7%。值得关注的是，对比来华前的数据可知，留学生对功夫片的关注程度从来华前的50%直降为如今的14.3%。

喜剧，正成为近两年主要的影视剧制作体裁和审美趋势，这显示出一定的时代特征。今天，影视对"笑"的追求比以往任何时代都要热烈（张子扬、李语然，2017）。大概因为在以大众文化为主体的当下消费社会里，观众追求的是贴近现实生活的轻松愉悦的喜剧电影（张婧磊，2016），来华留学生也不例外。

对于中国电影与文化相关课程的教学内容偏向，有52.63%的留学生认为应倾向于电影类型学习；70%的留学生对商业片感兴趣，尤其是喜剧片；47.37%的留学生认为课程应当偏向于人的日常需求层次。

问题24：你希望中国电影与文化课程帮助你解决什么问题？（多选题）

关于此题，选项"学习汉语，理解画面"得到了74%的高分支持；其次则是理解价值观念，占比72%；第三是理解故事背景，占比71%。表明留学生对中国电影与文化课程的期待基本集中在学习汉语、理解价值观念和故事背景三个方面。

三、现有的大学生影视类课程情况

留学生来华之后对中国电影与文化类课程的需求，与目前高校已有的电影类公选课、英语专业的影视课有无不同？与目前高校开设的留学生影视课内容是否匹配？

目前，中国大学生的影视文化类课程大致可分为三种：一种是面向中国高校各专业大学生的影视文化公选课，一种是面向中国高校英语专业的英文影视文化课，还有一种就是面向留学生的影视选修课程。三种课程的侧重点不同，受关注的程度也不同。

（一）中国大学生电影类公选课情况

与影视文化巨大的社会影响力相比，目前我国高校课程体系中普遍缺乏影视文化类公选课程。大部分情况下，影视文化类课程仅限于专业影视院校和综合类院校的个别专业，如文学专业、艺术专业、广播电视学专业。

支持广泛开设该类课程的观点认为，影视作品题材广泛，涉及历史、文学、政治、哲学多学科，理应成为大学文化素质教育课程体系中的"种子选手"。影视文化类课程的开设，可通过具体的案例即电影镜像语言分析向学生指出其表层含义和深层意义以及为何如此表达。这无疑是"读图时代"学生提高媒介素养的有效方式，而其中美育应该成为影视赏析教学的重点。同时，大学阶段又是一个人的人生观、价值观形成的关键时期，可用大学生最乐于接受的方式，引导其形成积极向上的人生观、正确的价值观（贺晓宏，2010）。

总之，支持者认为属于大学生素质教育的影视欣赏教学，其视觉和心理时空的蒙太奇特性及综合感染力更能触动人的心灵，使它能够突破传统的教学方式，比"静态"的常规教学所传达的认知能更自然地为青年学生所接受，并且能够在潜移默化和情感交融中引导、提高学生的审美追求与文化品质，是素质教育环节中非常有效的形式之一。课堂实践也证明，这种形式是大学生美育过程中最受欢迎和最有效的方法之一（胡学军，2007）。

可见，对于中国大学生来说，研究者普遍认为影视欣赏课要承担的责任是美育，课程属于素质教育中的一环，要引导大学生树立积极向上的人生观和价值观。

（二）英语专业英文影视赏析课情况

相对来说，对中国大学生英语专业英文影视课的研究得到了更多关注。

随着多媒体教学手段在大学课堂上的普及，英文电影赏析课程已经被公认为是提高学生综合英语能力的有效途径，可以帮助学生提高语言水平、了解西方文化背景、提高外语教学的质量和学生的语言应用能力。但该课程在很多高校是一门新开课程，还未形成完善的课程体系，主要表现为对电影的选择具有很大的随意性，缺乏电影理论基础，对电影作品的分析流于表面，教师未认真致力于教学方法改进，以及缺乏统一、规范的教材等。不过，对于该课程应保证思想性、健康性、艺术性、全面性和科学性，以认知理论指导教学思想，输入与输出并重，以及培养学生文化意识等方面，还是有一定共识（李荣美 等，2008）。马琴（2009）认为随着文化知识的积累，对语言本身的理解将会更加透彻、全面，从而有效地提高大学生的跨文化交际能力。课程应从多元分析角度去开展教学，包括背景分析、语言分析、主题分析和电影对比分析等。总之，教师应从多元分析角度引导，帮助学生提高英语综合技能和人文素质修养（梁艳，2012）。

总体来看，面向中国大学生的影视文化类课程，是以美育为重点，以促进中国大学生形成正确的人生观和价值观为目的。面向英语专业的英文影视课，则应注重大学生英语综合技能和人文素质培养。

（三）汉语国际教育影视课情况

目前，汉语国际教育界大多认为中国影视作品直观有趣、内容丰富，各种课型都可将其引入作为教学资源，再按照学生的汉语水平，在视听说等技能训练中展开具体运用。张瑞坤（2018）认为，影视课可以单独开设，而利用汉语文本的影视作品进行汉语国际教育的活动即"影视教学"，教学目标可分为语言目标和文化目标两种，应以专题学习的形式来进行教学。王悦欣（2017）从文化主题入手对华语影视作品进行分类筛选，并希望对所涉内容进行总体规划设计，编写不同等级教材。

但总体上看，目前汉语国际教育影视教学存在较多问题，主要表现为：缺乏大纲，从而导致课程缺乏系统性。其应用往往以教师的教学经验、学生的要求喜好以及学校指令为依据，缺乏规范。杨毅（2010：15）认为，影视教学的课时、要求和内容的安排不够科学，教师对课程的定位、目标、设计、把握存在盲目性。一方面，教师面对没有统一教材的局面，找不到操作性、系统性、针对性皆强又适合汉语教学的影视片，要大海捞针般选出合适的影视作品，剪辑处理并针对视频片段进行教案和习题设计，工作量巨大。课后也缺乏系统且有针对性的复习和训练。另一方面，学生赏析电影必须同时具备汉语听说交际表达方面的能力，还要了解相应社会文化背景知识，很难看到适合自己汉语水平的影视作品。总之，汉语国际教育影视课的教学难操作，教学效果堪忧。

留学生语言知识与技能的培养，主要由听、说、读、写等语言技能课程完成。电影与文化课归属文化知识课，以培养本科留学生的文化意识为主。目前，汉语国际教育中的文化课教学主要分为文化知识课和文化实践课两类。文化知识课包括"中国概况""中国历史""中国文化"等内容（黄霜霜，2016：37）。本文所指电影与文化课，不是为中国学生开设的以美育为主的影视赏析课，也不是为中国英语专业大学生开设的影视课，而是面向来华本科留学生的以中国影视作品为教学内容的文化知识课。

与语言技能课不同，影视文化课属于"汉语国际教育文化知识教学"。"文化"包括"文化因素"和"文化知识"，后者指跨文化交际涉及的文化，内容以观念等为次第等级（张英，2009）。电影与文化课程中的"文化"是指以观念等为次第等级的文化知识。总之，汉语国际教育中国电影与文化课指：面向来华本科留学生的文化知识课，以中国影视作品为教学内容，以传播中国文化观念，进而助力留学生顺利进行跨文化交际为教学目标。

通过本文调查，可以发现，留学生在来华之前很少接触中国电影，却有超过50%的人将功夫片作为中国电影第一大类，只大概了解传统文化与功夫故事，对当代中国十分陌生。近半留学生来华前对中国认知不佳，但来华之后，76.32%的人得到了友人和相关软件对中国电影的推荐，有65%的留学生选择去影院观看中国电影。对中国的认知变为"家族至上""集体主义""爱好和平"以及"以人为本"。超过60%的留学生对中国电影产生强烈共鸣，他们不仅希望开设电影类课程，更希望观看商业片中的喜剧片和青春片，同时希望影视文化类课程可以帮助他们学习汉语、理解中国文化价值观念和故事背景。

综上所述，本调查希望了解留学生来华前、后关于中国电影和中国的认知，以及对中国电影与文化类课程的需求。辨析这些需求与目前中国高校已有的中国大学生影视赏析课、大学英语影视课及现有的留学生电影类课程实际情况的距离，促进汉语国际教育界充分认识电影在汉语教学与文化传播中的重要作用，针对上述需求尽快规范和发展相关课程，促进课程研究，提升教学质量，进而更好地实现汉语教学与文化传播的目的。

（原载于《云南师范大学学报（汉语国际教育与研究版）》2021年第5期，此处有删节改动）

第二节　提问与讨论

一、范例展示前的提问

在范例6展示之前，引导汉硕生关注如下问题：①论文关注留学生哪一类课程问题？②论文中如何回应这些问题？③对将来的文化教学研究有哪些启示？

二、课堂讨论

范例6展示结束之后，汉硕生先分小组简单讨论，然后集体讨论，最后由教师分析并总结。一般范例展示和讨论在第一课时全部完成，教师在第二课时进行小结和分析。

范例6展示之后，汉硕生通过阅读范例，要讨论的是范例6论文为什么关注汉语国际教育文化教学中的影视与文化教学，调查结果发现了哪些问题。影视作品是大部分人感兴趣的内容，但如何与文化教学联系起来，值得探索。

第三节　分析与产出研究角度：使用与满足理论

一、从三方面对范例进行总结和分析

（一）总结范例提出的问题

电影以内容直观生动、信息容量大、可供多角度立体化学习的特点逐渐受到汉语国际教育界重视，最受留学生青睐的课堂活动也包括观看中文电影，汉语国际教育的各种课型都可引入影视作品，但来华留学生的中国电影与文化类课程还缺乏研究。经过随机访谈可以发现，留学生在来中国之前几乎没看过中国电影。相关调查也显示，虽然中国电影在周边国家的影响力欠佳，但电影本身仍是传播中国当代文化形象较为有效的途径。

汉语国际教育的总目标是培养学生的语言综合运用能力和文化意识，而中国电影就承载着丰富的文化内容，所以如何在教学中更好地利用影视作品

值得研究。目前，担任来华留学生中国电影课程教学的教师面临的挑战是：不了解作为教学基础的留学生对中国电影的认知情况，也不清楚留学生的中国电影课与中国学生的影视赏析课有何不同，更不了解留学生对中国电影课有哪些具体需求，自然也不清楚应该如何针对这些不同和需求开展教学。为此，范例6希望通过调查了解留学生对中国电影的认知和对电影与文化类课程的需求，以便教师掌握具体情况并能有针对性地开展教学，从而达到良好的教学效果。

（二）尝试解决路径

范例6进行了问卷调查，结果发现留学生来华前、后对中国电影的认知存在较大区别，对中国的认知也有较大差异。对于中国电影与文化类课程，70%的留学生对商业片感兴趣，尤其是喜剧片。有47.37%的留学生认为电影与文化类课程应介绍中国人的日常需求，对课程的期待中排名前三的是学习汉语、理解价值观念和故事背景。这表明中国电影影响着来华本科留学生对中国的认知，他们对中国电影感兴趣并希望开设电影与文化类课程，且对课程有较为一致的需求，但这些需求与中国高校已有的大学生影视赏析课、大学英语影视课差距较大，也与现有的留学生电影类课程实际情况有距离。而教师只有清楚地掌握了留学生的课程需求，才能有针对性地开展影视与文化教学。

（三）启发

影视作品进入课堂，向来是留学生喜爱的形式之一，但如何开展影视与文化教学则需要不断探索。范例6显示，调查研究是一个非常好的方法，通过调查可以了解留学生对课程的具体需求，但如何将调查结果与教学相结合，还需要不断思考。

二、产出研究角度：使用与满足理论

除了范例6已运用的调查研究方法，在传播理论方面还可以参考"使用与满足理论"。

使用与满足理论将关注焦点从传播者的目标转向接收者的目标（如范例6中的留学生）。使用与满足理论提供了受众需要与满足的分类，如信息（教育的）、幻想（逃避的娱乐）这两种。还有常见的十余种需要，如放松、娱乐、忘掉工作、与朋友交往、获知与己相关的事和别人的事、降低孤独感等,很多人在大部分时间对接受指导不感兴趣,只对一些温和的、令人愉悦的刺激感兴趣。如果接收者(如范例6中的留学生)有压力,则更倾向于有关轻松的需求。当然,媒介满足主要是社会环境和背景因素的结果,可能更多地依赖习惯。媒介使用者在处理信息时是有选择的、理性的,有时也是为了放松。而在暂时孤单的情况下,人们最常使用媒介来减轻孤独感(赛佛林、坦卡德,2006:252-260)。

从这一理论可以非常清楚地看出,范例6调查结果显示,来华留学生确实处于一个相对孤独的状态,所以倾向使用与情感相关、与占大比例的年轻留学生自身相关的影视作品来缓解孤独。而作为学生,他们也有接受课程内容的习惯,但令人愉悦的内容肯定是更受人欢迎的。作为教师,在开始有关课程之前,应该了解信息接收者的具体目标。

综上所述,汉硕生可以从范例6中得到启发,对于文化教学研究,除了关注作为信息载体的文化教材,也可以关注作为信息接收者的留学生,他们的需求会与其他人群不同。而关注信息的发送者、信息、接收者,都是文化教学研究的范畴。总之,在研究中可以借鉴传播学领域的使用与满足理论,将来在研究中集中考察信息接收者的需求,以及应该如何针对这些需求进行教学,从而不断开拓研究思路。

第十三章　影视文化课及其教学内容设计范例分析

[导　语]

1. 本编重点关注汉硕生文化教学研究能力的培养。文化教学研究能力属于汉硕生的专业能力，即汉硕生作为汉语国际教育领域从业者将来在教学工作中应具有的文化教学研究能力。

2. 本章讨论汉硕生可以从留学生影视文化课及其教学内容设计研究中发现的文化教学研究角度。

3. 本章采用"范例展示+分析+产出文化教学研究关键词"的体例编排。

[关键词]　文化三角形与叙事时间

第一节　范例展示

一、范例展示之前的准备

根据本编的安排，首先由教师展示范例7论文作为本章内容主体，接下来是本级汉硕生在课堂完成对范例7论文的讨论，最后教师总结并分析，进而从本范例产出文化教学研究关键词。

在范例课堂展示正式开始之前，本班汉硕生需要提前准备，在组长的组织下，共同完成范例7论文的课前阅读和小组分析。

二、范例展示

【范例7】

论影视文化课及其教学内容设计

一、影视与文化课界定

影视作品是直观了解中国社会文化的重要语言材料，但难以在汉语国际教育课堂上推广，因为教师很难找到操作性和针对性皆强的影视作品，学生也会遇到语言过难等问题，总之汉语国际教育影视课面临教师难教、学生难学的困境（杨毅，2010）。本文希望通过梳理文献，厘清影视文化课定义及课程影视作品选取标准，并以具体电影作品为例分层设计教学内容，通过教学实践整合成操作性较强的教学内容设计思路，使师生双方摆脱难教、难学的困境，进而助力汉语国际教育影视文化课规范化发展。

（一）独立设课的影视文化课

汉语国际教育中遇到的一些问题，可以通过影视作品找到切入点，但汉语国际教育中的影视文化课还缺乏研究。本文认为，为了更好地利用影视作品实现汉语教学文化传播目的，应该关注独立开设的影视文化课。影视文化课界定如下：面向来华本科留学生的文化知识课，以中国影视作品为教学内容，以传播中国文化观念和助力留学生顺利进行跨文化交际为教学目标。

（二）影视作品选取标准

目前有专门为汉语教学拍摄的教学影视，但表演、制作等方面难免粗糙，教学效果不佳。从情节内容、演员表演、表演场景、文化展示等方面考察，现成的影视作品可以兼顾这几个方面（王飙，2009）。此外，中国文化的教学与传播，须有当代视角与内涵阐释，以当代文化内容为大方向，展示发展变化的当代中国（李泉、丁秋怀，2017）。中国正处于传统农业社会向现代工业社会转型期，在汉语国际教育中要有限度地传播中国传统文化内容，要全方位介绍当代中国社会文化的现代化景观和当代中国人的文化精神风貌（冯小钉，2016）。而当代中国发展变化的一个突出特点是集体与个人同步发展，人们对自我的关注程度增加，接受个人应为自己的成败负责的观念（丽莎等，2014），所以课程可选取当代中国与个体价值观念相关的影视作品。

课程教学目标是文化，而与文化关系密切的是"故事"，讲故事原生地内含着文化价值尺度，故事传达、巩固及传承生活过程中建构起的价值理念。中国故事，能直接呈现中国人生活的价值系统（王一川，2013）。观看中国电影的留学生其实处于跨文化语境，会经常停留在最直观的视听语言层和故事层，并按照自己的理解来重构电影，所以一部"好看的电影"比"深沉的电影"更容易跨越文化间壁垒（宋苏晨，2004）。此"好看"指故事可读性强，易理解，令人感兴趣或轻松愉快（罗钢，1994：253）。

总之，本文认为现成的、与当代中国个体价值观念相关的、易理解、令人愉快的故事性影视作品，最适合入选独立设课的汉语国际教育影视文化课。

二、教学内容层次设计参考与课前准备

（一）"文化三角形"与影视作品解读层次

汉语教学是传播，而传播是一个系统过程，在其中，人们通过符号相互作用，从而产生意义（伍德，2009：11）。影视文化课中，教师要通过教学内容的设计帮助学生解读影视作品，理解其中的文化意义，从而达到传播目的。

文化意义与"文化三角形"相关，"文化三角形"底端是"文化活动"和"文化产品"，顶端是指与世界观密切相关的"文化概念"（陈绂，2006）。"文化三角形"在美国《21世纪外语学习标准》中指：文化观念（perspectives，包括含义、态度、价值观、观点等）、文化习俗（practices，包括社会交往方式）与文化产物（products，包括书籍、食品、工具、法律、音乐、游戏等）。三者互相联系、互相影响。文化习俗和文化产物都与文化观念相关（罗青松，2006）。

影视解读也分三层：第一层次为视听层，包括语言、景观等视听符号；第二层次为故事层，即通过视听语言构成一个连贯的、具有意义的故事；第三层次是深层的内在结构，观众在这一层结合自身文化语境对影片所表达的社会意义做出阐释（宋苏晨，2004）。

本文拟结合"文化三角形"和影视解读三层次形成复合的三层次教学内容设计，将影视解读三层次对应电影中的文化三角形。首先，解读影视作品中的语言符号即电影（此处的电影相当于具体而微的"文化"）中的文化产物；其次，从（具体电影展示的）文化习俗方面理解作品中连贯而有意义的故事；最终，理解作品所表达的社会意义和价值传递，即（具体电影传播的）文化观念。因为电影研究涉及电影理论、符号学、美学、文化批评等诸多领域，本文只关注其故事层面。

接下来以电影《夏洛特烦恼》（以下简称《夏》）的故事为例说明如何设计教学内容层次。

（二）课前准备 a：理清故事的叙事时间以便切分电影段落

《夏》于 2015 年国庆档期上映，连映多日，不仅取得近 15 亿元的票房收入，还成为人们茶余饭后的谈资（梁香伟，2016）。上映后期社会热度持续发酵，被称为现象电影（董志远，2016）。研究界对其评论颇多，但还没有人从汉语国际教育文化教学的角度对其进行过分析。

《夏》讲述了主人公追求成功的故事，通俗易懂，与当代中国个人价值观念相关，符合前文所述课程影视作品选取标准，即现成的、当代的、"好看"的故事性作品。

叙事时间"是根据心理时间建构的"（略萨，2000：51），《夏》的叙事时间就是根据主人公心理活动安排的，所以教师在课前应根据叙事时间将电影切分为三段落：现实中参加同学婚礼（以下称"电影段落 a"），梦回高中获得成功（以下称"电影段落 b"），梦醒回归现实（以下称"电影段落 c"）。

（三）课前准备 b：确定故事三段落具体学习内容为语言、故事和意义

1. 围绕人物评价学习作为文化产物内容的电影语言

影视文化课是选修课，选课学生语言水平高低不同，所以不能按照 HSK 词汇难度等级来设计教学中的语言点。《夏》是追求成功梦想的故事，其中有不少他人对主人公及主人公对自己的评价，所以在电影每一段落的教学内容设计中，课程首先确定了电影中与人物评价相关的语言符号。

2. 围绕人物互动解读作为文化习俗内容的电影故事

《夏》是故事性电影，如同所有叙事作品一样，电影中的人物不是天然存在的，而是被叙事建构的。人物的语言、形象、与其他人的关系确定着人物形象（巴尔，1995：96-97）。"文化三角形"中的文化习俗包括人际互动在内的社会交往方式，所以课程确定了对故事的解读要围绕《夏》各段落中作为文化习俗的人物互动。

3. 围绕事件因果链条解读作为文化观念的电影意义

电影是有意义的，其意义来自放映时接踵而至的形象，而形象的连续性构成了不可逆转的意见陈述，电影就这样通过画面引导观众向电影摄制者的结论靠拢（伯格，2015：33）。《夏》三段落之所以能发展下去，是通过事件的因果联系，某原因引起某结果，这结果又成为原因，因果链条按故事时间顺序发展到最后，完成整个故事。所以课程确定了关于意义的解读，要围绕《夏》各段落中事件因果链条背后阐释的文化观念。

三、《夏》三段落教学内容层次具体设计

（一）电影段落 a：现实中参加同学婚礼

1. 围绕人物的评价及发送者解读语言符号

电影段落 a，夏洛在现实中方方面面遭遇失败。他一出场就打肿脸充胖子，把妻子辛辛苦苦攒下的钱拿去随礼给以前的暗恋对象秋雅，为此他不仅坐着小舅子借来的豪车兜圈，还穿了一身没剪吊牌的西服，左胸口袋插上一支羽毛，结果跟司仪"悲催"地撞衫了，酒席上又被老师说成"二傻子"，同学袁华（与秋雅是当年的校园情侣，被夏洛视为对手）作诗讽刺其"装鸡毛"。其成功假象被妻子马冬梅拆穿，他恼羞成怒后推搡妻子并被其追打，内心哀叹自己成了一个"教科书式的大傻子"，是"窝囊废"。这部分语言符号解读集中在凸显主人公各方面失败的语言点上：悲催、"二傻子"、装鸡

毛、教科书式的大傻子、窝囊废，其中关于人物评价的语言发送者分别是老师、对手、自己。

如同叙事中的人称变化一样，电影中对人物的评价就像叙事聚焦，即把目光集中在人物的身上。当被聚焦者（被评价的）是人时，被聚焦者可以从外面和里面被观察（凯南，1989：146）。电影段落 a 里主人公既被别人骂"二傻子""装鸡毛"，也被自己骂"窝囊废"。通过解读可以看出，《夏》要表现一个人是否成功，可以借助他本人和周围人对他的评价语言。电影段落 a 的人物评价语言符号见表 2-2。

表 2-2　电影段落 a 的人物评价语言符号

解读层次	语言符号	发送者	小结
人物评价语言符号	悲催	自己	所有人都对他不满意
	二傻子	老师	
	装鸡毛	对手	
	教科书式的大傻子	自己	
	窝囊废	自己	

2. 围绕人物的正、反面互动解读故事

本文把电影中对主人公的鼓励赞美计为正面互动，贬低则是负面互动。通过统计可以发现，夏洛在电影段落 a 里，承受的全是负面互动。他参加秋雅的婚礼，同学看不起他，老师记得他是"二傻子"，袁华作诗嘲讽他"装"，妻子说他穿得像个鸡毛掸子。电影段落 a 的人物互动见表 2-3。

表 2-3　电影段落 a 的人物互动

解读层次	人物互动	正/负面	小结
人物互动	同学看不起	负面	全是负面互动
	老师说他"二傻子"	负面	
	袁华嘲讽他"装"	负面	
	妻子说他像个鸡毛掸子	负面	

3. 围绕事件因果链条及奖惩解读意义

电影段落 a 里，夏洛一开始"装"，所以接下来"被追打"。电影中事件的因果链条类似中国传统的"赏善罚恶"故事叙事功能（罗钢，1995：53-57），通过主人公被奖励或被惩罚，阐释什么可以做、什么不可以，最后完成电影的意义输出。

《夏》一开始主人公说"有的人缺铁，有的人缺钙，而我最缺的是面子"，此"面子"可理解为"成功"。目前，中国人的成功观包括外在报酬、内在满足与和谐平衡三个维度。外在报酬指物质报酬、权力地位、安全稳定等；内在满足指才能发挥、获得认同、自由快乐；和谐平衡指工作家庭与关系网络平衡（周文霞、孙健敏，2010）。对照成功观的三个维度，可以发现主人公在段落 a，既没有外在报酬——妻子说他没有挣过一分钱，也没有权力地位——他在婚礼宴席上差点没座位，更没有和谐平衡——周围人轻视、妻子也不满。但电影段落 a 中所有对主人公的评价都从"钱"开始，突出了成功观"物质"的部分。电影段落 a 的因果链条及相应奖惩见表 2-4。

表 2-4　电影段落 a 的因果链条及相应奖惩

解读层次	因	果	奖/惩	成功观三维度情况
因果链条及相应奖惩	虚荣地参加婚礼并推搡妻子	被妻子追打	被惩罚	外在无报酬（没钱） 内在不满足（自己不开心） 关系不和谐（所有人都不满意）

从表 2-2 至表 2-4 可以看出，电影中夏洛各方面失败，别人轻视嘲笑，他对自己也不满意，与所有人的互动都是负面的，成功观三维度都没有得到满足，所以电影故事推进到段落 b，他要穿越回高中改变命运争取成功。

（二）电影段落 b：梦回高中获得成功

1. 围绕人物的评价及发送者解读语言符号

在电影段落 b 中，夏洛穿越回高中，将后世出现的当红歌曲据为己有并大获成功，曾作诗嘲讽他的袁华因父亲倒台而沦落，为了讨好功成名就的夏洛再次作诗，奉承其"英姿飒爽鸡毛装"。此时，语言符号解读集中在主人公的成功以及对手的沦落上：我要"火"啦、造化弄人、英姿飒爽鸡毛装。关于人物评价的语言发送者分别是自己、跟班、前对手。电影段落 b 的人物评价语言符号见表 2-5。

表 2-5　电影段落 b 的人物评价语言符号

解读层次	语言符号	发送者	小结
人物评价语言符号	我要"火"啦	自己	主人公成功，对手沦落
	造化弄人	跟班	
	英姿飒爽鸡毛装	前对手	

2. 围绕人物的正、反面互动解读故事

在电影段落 b 中，夏洛获得成功后，老师表扬他，校长接受采访讲述他的故事，他的照片被作为名人相挂在教室墙上，他成功地从袁华手上夺走秋雅。但夏洛生病后，妈妈和他的跟班在一起了，秋雅早就抛弃了他，只有和大春成为夫妻的马冬梅爬窗进医院来看他。电影段落 b 的人物互动见表 2-6。

表 2-6 电影段落 b 的人物互动

解读层次	情境	人物互动	正/负面	小结
人物互动	成功后	老师表扬，校长讲述其故事，照片被挂在教室墙上，从袁华手上夺走秋雅	正面	成功后，全是正面互动；生病后，基本全是负面互动
	生病后	妈妈和他的跟班在一起，秋雅抛弃他，只有马冬梅爬窗进医院看他	基本负面	

3. 围绕事件因果链条及奖惩解读意义

在电影段落 b 中，因为获得成功，所以夏洛先是被老师表扬，被校花爱慕，他也可以在大型选秀节目现场，梳着夸张的发辫，胸前的羽毛高高飘扬。后来因为他在节目录制现场暴打选手，随便应付客户写歌需求，与泳装女郎出海艳游，所以创作枯竭，妻子背叛。最后更因为患上绝症，众叛亲离，生命垂危。电影段落 b 的因果链条及相应奖惩见表 2-7。

表 2-7 电影段落 b 的因果链条及相应奖惩

解读层次	因	果	奖/惩	成功观三维度情况
因果链条及相应奖惩	成为红歌星	老师和学校以他为荣，他夺得秋雅	被奖励	外在报酬高（出名了） 内在满足（获得认同） 关系表面和谐（被大部分人包围，马冬梅悄悄离开）
	打选手，应付客户，与泳装女郎艳游	创作枯竭，秋雅背叛	被惩罚	外在报酬高（人红了） 内在不满足（自感写不出歌） 关系不和谐（暗恋对象秋雅虽成妻子，但二人无交流）
	患上绝症	众叛亲离，生命垂危	被惩罚	外在不安全（身患绝症） 内在不满足（想用一切跟大春交换） 关系不和谐（众叛亲离）

从表2-5至表2-7可知，主人公成功后，人人夸赞，秋雅也成为自己的妻子，昔日对手袁华献上赞颂，互动基本都是正面的。但当他身患绝症，一切又成泡影，除马冬梅之外，互动再次全变成负面，所以电影即将推向段落c，主人公要从噩梦中惊醒回归现实。

通过这部分解读，教师应引导学生在连贯故事时，注意其中以人物互动为表现的文化习俗，即中国人看待个人成功，不仅看重个人看法，还看重亲人、老师、同学、伴侣等社会关系的互动。因为中国仍是崇尚集体主义的国家，集体主义因素是个人幸福感的重要预测指标（丽莎 等，2014）。

（三）电影段落c：梦醒回归现实

1. 围绕人物的评价及发送者解读语言符号

电影段落c，出场的主要人物只有夏洛和妻子。夏洛梦醒后，以夸张的形式黏在妻子马冬梅身上，后者不得不提醒他"注意点场合"。此时，语言符号解读集中在主人公对妻子夸张的依恋上：注意点场合。语言发送者是妻子。电影段落c的人物评价语言符号见表2-8。

表2-8 电影段落c的人物评价语言符号

解读层次	语言符号	发送者	小结
人物评价语言符号	注意点场合	妻子	其他人缺席

2. 围绕人物的正、反面互动解读故事

电影段落c，梦醒回归现实部分，人物互动非常简单，主人公与妻子马冬梅狂吻之后，开始不分场合地黏在妻子马冬梅身上，后者脸上带着微笑，明着嫌弃，实则欢喜。电影段落c的人物互动见表2-9。

表2-9 电影段落c的人物互动

解读层次	人物互动	正/负面	小结
人物互动	主人公醒来，狂吻妻子后不分场合地黏在妻子身上	正面	其他人缺席

3. 围绕事件因果链条及奖惩解读意义

因为夏洛一直保持着树懒的形象黏着马冬梅，所以他虽然再次被妻子推搡，但这次推搡带着微笑。电影段落c的因果链条及相应奖惩见表2-10。

表2-10 电影段落c的因果链条及相应奖惩

解读层次	因	果	奖/惩	成功观三维度情况
因果链条及相应奖惩	黏着妻子	妻子微笑	被奖励	外在报酬（空缺） 内在满足（空缺） 和谐平衡（马冬梅微笑）

通过表2-8至表2-10可以发现，夏洛最终梦醒回归了家庭。但综合表2-2至表2-10可以看到，电影《夏》的主人公夏洛无论在故事哪一个阶段都没有做到外在报酬、内在满足与和谐平衡的统一。

电影三段落之间的因果关系见表2-11。

表2-11 电影三段落之间的因果关系

具体段落	原因	结果
电影段落a	主人公不成功	所有人都不满意
电影段落b	主人公在梦中成功	主人公短暂满意之后，身患绝症，众叛亲离
电影段落c	回归现实	夫妻双方满意

通过表2-11可以发现，电影的三个段落互为因果关系，段落a里主人公在现实中各方面都很失败，所以进入段落b在梦中成功，却在短暂浮华之后身患绝症众叛亲离，然后主人公从梦中惊醒回归现实，电影进入尾声即段落c。成功有三个维度：外在报酬、内在满足与和谐平衡。电影段落a里主人公在三个维度上一无是处，在段落b则大起大落，在段落c只剩下一个维度。从成功观的三个维度来看，夏洛从未获得真正成功。

现实社会中，相当一部分人对职业成功的评价标准存在一些偏见和误解，有的过于注重外在物质标准，忽略内在主观感受，或过于追求大众的职业观，没有明确的职业取向，要么过于注重近期利益，忽视未来发展，还有的过于追求自身职业发展，忽略工作与家庭平衡。而科学职业成功观的形成需要整个社会的努力（刘宁等，2008）。所以电影《夏》没能通过主人公的追求圆满地回答什么是成功，正是从某种程度上反映了中国现实，即当代中国人普遍认同的职业成功观还在形成过程中。

扎根于不同文化中的概念隐喻表现出一定的文化共性，体现了不同文化的共核部分，这是构成不同文化相互理解的基础，它有利于跨文化信息的顺利传递和不同文化之间的交流（廖华英、鲁强，2010）。对成功的追求也属于文化共性，本文通过对电影《夏》的复合三层次教学内容设计，让教师逐层理顺教学思路，让留学生逐层学习语言点，了解故事，并理解电影中的中国文化观念，即当代中国人跟世界上其他人一样向往成功，在追求成功的道路上也会遭遇各种不平衡。这有利于他们理解中国人，进而更顺利地进行跨文化交际。

综上所述，通过课程实践，本文认为，影视文化课应选取现成的、容易理解的、"好看"的故事性影视作品，再按具体作品的叙事时间划分教学段落，并借鉴"文化三角形"和影视解读层次理论，将每一个教学段落的教学内容细分为语言、故事和意义三层次。这种复合三层次教学内容设计将改善影视文化课教师难教、学生难学的困境，进而为汉语国际教育影视文化课的规范发展提供思路。

（原载于《华文教学与研究》2021年第4期，此处有删节改动）

第二节　提问与讨论

一、范例展示前的提问

在范例7展示之前，引导汉硕生关注如下问题：①论文关注留学生影视与文化课程什么问题？②论文中如何回应这些问题？③对将来的文化教学研究有哪些启示？

二、课堂讨论

范例7展示结束之后，汉硕生先分小组简单讨论，然后集体讨论，最后由教师分析并总结。一般范例展示和讨论在第一课时全部完成，教师在第二课时进行小结和分析。

范例7展示之后，汉硕生通过阅读范例，要讨论的是论文通过什么方式将一部娱乐性的电影切分为条理清楚的汉语国际教育文化课教学内容，范例7借鉴了哪些理论。

第三节　分析与产出研究角度：
"文化三角形"与叙事时间

一、从三方面对范例进行总结和分析

（一）总结范例提出的问题

影视作品是直观了解中国社会文化的重要语言材料，但目前仍然难以在汉语国际教育课堂上推广，因为教师很难找到操作性和针对性皆强的影视作品，学生也会遇到语言过难等问题。总之，汉语国际教育影视文化课面临教师难教、学生难学的困境。

（二）尝试解决路径

范例 7 通过梳理文献，首先界定了汉语国际教育影视文化课的定义，确定了课程中的影视作品选取标准，然后以电影《夏洛特烦恼》为例，借鉴"文化三角形"和电影解读层次等理论，将教学内容分为语言符号、故事和意义三层次来进行教学。经过教学实践凝练出的复合三层次教学内容设计，不仅有助于完成课程文化传播目的，也为汉语国际教育影视文化课的规范发展提供了思路。

（三）启发

影视作品进入课堂，向来是留学生喜爱的教学形式之一，但如何具体开展影视与文化的课程教学，目前还需要不断探索。范例 7 通过大胆地跨界和借鉴，摸索出一个实践性较强的复合三层次教学内容设计框架。

二、产出研究角度："文化三角形"与叙事时间

在范例 7 中，有非常清晰的"跨界"印迹。按照目前通行的解释，跨界本来的意思是从某一属性的事物，进入另一属性的运作。跨界的本质是整合或融合。即通过资源的某一特性与其他表面上不相干的资源进行搭配应用，可放大资源的价值，或者融合而成一个完整的独立个案。

汉语国际教育本就属于交叉学科。范例 7 运用跨界的思路，用文学研究方面的叙事时间和奖惩链条的推动逻辑将不容易划分教学内容的电影切分成

三部分。同时，运用"文化三角形"将影视三层次解读——落实到电影的每一部分，让电影与汉语文化教学实现了有机融合，完成了包含语言学习和文化输出的教学目标，也能使留学生在比较愉悦、轻松的氛围中，更好地理解中国人，实现汉语国际教育的目标。

汉硕生可以从范例7中得到的启发是，对于文化教学研究，在面对目前汉语教学界尚无较为规范的教学模式的课程时，可以运用跨界思维，将目光转向与汉语国际教育相关的其他领域。例如，在与故事相关的课程中，借鉴文学研究方面的叙事学理论，同时结合文化研究的成果，逐步规范汉语国际教育文化教学的新型课程，在探索中不断开拓研究思路。

第十四章　中国当代电影女性人物形象研究范例分析

[导　语]

1. 本编重点关注汉硕生文化教学研究能力的培养。文化教学研究能力属于汉硕生的专业能力，即汉硕生作为汉语国际教育领域从业者将来在教学工作中应具有的文化教学研究能力。

2. 本章讨论汉硕生可以从中国当代电影女性人物形象研究中发现的文化教学研究角度。

3. 本章采用"范例展示＋分析＋产出文化教学研究关键词"的体例编排。

[关键词]　文本分析

第一节　范例展示

一、范例展示之前的准备

根据本编的安排，首先由教师展示范例8论文作为本章内容主体，接下来是本级汉硕生在课堂完成对范例8论文的讨论，最后教师总结并分析，进而从范例8产出文化教学研究关键词。

在范例课堂展示正式开始之前，本班汉硕生需要提前准备，在组长的组织下，共同完成范例8论文的课前阅读和小组分析。

二、范例展示

【范例8】
第二语言教学视域下的中国当代电影女性人物形象分析
一、引言
进入以汉语作为第二语言教学领域之初的老师，觉得最难回答的留学生提问可能是，中国人是什么样的。调查结果也显示亚洲、欧美、非洲地区的来华留学生虽然对中国文化的关注点不完全相同，但普遍关注中国人际交往中的文化（薛媛，2014：23）。这说明，留学生对中国人始终好奇，而电影可以帮助留学生理解中国人和中国。因为电影是一种文化商品，许多国家都把电影作为国家形象名片，作为传播自己差异性文化的一种有效手段。电影作为社会文化终端器的作用仍然存在，参与形塑一个国家的文化和一个社会的价值以及生活形态（戴锦华，2015）。所以通过电影让留学生了解中国人，是非常好的切入点，毕竟最受留学生青睐的课堂活动之一是看中文电影。

但影视教学难以在汉语国际教育课堂上推广，因为教师很难找到操作性和针对性强的影视作品，学生也会遇到语言过难等问题。本文认为，可以通过帮助学生解读有关影视作品中的中国人形象，帮助留学生了解中国人。中国人形象归属中国形象，后者指包含了中国的自然景观、地域风貌以及人文特色的综合国力的集合体。21世纪以来，中国电影对中国形象的展现大致可分为：古代中国、近代中国、现代中国（邓春蓉，2016）。对于第二语言教学来说，最能反映当代中国情况的影视作品适合进入教学领域。因为中国文化的教学与传播，应以当代文化内容为大方向，展示发展变化的当代中国。而解读当代电影中的女性形象有助于留学生了解中国人。电影中的女性形象作为电影形象中的重要组成部分，自21世纪以来被愈加赋予新色彩。女性形象、女性意识也成为映现社会现实与时代征候的典型剖面或缩影（黄颖，2016）。理解电影中的女性形象，可以帮助留学生理解中国人和中国。

留学生看中国电影其实处于跨文化语境，会经常停留在最直观的视听语言层和故事层，所以一部"好看的电影"比"深沉的电影"更容易跨越文化间壁垒。而"好看"指故事可读性强，易理解，令人感兴趣或轻松愉快。讲故事内含着文化价值尺度，故事传达生活过程中的价值理念。中国故事能直接呈现中国人生活的价值系统。所以本文认为，在教学中指导留学生解读中国电影中的女性人物，可以帮助他们解读电影故事背后呈现的中国人的价值观念，从而帮助他们理解中国人，进而提升汉语国际教育影视文化课教学效果。

二、开心麻花电影研究

2015年9月，由开心麻花舞台剧改编的电影《夏洛特烦恼》（以下简称《夏》）成为票房黑马，继而拉开了国产喜剧改编电影的大幕。《夏》的口碑票房双丰收为国产话剧打了一剂强心针。随后，《驴得水》（以下简称《驴》）等由舞台剧改编的电影相继问世（蔡萍，2017）。相关研究也接踵而至，有不少评论关注开心麻花影片中的女性形象，认为《驴》构建和刻画的

"非弱即暴"的女性形象是阐述重点。一方面表现了在当时的社会语境下，女性形象被歪曲的现状；另一方面也再现了女性掌控自己命运的顽强斗志（黄福奎，2017）。尤其《驴》中以张一曼作为影片中最核心的女性角色，不仅呈现了从身体到意识上的女性主体构建过程，也对男性权威进行了反抗，她的命运与悲剧揭示了女性长久以来受到的不公正对待，这种情形不仅存在于历史中，而且是现代社会依旧未能彻底解决的问题（曲明鑫，2017）。而《夏》则延续了对女性的传统偏见，强化男性拼搏，淡化女性自强，凸显了社会对女性的性别期望（张宝玲，2015）。

显然评论者都关注到了开心麻花电影作为喜剧电影的代表凸显的问题，尤其是在价值观念方面，存在较强的传统偏见。

《夏》和《驴》作为大热电影，上映后期社会热度持续发酵，虽然人们对其评论颇多，但还没有从汉语国际教育文化教学的角度对其进行过分析。而作为汉硕生的教师需要面对的问题是，来华留学生同样喜欢观看热门喜剧电影，如何充分利用其观影兴趣，让留学生通过喜闻乐见的喜剧电影更好地理解中国人。为此本文拟从图像符号、故事和价值三方面进行教学设计，以帮助留学生解读喜剧电影中的女性人物，更好地理解中国人和中国。

三、《夏》《驴》女性人物的三层次解读

汉语国际教育中，语言教育与文化传播相辅相成，语言为桥梁，文化为舟楫。教师在教学中不仅要教授汉语，更深层目的是以汉语为载体，以教学为媒介，在潜移默化中传播中国文化（崔希亮，2012）。而传播是一个系统过程，在其中，人们通过符号相互作用，从而产生意义（伍德，2009：92-99）。影视文化课中，教师应通过教学内容的设计帮助学生解读影视作品，理解其中的文化意义或价值观，从而达到传播目的。

宋苏晨（2004）将跨文化影视解读分为三个层次：第一层次为视听层，包括语言、行为、景观、构图等视听符号；第二层次为故事层，即通过视听语言构成一个连贯的、具有意义的故事；第三层次是深层的内在结构，观众在这一层结合自身文化语境对影片所表达的社会意义做出阐释。

本文拟结合上述影视解读三层次和叙述学等理论形成三层次教学内容设计。首先，解读影视作品中的图像符号（在本文中，重点放在女性人物的头发及相关图像上）；其次，理解作品中连贯而有意义的故事；最终，理解作品所表达的社会意义和价值传递，即（具体电影传播的）文化观念。因为电影研究涉及电影理论、符号学、美学、文化批评等诸多领域，本文只关注其故事层面。

探讨电影的女性人物塑造，头发是一个有趣的切入点。因为头发作为身体的特殊组成物，往往可能成为符号代码，指陈着人的性别、年龄、身份、角色，包含丰富的文化所指（杨柳，2009）。《夏》《驴》两部电影的女性人物头发都有相似的设计、前后都有变化，考察这些相似与变化，可以发现开心麻花电影对女性人物塑造的某种倾向，而这倾向就传递了作品的价值观。

电影人物是如何被建构的？根据叙述学理论，在叙述过程中，相关特性以不同的方式经常重复，因而表现得越来越清晰，所以重复就是人物形象建构的重要原则。此外，资料的累积也在形象的构造过程中起作用。特征的累积产生零散事实聚合，它们相互补充形成一个整体：人物形象。与其他人的关系也确定人物的形象。人物也是会变化的。重复、积聚、与其他人物的关系以及转变，是共同作用以构造人物形象的四条不同原则（巴尔，1995：90-98）。

两部电影中，女性人物发式的设计、相似的头发图像积聚对应电影解读的第一层即图像符号解读，而与其他人的互动则推动了故事的发展，围绕头发的变化则传递了隐含的价值观。接下来，本文将按照这三层的顺序解读电影中的女性人物形象。

（一）电影第一层解读：头发图像符号

1. 头发长度的重复

研究认为，头发的长短隐隐透出象征意味。通常长头发带有"女性化"的象征意义，短头发一般是"男性化"象征。如果女性剪短发，就有干练、强势或"女汉子"的意味。现在这种象征正在减弱，但并不意味着与头发相关的象征已消失。发式性别识别的模糊化倾向有着鲜明的地域、职业、文化和时尚特征，这种象征性从另一角度看，正是对身体的一种规训与宰制（徐莉，2005）。

《夏》里的主要女性人物马冬梅和秋雅都是长发，《驴》的核心女性人物张一曼也是长发。可见，开心麻花电影的主要女性人物基本都是长发发式，有着非常相似的"女性化"设置。这体现出开心麻花电影在女性人物发型设置上的偏好是"女人味"十足的。

在一个多元化的社会文化环境下，人们对发式修饰的思维方式也开始发生裂变，长期约定俗成的性别印象渐渐被打破，发式性别标识的模糊化成了一种发展趋势。但是两部电影却似乎仍然在固化长发才是女性人物的女人味标配这一传统意识。

2. 相似情节聚合：男性人物占有与头发相关的视点镜头

在两部影片中，在某些特殊镜头里女性人物的头发都会得到额外的光线展示，在此背景下，其他景物虚化，唯有女性人物的头发有亮光。而此刻，她们都被男性角色的眼光注视着。这就是电影中的视点镜头，它类似福柯笔下的话语权，交替出现在画面中的人物并非彼此充当着对方的能指和所指，而通常只有一个人物占有视点镜头，从而形成一对"看"和"被看"的关系。通常是一个为阶级地位、阶级偏见、习俗、主流意识形态所肯定的人物得以占有视点镜头，而将对方（如影片中的秋雅）置于他目光的判断与审视之中（戴锦华，2007：15）。解读电影的符号层，可以看到占据视点镜头的是镜头后隐身的男性人物。

《夏》中刚刚穿越回高中的夏洛，误以为是梦境中，因而大闹教室甚至对老师大打出手之后，正在讲台上乐不可支地大喊"梦做得，爽！"，忽然从讲台上一眼瞅见了正怯生生挤出个微笑看他的秋雅，后者貌似被他刚刚的行径惊住了。此时，镜头里后面的同学面目模糊，黄暖的光线从秋雅的后侧射过来，只有她的脸和头发熠熠发光。这正是一个经典的视点镜头：为习俗、主流意识形态所肯定的人物（夏洛）得以占有镜头，而将对方（秋雅）置于他目光的判断与审视之中。

在梦境里一直追着夏洛跑并且总不受待见的马冬梅却在多年后也得到了类似的头发图像镜头。当梦境中的夏洛功成名就却忽然得知学生时代的马冬梅默默为自己付出巨大代价并被迫远走他乡时，忍不住带着感激、唏嘘和追忆来到了他成年后在现实生活中曾与马冬梅生活过的小屋走廊上，并再次见到了马冬梅。

接下来的镜头里，曾经闹过东施效颦笑话、画过可怕的美妆、甚至手持板砖拍过那姐的粗糙莽撞的马冬梅在镜头里得到了一个黄暖色调的特写，此刻她身后的背景模糊，而她妆容精致，更有光线在她的左侧发间闪亮。夏洛回转身，心情复杂地带着唏嘘和追忆静静地久久凝视着她。此时，马冬梅被放置于夏洛的目光之中被审视，占据视点镜头的正是夏洛。

《驴》中，张一曼在教室外剥蒜皮，唱着《我要》，裴魁山含笑走过来向她表白，邀请她一起去昆明任教。此时，镜头里也只有张一曼的面容清晰，有光线在她左侧的发间闪着光芒。裴魁山正清楚地告诉她，我喜欢你，别人那样说你是因为他们不了解你。此时张一曼也被放置于裴魁山的目光之中被审视，占据视点镜头的同样是男性人物。

总结两部电影关于主要女性人物的发式和围绕头发的视点镜头，可以发现，当女性人物是男性人物的捕获目标时，如秋雅；或有助于男性人物时，如施恩不望报默默奉献然后远走他乡的马冬梅；或是展现出贤惠特质时，如张一曼一边准备饭菜一边唱歌，《夏》和《驴》中的男性人物都会占据视点镜头，用他们的眼光通过镜头给女性人物的头发及面部一个相似的色调柔暖的特写。在这些画面中,男性人物作为一双无形的眼睛而存在,将女性人物放置在其审视之下。

(二) 电影第二层解读:围绕头发的互动情节推动故事发展

《夏》和《驴》都是故事电影,而故事是叙述时间生活的,同时也包含价值生活。前者指客观的外部事实,后者指人的主体"情感生活"。故事情节对人的吸引力是表层结构,其中的价值生活是审美兴趣的深层结构。故事一定意味着时间在宏观上的运动和变化,而任何价值生活归根到底是被包裹在时间生活之内(徐岱,2010:163-168)。接下来,本文将解读围绕头发的互动如何推动故事情节在时间上发展,价值部分则放在第三层解读讨论。

长发是女性人物的,而围绕头发,两部电影都有互动情节。电影《夏》里,梦境中的秋雅被完全忽视个人意愿地强吻,她的头发被夏洛一把按住。此时,男性主人公似乎通过掌握头发,完成了他的梦想——追求校花。而在镜头里,秋雅本人没有头发处置权,也来不及表示反对。

电影《驴》里,张一曼有三次围绕头发的互动。一次是她在"睡服"小铜匠之后,第二天小铜匠离去前特意等着她然后告别,夸她头发卷卷的好看,她就大方地剪下一缕头发,说给你一点吧。此时,张一曼掌握着自己头发的主动权,她可以赠予对方。第二次互动,张一曼看小铜匠老婆闹到了学校,也看出大家希望由她承担责任,所以违心地辱骂小铜匠是牲口,让小铜匠死心。等小铜匠颤抖着手拿出口袋里的头发扔在地上以后,张一曼蹲下捡起来说"对不起啊,铜匠"。此时,张一曼失去了头发的处置权,她的头发被小铜匠抛弃。第三次互动,张一曼被逼不得已的校长剪掉了长发,则完全丧失对头发的处置权。

总结两部电影与头发相关的互动可知,在与头发相关的互动镜头里,电影《夏》里的秋雅完全处于被动,没有获得自己头发的处置权。电影《驴》里的张一曼第一次互动是主动赠予头发,第二次是无奈地捡起自己赠出又被抛弃的头发,第三次则是长发被校长剪掉,完全失去头发。如果长发代表女性的"女人味",那么,在两部电影中,考察围绕它的互动,可以发现女性人物并未拥有自身"女人味"的处置权。

(三) 电影第三层解读:围绕头发的奖惩变化

电影也是传播活动,作为一个系统过程,在其中,人们通过符号相互作用,从而产生意义。而电影中的意义来自电影中事件的因果链条,类似中国传统的"赏善罚恶"故事叙事功能(罗钢,1994:53-57),通过主人公被奖励或被惩罚,阐释什么可以做、什么不可以,最后完成电影的意义输出。在电影《夏》和《驴》中,通过围绕头发的色调变化传递了价值观。

电影《夏》第一次出场的马冬梅是在片头。一开场的现实生活是黑白色的，黯淡的背景中，马冬梅的头发胡乱塞在一顶劣质的太阳帽里，追打假装潇洒却彻底穿帮的夏洛，让夏洛本就不多的面子完全丢光。这时候的马冬梅处于黑白调中。因为明调打光的气氛一般阐释影片中丰富而充满色彩的风貌。暗调打光则往往制造黑暗阴郁的气氛（卡温，2003：179）。明暗具有象征意义，一般用黑暗象征恐怖、罪恶和不可捉摸，光明通常代表安定、道德、真理和欢乐（贾内梯，1997：11）。

而被塑造成女神的秋雅，虽然在夏洛梦境中出场时有发间光芒加持，可后来她真的变成了功成名就的夏洛之妻，当她命令其他人为闹出事的夏洛做形象公关时，镜头里她再也没有了发间光芒，甚至连镜头的色调也变成了暗黑色。

电影《驴》里张一曼自主决定要"睡服"小铜匠，干脆地拒绝裴德山的表白。喜欢小铜匠对自己头发的单纯赞美，很爽快地剪下一缕并赠出。青丝，在传统文化里，也是"情丝"。张一曼觉得自己能够自主赠予他人。小铜匠珍藏了这缕青丝。当纷乱来临，张一曼被逼骂小铜匠牲口，小铜匠扔掉了这缕青丝，转而胁迫张一曼所有男性同事辱骂她，甚至逼迫张一曼尊敬的男性长辈——校长无情地剪掉她全部青丝。此时，不仅张一曼的头发处于暗色中，更突出的是，她处在图像的远景中。

在图文关系中，若图像中的某个人物直视着读者，该图像表示一种"要求"，图像人物要求读者进入某种想象性关系。若图像人物没有直视读者，该图像在表达一种"提供"，即把图像人物作为信息提供给读者。图像色彩的运用、细节和背景的展示能传递一定的情态意义。图像人物处在远景中，这会进一步强化"提供信息"这种意义（杨增成，2019）。所以张一曼处于远景中，仅仅是提供信息的状态，而无法表示要求。她和模糊的暗色调一起形成了一种黑暗和向下的不祥氛围。

头发代表"女人味"，是具有性诱惑力的东西。同时，又可能被描写为严肃神圣的物品。这意味着，女人的头发不再是普通意义上的头发，它被赋予了一定社会意蕴，是一种隐含着特殊而丰富意义的象征性话语。既有可能象征着女性独有的魅力，也可能被描写成"神圣"物品，等同于女性的"名誉"（马弦，2016）。所以张一曼赠送的一缕青丝，被小铜匠认为是女性魅力的一部分，或是她身体、感情甚至阶层或名誉的一部分。当发现张一曼的赠予实际上毫无意义，并不代表赠予者的身体、感情和阶层名誉时，小铜匠就要让张一曼彻底丧失头发代表的一切。

而校长在得势的小铜匠逼迫下从犹豫终于到麻木地胡乱剪掉了她的长

发,给张一曼理了一个"狗啃式"短发。在张一曼身后,校长僵立着以办大事不拘小节为由牺牲了张一曼的头发。此时,小铜匠、背对张一曼的裴魁山和校长一起用行动阐释了,张一曼的青丝或身体、阶层名誉等并不在她自己的掌握中。

可以看到,两部电影里人物行为与镜头色调互为因果关系。即人物行为如果符合某些标准,被奖励——亮色调;如不符合,则被惩罚——暗色调。文字犹如其概念所确定的,是广义的,而电影画面却有一种明确的、有限的含义(马尔丹,1992:3)。两部电影通过头发和相应的色调变化等画面明确表达出,女性人物哪些行为值得奖励,哪些行为会被惩罚。

戴锦华(2007:146-147)认为主流商业电影可以通过叙事成功消解男权文化的内在张力和矛盾,这一矛盾是一方面男人爱(好)女人,另一方面也恐惧(坏)女人。为消解困境,电影中某个充满诱惑却有威胁的女人会被还原成某种罪行,罪行中的女人会通过男性之手遭到惩戒。总之,美好、纯真的女人与恶女人要区分开,以男人之爱与庇护作为对好女人的褒扬,以监禁等行为作为对坏女人的惩戒。

电影《夏》中,当马冬梅闯入婚礼戳穿夏洛的虚假光环并当众追打夏洛时,她的头发被塞进了劣质太阳帽里,似乎此刻她不应该展现女人味,或者没有女人味,此时画面光线黯淡,即她被惩罚。而当她被人说出真相是为了夏洛默默牺牲一切,舍弃名誉、安全等也不让对方知道时,默默奉献的她是美的,充满了美好的女人味,所以在重逢的走廊上通过夏洛的眼睛让她头发闪现光芒,即被奖励。

反之,秋雅在中学时代只要无助地展现青春的纯洁、柔弱,就可以发间光芒闪现,充满了女人味;而成年后,强势地要形象公关时,头发画面却黯淡无光,即被惩罚。

如果说这是隐蔽的规训,那电影《驴》中张一曼头发的变化就完全是公开的充满暴力的惩罚。当她在贤惠地操持饭菜并被男性浪漫表白时,她的发间光芒闪现,充满美好女人味。但当她大胆、主动地赠送代表身体的青丝,又泼辣地骂小铜匠之后,她不仅被当众辱骂、被逼自扇耳光,更被曾经的保护者校长亲手剪掉长发,正所谓通过男性之手遭到了公开惩戒。

四、《夏》与《驴》通过女性人物形象传递的价值观

关于电影,导演或者观众都以为电影是讲了一个故事,但约翰·伯格(2015:33)认为电影放映时,形象接踵而至,其连续性构成了不可逆转的意见陈述。这个意见陈述类似于传播通过符号输出的意义或价值。通过上文对《夏》和《驴》两部电影关于主要女性人物的头发、互动及相应镜头色

调变化的三层次解读，可以发现开心麻花系列电影关于当代女性有如下意见陈述，即通过符号和故事实现的价值观传递。

一方面，女性主要人物都是统一的长发，显然强调的仍然是"长发才是女人味象征"这一传统观念；另一方面，在女性人物展现自己的纯洁柔美、贤惠、为男性默默牺牲一切时，在男性人物热切的、欣赏的、感激追忆的眼光里，此时女性头发上才有光，镜头画面才会色调柔暖明亮。而分析围绕头发所发生的互动以及画面明暗色调变化指向的奖励或惩罚，可以发现，影片展示的价值观是：充满诱惑（如张一曼会主动赠送头发）却携带威胁（会转头翻脸无情）的女人会被还原成某种罪行（辱骂），然后罪行中的女人会通过男性之手遭到惩戒（张一曼被剪秃头发）。总之，两部电影中，美好纯真的女人与恶女人区分开，好女人要褒扬，所以得到男人之爱（如夏洛与马冬梅重修旧好），以暗黑色调或剪秃头发等作为对坏女人的惩戒。

这大概也是电影《夏》和《驴》虽有口碑和票房，却受到研究者批评的原因。因为《夏》和《驴》的畅销不能掩盖其对女性的传统偏见，影片对社会性别的凝视充分体现了对男性奋斗的强化和对女性自主自强的淡化，更没有超脱古往今来女性形象始终在女神、女仆、坏女人中的摆荡，两部电影都没有塑造真正与男人平等的女人。

而这与中国的现实是否相符？目前，尽管中国妇女在实现自身解放的过程中，其角色责任已由"主内"变成了"主内亦主外"，但男性角色并未发生根本变化，其性别角色态度和性别角色期待仍然是传统的，特别是在市场经济体制取代计划经济体制的过程中，市场竞争的推力和保障妇女权益行政性力量削弱的拉力，又从不同方面激活了正在逐渐弱化的性别歧视观念与行为，在一定程度上形成了传统性别文化复归。但与此同时，也必须看到，中国正在健全男女平等就业和保护妇女劳动的法律原则与确保法规切实得到实施，正在尽快建立生育社会保障制度，大力宣传性别平等的社会观念，促进妇女研究成果的转化和传播，组织力量编发性别平等教材和宣传资料，通过多渠道教育和宣传，提高各级决策者、社会大众对男女平等和男女社会角色的非陈规定型的认识（杨慧，2013：10）。

从这个意义上说，电影《夏》和《驴》中女性人物形象传递出的陈旧的性别观念确实反映了中国的社会现实，即市场竞争的推力和保障妇女权益行政性力量削弱的拉力从不同方面激活了正在逐渐弱化的性别歧视观念与行为，在一定程度上形成了传统性别文化复归，也充分反映出相对于中国女性的变化，中国男性依旧有非常传统的性别角色态度和性别角色期待。

而反映这种不太理想的状态,其实可能正符合汉语国际教育的目的。因为汉语教育不应只是构建一种"知识共同体",也几乎不可能构建"价值共同体",应该也可能做的是构建一种"情感共同体"。一方面让世人注意到中国的文明和美好,另一方面让世人理解中国现阶段许多力有未逮的困难。在促进全球大多数民众"建设性接触"的基础上实现多元文化主义,发自内心地"理解中国""理解中国人""理解与中国相关的事物"(胡范铸 等,2014)。

综上所述,通过对电影中女性人物形象的三层次解读,可以帮助留学生理解电影符号、理解人物故事,进而发现电影背后传递的当代中国人的价值观,让他们知道虽然还不够美好,但却是可理解的现阶段真实。而汉语国际教育影视文化课通过层层深入的教学内容设计,可以大大提升文化教学效果。

(原文于2018年在上海交通大学"第三届中国形象研究高端论坛"上宣读,此处有较大修改)

第二节　提问与讨论

一、范例展示前的提问

在范例8展示之前,引导汉硕生关注如下问题:①论文关注留学生影视与文化课程中的中国电影什么问题?②论文中如何回应这些问题?③对将来的文化教学研究有哪些启示?

二、课堂讨论

范例8展示结束之后,汉硕生先分小组简单讨论,然后集体讨论,最后由教师分析并总结。一般范例展示和讨论在第一课时全部完成,教师在第二课时进行小结和分析。

范例8展示之后,汉硕生通过阅读范例8,要讨论的是论文运用了什么方法引导留学生解读中国当代电影中的女性形象,范例8哪些角度值得借鉴。

第三节　分析与产出研究角度：文本分析

一、从三方面对范例进行总结和分析

（一）总结范例提出的问题

来华留学生虽然对中国文化的关注点不完全相同，但普遍关注中国人际交往中的文化，对中国人始终充满好奇。而电影作为文化商品和社会文化终端器，参与形塑一个国家的文化和一个社会的价值以及生活形态，适合运用于汉语教学，尤其是反映当代中国情况和发展变化的影视作品适合进入教学领域。

当代中国电影中的女性形象作为电影形象中的重要组成部分，自21世纪以来被愈加赋予新色彩，女性形象、女性意识也成为映现社会现实与时代征候的典型剖面。理解电影中的女性形象，可以帮助留学生理解中国人。但目前汉语国际教育研究方面还少有人关注如何通过解读电影，帮助留学生了解其中的人物形象，进而了解当代中国人。

（二）尝试解决路径

作为第二语言教学的汉语国际教育需要使用中国影视作品，影视文化教学也受到来华留学生欢迎。影视作品可以让留学生直观地了解中国社会，影视中的人物作为中国人形象，可以促进留学生对中国的了解。针对在实际教学中，教师很难找到操作性和针对性皆强的影视作品，学生也会遇到的语言过难等问题，范例8通过借鉴文化研究方法中的文本分析、叙事学和电影解读层次等理论，以开心麻花电影中的女性人物形象为例，将相应的影视与文化教学内容具体划分为符号、故事和意义三个层面来进行教学，通过三个层面的解读，帮助留学生理解电影，进而理解中国人和中国，从而提升汉语国际教育影视文化课的教学效果。

（三）启发

影视作品进入课堂，向来是留学生喜爱的教学形式之一，但如何具体地开展影视与文化课程，目前还需要不断探索，范例8通过大胆的跨界和借鉴，摸索出一个实践性较强的三层次教学内容设计框架。

二、产出研究角度：文本分析

汉语国际教育本就是交叉的学科，范例8根据跨界思路，运用了文化研究方法中的文本分析。而语言学领域或新闻传播领域，基于文本自身的分析一直是话语分析不可或缺的一部分（刘英翠，2017）。范例8中，电影画面可以作为一种"文本"进行分析。

因为电影就其本质而言，是一种新语言，其真正文本是画面。而看似从大千世界偶然截取了某个电影片段的画面，事实上是一个被人为限定、有时是刻意构造的有限世界。一部艺术文本自身便是一个自足完满的封闭的小宇宙，其中的意义是确定而自明的。作为文化研究的文本分析，要发现文本与诸多社会因素的耦合过程，呈现不同意义（戴锦华，2007：7-24）。范例8即通过文本分析的方法，分析了电影的画面，解读了电影画面文本中传递的意义和价值。再结合文学研究方面的叙事功能，即奖惩链条的推动逻辑，将影片画面变化背后传递的意义清楚地解读出来，让电影画面、故事的叙事与汉语文化教学进行了有机融合，完成了包含语言学习和文化输出的教学目标，也能使留学生在比较愉悦轻松的氛围中，更好地理解中国人，实现汉语国际教育的目标。

综上所述，汉硕生可以从范例8中得到启发，对于文化教学研究，在面对目前汉语国际教育界尚无较为规范的教学模式的课程的情况下，可以运用跨界思维，将目光转向与汉语教学相关的其他领域。例如，运用文化研究方法中的文本分析，可以分析所有与"符号"相关的问题，诸如语言符号、电影画面符号等。毕竟群体或个人都试图用符号传输意义，文化教学研究则可以关注不同的符号，并分析其后传输的意义，从而更好地细化文化教学的新型课程，在探索中不断开拓研究思路。

结　语

　　本编重点在于对汉硕生文化教学研究能力的启发和培养，文化教学研究能力主要指汉硕生的专业能力，即汉硕生作为汉语国际教育领域从业者将来在教学工作中应具有的文化教学研究能力。

　　绪论中已经明确，汉语国际教育视域下的"中华文化"处于多重文化时空的"叠合"状态，今天的文化中，既有着复数的传统文化与现代文化的层累，又有着中国文化与西方文化的交叠，尤其要注意是中华文化必须是统一的整体，特别需要关注支撑这个整体的精神文化。汉硕生应该在学习过程中，了解自己将来在从事汉语国际教育文化知识教学中，需要输出的是叠合的、整体性的，尤其注重精神观念方面内容的中华文化。

　　汉语国际教育既有专业特色，又有事业色彩，如同本专业所培养的汉硕生一样，具有复合属性。所以落实到中华文化与传播课程中的"传播"，自然也具有叠合的特点。如果说，中华文化有时空叠合的特点、多民族融合的复数概念，那么课程的"传播"部分则因为专业归属上事业与专业兼具的复合性，专业目录与培养目录分属中国语言文学和教育学的复合性，以及本专业培养目标中对汉硕生复合型特点的要求，从而自然具有多学科、多面向的叠合特点，这是汉语国际教育视域下"叠合的传播"的实际背景。而汉语教学的工作本身就是一种传播行为：在汉语教学中教汉语教文化，既包含信息，也包含流动。汉硕生毕业后如果从事汉语教学工作，必然要"告知（或称传输、交换）"（传播的方式）自己的教学对象一定的文化信息（传播的材料），所以需要了解面向留学生开展中华文化课程时与告知、传输或交换信息相关的内容，因为这些都属于"叠合的传播"。总之，汉语国际教育硕士核心课程"中华文化与传播"中的"中华文化""传播"，二者定义都具有叠合的特点。

　　相应的，本编汉硕生的文化教学研究能力的启发与培养也是多方面的叠合，可以引导汉硕生关注包括但不限于这些内容：本科留学生中国文化课教学模式研究、汉语国际教育文化教材的研究、汉语国际教育文化课程的相关研究等。而这些研究，可以在如下三方面对汉硕生叠合的文化教学研究能力有所启发。

一、中国文化课教学模式研究——本科留学生中国文化课教学模式及微观层面教学设想

本编第七章认为,在中国文化教学模式这一概念上,研究界尚有辨析不够的地方。本教材通过分析,认为将本科留学生中国文化教学模式分为宏观、中观、微观三个层面比较合理。与教学实践关系密切的微观层面,可以通过三个设想进一步提升教学效果,即充分利用母语环境,让本科生走出去,再加上支架式教学活动,同时把中国汉硕生请进本科留学生课堂;在教学策略构建方面,分清楚陈述性知识部分,凸显教学目标,让本科留学生知道"是什么";在教学活动构建方面,注意程序性知识,努力创设文化情境,使本科留学生知道"怎么办"。将这三个具有实操性的设想付诸实践,新手教师就能较快熟悉本科留学生中国文化教学课堂。

范例1集中讨论了"文化教学模式",辨析了相关定义,并给出一个相对合理的界定,同时对教学实践提出了可操作的建议,其中的发现问题、解决路径、对教学的启发三个方面,都紧紧围绕着"文化教学模式"这一概念的界定,焦点比较清晰。总之,汉硕生可以从范例1中得到启发,文化教学研究中的"信息"同样应该做到清晰、准确,将来在研究中应先辨析相关定义和概念。

二、中华文化教材研究

(一) 文化点复现问题研究

本编第八章通过考察《阶梯汉语·中级精读》第3、4册和《博雅汉语·冲刺篇》Ⅰ、Ⅱ两套精读教材课文的文化点,选取主、副课文文化点相关性和复现情况,并结合问卷进行对比分析,发现在文化点五大类的设置比例方面,两套教材设置了过多的中国国情类文化点,而日常生活和习俗文化点的比例则不够高,对学习者感兴趣的交际活动和思想观念类的文化点的比例设置得非常低。在文化点的呈现形式上,两套教材都较多采用在课文内容中呈现文化点的形式,这符合学习者的喜好。将来改进教材编写情况时,可根据问卷调查结果增加相关的文化点,《阶梯汉语·中级精读》第3、4册需要增加图片形式呈现文化点,《博雅汉语·冲刺篇》Ⅰ、Ⅱ则需要提高图片呈现文化点的质量,要注意选取与课文内容相关的图片。

传播理论认为,媒介的议程设置功能是指媒介的一种能力,通过重复性

报道来提高某议题在公众心目中的重要性。而认知心理学认为,人是"问题的解决者",而人们对导向需求不一样,导向的需求基于两个因素:信息对个人的相关性与有关信息的不确定程度。信息的相关性大,事物的不确定程度越高,人们对导向的需求就越大。

从范例 2 和第一编的论述可知,留学生对中国人日常生活与习俗类文化点特别感兴趣,尤其是饮食及习俗等,而其中留学生对交际活动类文化点最感兴趣。但综合教材中除"交际情景规范"内容比较多之外,其他都比较少。根据传播学理论,这就属于信息相关性大(留学生对日常生活交际习俗的信息感兴趣,因为学了可以马上用)但信息不确定程度非常高(教材中没有,或者非常少)。针对这些情况,范例 2 提出了相应改进建议,提供与留学生相关性高的文化点,即提升信息的确定程度。此外,教材知识点复现,也就是教材作为媒介对相关信息的突出强调,会促使留学生将注意力转向与他们相关的文化信息,从而提升教学效果。

汉硕生可以从范例 2 中得到启发,借鉴传播理论的强调议题、需求导向两因素等理论,将来在研究中可以考察研究教材作为媒介的议题强调功能,以及与留学生相关性高的文化信息的确定程度,开拓研究思路。

(二) 少儿教材性别呈现情况研究

本编第九章通过对《小学华文》1~5 年级共 10 册新版教材、《快乐儿童华语》1~4 册两套教材的性别角色考察,对应教材背后的国情分析,发现教材编写是在整个国家背景下进行的,同时教材为教育所用,其中更蕴含了国家对人才的要求。可见,教材既是对国家文化的体现,也是社会舆论的传播者,所以教材的编写就是一项具有使命性意义的工程。国家历史不会逆转更改,社会传统更不会消散。根据性别图示理论来看,教材中呈现的性别角色会影响儿童的性别角色建构,所以在教材编写时,性别不平等现象就应该被有意识地规避,将性别平等和性别和谐的内容纳入教材。

从范例 3 可知,性别分析是历史分析中一个有效范畴,它从语言学中的分类方法到一种社会约定俗成的表达方式,逐渐发展为一个术语和分析范畴。其目的在于解释两性及性别群体的含义,也成为表示文化构造的一种方式。而传播学受众理论中的社会类别论,强调人的社会群体性的差异,受众可以按年龄、性别等人口学意义上的相似而组成不同社会类型的群体,这些群体有相似的性格和心理结构。对于范例 3 来说,少儿汉语学习者正处于小学教育阶段,这一阶段的教材往往是他们长期接触的文化载体,其中体现出的观念,会让尚不具备批判性思维的小学生不经挑选地自动将其内化,并进一步影响其正在成长的性别角色建构。文化规范论也认为，媒介（如范例3中的汉语教材）充当着文化的选择者和创造者的角色。媒介为社会树立文化规范，人们在社会文化之中生活（或学习），久而久之便会形成与这种文化相符的社会观和价值观。为此，教材编写者应该将性别平等和性别和谐的内容纳入教材，而汉语国际教育教师要加强自身性别平等意识，在教学各环节中渗透性别平等观念，为世界培养具有性别平等观的人才。

汉硕生可以从范例3中得到研究方面的启发，即借鉴性别分析和受众理论，考察研究教材受众的社会类别以及诸如性别文化规范的影响，开拓研究思路。

（三）口语教材人物形象研究

本编第十章关注汉语国际教育口语教材人物设计。《中级汉语口语2》中，虽然编者在编写前言中申明，希望能通过设计若干主要人物来丰富对话风格，但是，通过对第一、第二单元主要人物的实际发言情况的考察，可以看到，教材存在主要人物没有人物背景介绍、发言风格不固定、复杂语段的平均句长跟其留学生身份不匹配等问题。针对这些问题，范例4提出了教材编写改善建议。

汉硕生可以从范例4中得到启发，对于文化教学研究，既可以关注专门的文化教材和教学，也可以关注与文化教学相关的其他课型的教材，在研究中可以借鉴文学研究、传播学理论等领域的概念。汉硕生将来在研究中可以集中考察教材中的某一类信息的固定抽象层次问题，不断开拓研究思路。

（四）汉语国际教育文化教材人物设计研究

本编第十一章通过借助叙述学中关于人物的理论，对文化教材《汉语文化双向教程》《中国传统文化与现代生活：留学生中级文化读本》中的人物设置情况和人物刻画情况进行考察。结果发现，两部教材的人物基本信息设置均不够立体多样，都偏向于西方白种人，人物显得扁平、模糊。另外，两部教材在人物刻画方面存在的问题是，人物在各类文化点的参与或认知程度上并没有呈现出令人印象深刻的特征，人物之间差异不大，人物对中国文化点的认知情况与现实不符，还存在前后矛盾的情况。范例5建议今后的教材人物设计要注意体现"多样性""鲜明性"与"真实性"，并提出相关编写建议，希望助力文化教材设计出鲜活真实、生动有趣的人物，从而提升汉语国际教育文化教材编写质量。

除了范例5已运用的叙述学理论，汉硕生通过范例5还可借鉴传播理论方面的"类别思维"与"偏向"概念。类别思维，指无法分清同一类别或范畴中成员之间的区别，把同一类别中的不同成员视为相同的个体。偏向是对所描述主体有利或不利细节的选择。传播者应尽量接近客观，避免偏向。作为教材，要将教材人物相关信息有效地传输给学习者，而不能对同一类别成员过度概括。

汉硕生可以从范例 5 中得到的启发是，对于文化教学研究，既可以关注文化教材的主题等方面，也可以关注与对话体文化教材密切相关的人物设计，在研究中借鉴文学研究、传播学理论等领域的概念，考察教材中是否存在类别思维和偏向，以及应该如何改进。

三、面向留学生的汉语文化课程研究

（一）留学生对中国电影与文化类课程的需求

本编第十二章具体讨论来华本科留学生对中国电影与文化类课程的需求。通过问卷调查发现，留学生在来华之前很少接触中国电影，却有超过一半的人将功夫片作为中国电影第一大类，只大概了解传统文化与功夫故事，对当代中国十分陌生。近半数的留学生来华前对中国认知不佳，但来华之后，有 76.32% 的留学生得到了友人和相关软件对中国电影的推荐，65% 选择去影院观看中国电影。对中国的认知变为"家族至上""集体主义""爱好和平"以及"以人为本"。超过 60% 的留学生对中国电影产生强烈共鸣，不仅希望开设电影文化类课程，更希望观看商业片中的喜剧片和青春片，希望课程可以帮助他们学习汉语，理解中国文化、价值观念和故事背景。汉语国际教育界应充分认识电影在汉语教学与文化传播中的重要作用，针对上述需求尽快规范和发展相关课程，促进课程研究，提升教学质量。

范例 6 除运用调查研究方法之外，在传播理论方面还参考了"使用与满足理论"。使用与满足理论将关注焦点从传播者的目标转向接收者的目标（如范例 6 中的留学生）。该理论提供了接收者需要与满足的分类，如放松、降低孤独感等，并提示很多人在大部分时间对接受指导不感兴趣，只对一些温和的、令人愉悦的刺激感兴趣。显然接收者（如范例 6 中的留学生）有压力，因而更倾向于有关轻松的需求。作为教师，在开始有关课程之前，应该了解信息接收者的具体课程学习目标。

汉硕生可以从范例 6 中得到的启发是，对于文化教学研究，除了关注作为信息载体的文化教材，也可以关注作为信息接收者的留学生，他们的需求会与其他人群不同。而关注信息的发送者、信息、接收者，都是文化教学研究的范畴。

（二）留学生影视文化课教学内容设计研究

本编第十三章具体讨论了影视与文化教学内容设计。影视作品是直观了解中国社会文化的重要语言材料，但难以在汉语国际教育课堂上推广，因为教师很难找到操作性和针对性皆强的影视作品，学生也会遇到语言过难等问题。该章通过梳理文献，厘清了影视文化课定义及课程影视作品选取标准，并以电影《夏洛特烦恼》为例分层设计教学内容，通过教学实践整合成操作性较强的教学内容设计思路。在范例7中，有非常清晰的"跨界"印迹。

汉语国际教育本就是一个交叉学科。范例7即运用跨界的思路，用文学研究方面的叙事时间和奖惩链条的推动逻辑将不容易划分教学内容的电影切分成三部分，同时，运用"文化三角形"，将影视三层次解读——落实到电影的每一部分，让电影与汉语文化教学实现了有机融合，完成了包含语言学习和文化输出的教学目标，也能使留学生在比较愉悦轻松的氛围中，更好地理解中国人，实现汉语国际教育的目标。

汉硕生可以从范例7中得到的启发是，对于文化教学研究，在面对目前汉语国际教育界尚无较为规范的教学模式的课程时，可以通过跨界思维，转向与汉语教学相关的其他领域。例如，在与故事相关的课程中借鉴文学研究方面的叙事学理论，同时结合文化研究的成果，逐步规范汉语国际教育文化教学的新型课程，在探索中不断开拓研究思路。

本编第十四章则重点从人物形象角度讨论影视与文化教学内容设计。作为第二语言教学的汉语国际教育需要使用中国影视作品，影视文化教学也受到来华留学生欢迎。该章借鉴叙事学和电影解读层次等理论，以开心麻花电影中的女性人物形象为例，将相应的影视与文化教学内容具体划分为符号、故事和意义三个层次来进行教学。通过三个层次的解读，帮助留学生理解电影，进而理解中国人和中国文化，从而提升汉语国际教育影视文化课的教学效果。

汉语国际教育本就是一个交叉学科，范例8运用了文化研究方法中的文本分析。而语言学领域或新闻传播领域，基于文本自身的分析一直是话语分析不可或缺的一部分。范例8中的电影画面可以作为一种"文本"进行分析。

电影就其本质而言，是一种新语言，其真正文本是画面。作为文化研究的文本分析，要发现文本与诸多社会因素的耦合过程，呈现不同意义。范例8即通过文本分析的方法，分析了电影的画面，解读电影画面文本中传递的意义和价值。

总之，汉硕生可以从范例8中得到的启发是，对于文化教学研究，在面对目前汉语教学界尚无较为规范的教学模式的课程时，可以通过跨界思维，转向与汉语教学相关的其他领域。例如，运用文化研究方法中的文本分析，分析与"符号"相关的问题，诸如语言符号、电影画面符号等。毕竟群体或个人都试图用符号传输意义，文化教学研究则可以关注不同的符号，并分析其后传输的意义，从而更好地细化文化教学的新型课程，在探索中不断开拓研究思路。

本编各章可以帮助汉硕生从留学生文化课教学模式、教材中的文化和文化教材研究、具体文化课程设置等多方面了解叠合的文化教学研究能力构成，拓展思路，进而具备复合型教学与研究所需的能力。

第三编

叠合的文化教学实践

本教材通过第一编和第二编的内容，建构起汉硕生叠合的文化传播能力和文化教学研究能力，第三编文化教学实践则重点培养汉硕生的专业能力。汉硕生的专业能力指将来面向留学生的教学能力，也指一般能力，即将来面向中国中小学生的文化教学能力。总之，汉硕生需要掌握一定的与文化信息传播相关的课堂教学能力，当然此处的"传播"仍然指交流信息。本编将讨论汉硕生应该关注文化教学实践的哪些方面，采取"范例+案例"的体例。

导语一　汉硕生课程及实习研究现状

汉硕生培养院校普遍关注到了汉硕生的专业能力、教学实践能力的培养，目前的研究已经取得一定成果，同时也发现了一些问题。

近年来，汉语的语言经济学价值持续走高，作为第二语言或外语的海外需求增大，相应的，汉语国际教育专业硕士的培养规模也在不断扩大。截至2017年年底，中国在全世界146个国家或地区建立了525所孔子学院和1113个孔子课堂，各类学员人数达232万。汉语国际教育专业硕士是孔子学院（课堂）的主要师资力量。这个过程中，专业硕士培养的一些问题也日益显现，这在一定程度上阻碍了汉语国际教育的顺利开展。数据显示，一些高校超过一半的汉语国际教育专业学生由于本科专业与汉语的相关度较低，因此在普通语言学、汉语作为第二语言教学、现代汉语、古代汉语以及中华文化等相关课程方面，没有经过专业、系统的训练，汉语语言文学知识储备的基本面不完整。有些汉硕生甚至出现了较为严重的汉语语言知识与文化的结构性缺陷，这种结构性欠缺使得这些学生在汉语教学中存在许多问题。从长远发展的角度看，汉语国际教育专业硕士的课程设置还有待更合理化和优化（于屏方、杜家利，2000）。

具体研究角度及发现的问题集中在如下四个方面。

一、欠缺从学习者角度出发的课程调查和总结

教学能力在汉硕生培养中处于核心地位，是专业培养的重点，也是关乎培养质量的一个系统工程。在汉语教学中常常提到"以学习者为中心"，即强调对学习者的研究。如果把"以学习者为中心"的教学理念应用于汉硕生培养，那么汉硕生同样是教学中的学习者，对汉硕生作为学习者的研究就显得非常重要了。目前较为一致的看法是，汉硕课程设置应该注重应

用性、灵活性、针对性。而实习环节是汉硕生培养的一个重要环节，实习可以使汉硕生在真实的教学情境中实现教学能力提升。但建立与之相关的海外实习基地则会受国际政治经济、中外交流关系等多种因素影响，各培养院校或多或少都会碰到学生无法赴海外实习的情况。因此需要全方位探索多种实习渠道，在开拓海外实习基地的同时，也不放弃国内的实习机会（丁安琪，2018）。

部分院校通过对汉硕课程的调查发现，超过1/3的汉硕生专业背景与本专业（汉语国际教育硕士）不符。跨学科生源的学生专业背景复杂，这已成为汉语国际教育硕士专业的一大特点。而不同的本科专业背景的学生在具备自身优势的同时，必然会在汉语国际教育研究生阶段的学习中遇到困难。

教学方面，在具体课程的教学内容上也存在一定的问题。部分课程教学内容偏离课程定位，或是虽然能够意识到课程实用性问题，但在组织教学内容时，未能紧密结合学生最迫切的需求，有针对性地进行教学。如果能针对汉硕生的学习需求来组织课程内容，将理论与实践充分结合，增强课程实践性，则会更有利于完善汉硕生知识结构，增强其学术研究水平，提高汉硕生教学水平（景琦琦，2021：63）。

二、海外实习不易实施

汉语国际教育专业硕士的主要培养任务是为海外汉语作为第二语言的教学提供师资力量，学生的海外实习（教学实践）对提高其汉语授课能力、丰富汉语教学经验十分重要。但是，目前很多培养单位的学生海外汉语教学实践主要依靠汉办的志愿者教师项目，名额有限；再加上部分汉硕生因为自身汉语水平、教学技能乃至心理因素的限制，无法通过汉办项目的选拔获得海外汉语教学实践的资格。

除汉办项目之外，在部分以拥有众多侨乡而著称的省份，如广东省，省侨办也会提供部分海外华文教师岗位，但是这些岗位通常更倾向于选择有丰富汉语教学经验的熟手型或专家型教师，对新手型教师即汉硕生的需求并不大。一些汉硕培养单位努力开设了校级海外实习基地，但是有些基地由于办学条件限制，保证不了汉硕生的海外实习，故而基本形同虚设。而被派到海外进行汉语二语教学的汉硕生在志愿者期间不可避免地要面临教学、生活以及文化适应等多方面的问题（于屏方、杜家利，2020）。总之，对汉硕生而言，海外实习虽好，要实现却大为不易。

三、汉硕生现有课程需要加强对教学实践的指导力度

任何一个学科的教学、课程设置都体现学科理论的系统性和统一性。国际汉语专业硕士的教学也是如此，但重要的是，要在学习这些理论的过程中突出学生实践能力的培养，在实践中提高学生的教学能力。汉语国际教育基础理论、汉语国际教育教学法、语言要素教学、第二语言习得理论等课程，基本上都有学生教学实践的环节，其重点是要用理论指导实践，才能达到提高实践能力的理想效果，使学生获得较高的教学能力，以应对未来的所有教学工作。在教学实践中发现，有的汉硕生在其教学实践时，对授课内容的准备，比较偏重于备教材、备语法、备生词，不太注重备课程特点和目的，不太注重备方法和手段，分课程技能训练意识不够，目标性不强。

汉硕生课程应结合理论对实际存在问题的分析，使汉硕生更充分明确汉语国际教育各门课程的独特教学目的，对于每门课程的要求和功能有更进一步体会，同时加强理论与实际相结合的意识，体会教学要遵循第二语言的教学理论和规律，教学中要体现精讲多练、培养留学生交际能力的目的（鲍丽娟，2021）。

四、缺乏统一的教学实习评价标准

汉硕生的教学实践，在许多高校也指教学实习。基于教学实践对汉硕生的重要性，已经有不少研究分别从不同角度讨论汉语国际教育人才培养中的实习环节。

实习的成功与否，在一定程度上反映出课程设置的科学性及教学效果的有效性。众所周知，实习在整个专业人才培养过程中十分重要，在2008年的国际教育硕士培养方案中，实习是4学分，而在2009年的培养方案中调整为6学分。除了课程学习的30学分（核心、拓展、训练）以外，教学实习6学分，学位论文2学分。

通过对实习的方式、实习的指导、实习的评价三方面调查，结果发现，从实习的方式来看，国内教学实习及海外实习均占有一定比例；在实习的指导方面，国内实习分为导师指导、培养机构指导、实习单位安排指导等方式，海外实习则分为国内学校与海外实习单位联合指导、海外实习单位或教师指导等方式；在实习的评价方面，国内实习的评价主要由所教学生、指导教师、实习单位给出，海外实习的评价由海外实习单位、海外实习单位的学

生、国内学校或教师给出。相对来说，汉语国际教育硕士培养过程中的突出特色是海外实习，且海外实习单位的评价比较全面和客观。

对在国内进行汉语教学实习的评价，占比例最多的为实习单位评价，其次是指导教师评价，由汉硕生所教学生给出评价的最少。除了部分汉硕生能够实现海外实习以外，其他汉硕生有的在国内高校实习，有的在国际学校以及其他汉语国际教育机构实习。各实习单位对实习汉硕生的评价也还缺乏相对统一的标准。对于管理者来说，海外实习、国内实习难以用一个标准来进行评价。无论是海外实习还是国内实习，培养院校均应通过各种方式加强有针对性的指导。汉硕生实习期间内，培养单位应根据实际情况，结合实习单位的特点及要求，在汉语教学、语言文化推广活动等方面给予全面的更有针对性的指导（吴方敏、陈颖，2012）。

目前，国内的汉硕生来源复杂，涵盖多种专业；汉硕生的课程设置还不尽合理，有待优化；汉硕生在海外教学实践中问题多发，而国内课程对实习的指导不够、国内实习基地还比较缺乏。

针对上述问题，于屏方、杜家利（2020）提出应建立起语言本体—教学实践—科研探索前后衔接且相互循环的培养模式，正确处理课程设置中的若干关系，并建设不同层次的海外实习基地。这些都是非常有建设性的建议。针对上述情况，本教材第三编将从汉硕生中华文化与传播课程相关调查研究中发现目前汉硕生教学中的问题，从留学生对汉语国际教育教师的要求、汉硕生教学实践中发现的问题等方面，整合汉硕生培养中应关注的问题，培养汉硕生叠合的汉语文化教学实践能力。

导语二　有针对性地建构文化教学实践能力培养框架

汉语国际教育的文化教学实践研究已经取得不少共识，但在一些方面仍然存在问题，比如，文化与传播课程如何才能贴近汉硕生的学习需求、留学生的课堂对汉语国际教育教师有哪些教学方面的要求等。为此，第三编的章节将3篇范例、4个案例按表3-1安排，以培养汉硕生叠合的汉语文化教学实践能力。

表3-1 文化教学实践能力培养体系

内容	范例、案例
汉硕课程研究分析	汉硕中华文化与传播课程研究范例分析（两篇）
	汉硕教学实习情况调查研究范例分析
汉硕教学实践分析	国内实习课堂管理案例分析
	国内实习对汉语教师形象的要求研究案例分析
	海外实习教材适用性研究案例分析
	汉硕模拟文化教学案例分析

第十五章 汉硕中华文化与传播课程研究范例分析

[导　语]
1. 本编重点关注汉硕生文化教学实践能力的培养。文化教学实践能力既指汉硕生的专业能力，也指汉硕生的一般能力。
2. 本章讨论汉硕生可以从汉语国际教育硕士中华文化与传播课程讨论中得到的启发。
3. 本章采用"范例展示+分析+产出文化实践启发"的体例编排。
[关键词] 发送者；信息；接收者

第一节　范例展示

一、范例展示之前的准备

根据本编的安排，首先由教师展示两篇论文作为本章范例9和范例10，接下来是本级汉硕生在课堂完成对相关范例论文的讨论，最后教师总结并分析，进而从范例产出文化教学实践关注点。

在范例课堂展示正式开始之前，本班汉硕生需要提前准备，在组长的组织下，共同完成范例9和范例10两篇论文的课前阅读和小组分析。

二、范例展示

【范例9】

汉硕中华文化与传播课程初探

自2007年国务院学位委员会办公室发布《汉语国际教育硕士专业学位设置方案》以来，汉语国际教育在快速发展的同时也产生了许多亟待解决的问题。其中，汉语国际教育硕士研究生的中华文化与传播课程，既缺乏量身定做的教材，也缺乏相关的课程设置研究。本文通过针对所在高校2011级汉语国际教育硕士研究生中华文化与传播课程教学的问卷调查，兼及海外志愿者对课程的反馈，了解汉硕生对中华文化与传播课程与教材的需求，希望提出对教材编写和课程设置的有益建议。

在问卷调查之前，首先要厘清本文所述的"文化教材""中华文化"与"教材对象"等概念。

一、相关概念辨析

本文所探讨的不是面对来华留学生的中国文化教材，而是供汉语国际教育硕士专业课程中的中华文化与传播课程专用的教材。根据教育部高等学校教学指导委员会（以下简称"教指委"）的要求，教材肩负的任务应具化为：使中国研究生明确，将来如果在中国国内从事汉语国际教育，该如何甄别使用比较合适的中国文化教材；如果在国外从事汉语教学，该如何在当地选择合适的教材或如何在当地汉语教学活动中传播中华文化知识。

以培养汉语国际教育师资为目标的汉语国际教育本科专业经过多年建设发展，有成熟的"一体两翼"专业课程模式。"一体"即语言类课程，"两翼"即汉语国际教育法类和中外文化类课程。事实上，各高校在课程设置上表现出某种随意性（刘晓文，2021），开设的文化类课程往往根据学校师资等情况决定，有的开设中国文化史纲，有的开设外国文学史、西方文化，还有的开设中国文化概要课程，也大都没有专门的教材。

汉语国际教育与汉语国际教育专业存在差异：前者目标是"面向海外的母语非汉语者的汉语教学"，更重视应用性；后者针对来华留学生的汉语教学，更注重科学性（伊理，2011）。所以汉语国际教育中华文化与传播课程的教材也应更注重面向海外汉语教学与实用性。

围绕"文化教学"的"文化"，是以语言为本的语言文化因素教学，还是以文化为本的跨文化交际中的文化知识教学，一直存在争议。张英（2004）指出"汉语国际教育中的文化教学"与"汉语国际教育文化教学"是两个内涵和外延不相等的概念。二者所依托的教材及其体例等应有所不同。语言课最终目标是培养语言技能，而文化课传授的则是知识，培养的是理解语言的能力而非技能。1988年开始提倡"结构—功能—文化"相结合的教学原则，其中文化包括文化因素与文化知识两方面。本文认为汉语国际教育硕士中华文化与传播课程教材中的"中国文化"，在根据教指委大纲制定的培养方案中明确区分跨文化交际与中华文化类课程的实际情况下，专指属于跨文化交际基础的中国文化知识。

除厘清教材与中华文化之外，还须廓清中华文化类课程面向的目标人群。目前在汉语国际教育硕士培养院校中，对这门课的处理各具特色。其一,师资力量各异。其二,授课方式各异。有的开列若干文化类参考书目,鼓励学生阅读集体探讨;有的以教师讲授文化知识主,辅以学生课堂实践。其三,汉语国际教育硕士生源不同,有的只有国际汉硕生,有的多数是中国汉硕生。有的院校中外汉硕生分开讲授中华文化与传播课,有的学校则合班上课。因此,汉语国际教育硕士中华文化与传播课程的教材,要考虑同时面向中外研究生,二者需求显然不同。

二、中华文化与传播课程问卷调查

为了解中外汉硕生对中华文化与传播课程和教材等的意见,2012年1月笔者对中山大学国际汉语学院2011级全日制汉硕生进行了一次问卷调查。根据学期初的教学设计,中华文化与传播课程分为三大部分:中华文化知识部分、理论部分、实践部分,此时教学内容已基本完成,学生对所学内容和自己参加设计的活动有了切身体会,可以回答课程相关问题。

问卷就课程设置、中华文化知识、课程学习中的困难等几方面进行了调查,结果如下。

本院2011级汉硕生共62名,其中国际汉硕生14人,中外学生合班上中华文化与传播课。由于中国汉硕生本科专业背景不同,课程需求也不尽相同。2012年1月初,因有一批同学在北京参加汉语志愿者出国教学培训,所以本次调查共发放问卷50份,回收50份,调查数据有效。参加调查的中国汉硕生的本科专业构成中,汉语国际教育最多,其次是英语。

大部分中外汉硕生都认为该课程目标是了解中国文化知识,其比例分别为62%和81%。此外,82%中国汉硕生想知道如何给别人上中华文化课,而只有36%的国际汉硕生想知道这一点。从学习目的来看,二者差异显著。

二者感兴趣的项目,中外汉硕生首先都对中华文化知识最有兴趣,比例分别为70%和82%。不同的是,有82%的国际汉硕生对组织中华文化沙龙感兴趣,但没有一个中国汉硕生选择该项。

中外汉硕生分别有28%和45%认为可以取消关于中国文化教材的分析,分别有20%和27%的中外汉硕生认为可以取消汉语国际教育中国文化教学研究简介,当然也有27%国际汉硕生认为目前所有内容都非常重要,不需取消任何部分。

对于需要增加的内容,分别有49%和64%的中外汉硕生认为应该增加中华文化知识的课时,有46%和45%的中外汉硕生认为应该增加中华文化课程教学录像观摩的课时。

关于学习中的最大困难,中外汉硕生的看法基本一致。分别有40%和55%的中外汉硕生认为困难在于没有合适的教材,还有45%的国际汉硕生认为中华文化知识太多、太难。从这些数据可以看出,中国汉硕生也有2/5对无合适教材感到困难,而国际汉硕生这一比例则超过50%。

什么是本学期最大收获,双方看法不同。73%的国际汉硕生认为收获最大的就是了解了中华文化知识,中国汉硕生则较多选择了解汉语国际教育中国文化课教学流程,以及怎样去组织一次汉语及中华文化活动。

三、海外汉语志愿者对所学课程的反馈

根据本校汉硕生李绿宜的调查报告统计,中山大学作为第一批设置汉语国际教育硕士的培养单位,自2007年以来,先后有61人(统计截止时间为2012年4月)分别奔赴韩国、越南、菲律宾、美国、西班牙、加拿大、柬埔寨、孟加拉国、喀麦隆、哥斯达黎加、法国、哥伦比亚等12个国家担任汉语教师志愿者。根据调查,对"汉语基础知识""中国文化知识""中华才艺""赴任国语言水平""跨文化交际知识""教学管理方面知识""现代教育技术(电脑)"7个选项进行欠缺程度大小排序时,有17名志愿者认为"教学管理方面的知识"是自身在教学中最欠缺的知识,其次是"中华才艺",再次是"赴任国语言水平",占比分别为70.8%、62.5%和54.2%。调查从侧面反映,已出国的汉语志愿者在中华文化与传播课程方面并没有感到太多欠缺,缺的是中华才艺。

四、对中华文化与传播课程教材编写及课程设置的启发

综合问卷调查结果和海外志愿者的反馈,本文认为中外汉硕生在学习目标方面显然有极大区别。如果中华文化与传播课程无须合班,自然可以各行其是。但若中外汉硕生合班上课,则在课程设置方面要特别注意不同的需求,并应有一套设计合理,既可以满足双方共同需求、还可兼顾二者不同、且方便教师灵活处理的中华文化类教材。

关注中华文化知识,是中外汉硕生的共同需求,所以无论中外汉硕生是否合班上中华文化与传播课,中华文化知识都是教材首选。在编写汉语国际教育文化教材时,首要考虑中华文化知识。在课程设置方面,也应重视中华文化知识的比重。

课程要有针对性地面向中外汉硕生。针对中国汉硕生,应侧重教学实践。在选课目标上,中国汉硕生首选希望了解如何给他人上中国文化课,说明其对本专业培养目标有自觉认识。中华文化与传播课程应针对中国汉硕生侧重课堂实践操作能力训练,针对国际汉硕生设置更丰富的汉语文化活动。课程设置在面向国际汉硕生时,则应更关注类似汉语沙龙这样的中华文化活动,这也跟他们的培养目标相关。作为外国人,组织其他国家来华的短期进修生和学历生参加汉语文化活动,更能锻炼他们的中华文化理解和融通能力。

综上所述，针对目前的教学实际，中华文化与传播课程设置与教材编写，必须考虑中外汉硕生的共同需求，加大中华文化知识的比重，同时在课程设置方面注意二者的不同需求，注意培养中国汉硕生的中华文化传播能力，提高国际汉硕生中华文化活动的组织能力。

（原载于《长沙理工大学学报（社会科学版）》2012年第6期，此处有删节改动）

【范例10】

汉硕中华文化与传播课程设置分析

一、引言

2007年3月30日，国务院学位委员会办公室发布关于《汉语国际教育硕士专业学位设置方案》的通知，并设立了24所试点院校招收汉语国际教育硕士专业学位研究生（李泉，2009）。截至2021年，已有107所高校作为学位培养单位陆续开设了汉语国际教育硕士专业。伴随着学科理论基础和理论研究的日臻完善，在快速发展的同时，汉语国际教育专业硕士的培养在诸如课程设置和研究方面，也面临一些亟待解决的问题。

课程设置是人才培养方案的核心，是人才培养目标得以实现的关键（曹勇等，2017）。虽然已经意识到在课程设置和教学实施中应区分主次（李泉，2012），但具体的课程研究仍然不多。本文拟通过针对汉语国际教育硕士研究生中华文化与传播课程教学的问卷和访谈调查，了解我国部分高校该课程设置情况和汉硕生对中华文化与传播课程与教材的需求，进而提出对教材编写和课程设置的有益建议。

二、问卷调查及访谈结果分析

（一）研究设计、样本选择及问卷发放和回收等情况

本次调查参考相关课程调查样板，从全国高校汉语国际教育硕士生中进行取样，调查于2020年1月起进行，分问卷和访谈两种形式。因疫情原因，问卷为网络问卷形式，访谈为Word文稿访谈形式，两者独立进行。一所学校的多名学生可以同时填写问卷和访谈，统计时综合学校及人次情况计算。其中，问卷共回收35份，有效问卷35份，无效问卷0份，分属27所高校；访谈共回收58份，有效访谈56份，无效访谈2份，分属46所高校。

（二）调查结果分析

1. 问卷分析

本问卷一共有34道题，第1~4题调查关于受访者的背景，第5~18

题调查关于课程设置基本情况，第19～22题调查关于师资的情况。

本次调查共收集到来自27所高校的数据，其中北方高校14所、南方高校13所，分别占总数的51.85%和48.15%。被调查者中有33人为学生、2人为教师，分别占比94.29%和5.71%。在33名学生中，研究生一年级17人、研究生二年级11人、研究生三年级5人，分别占比51.51%、33.33%和15.15%，均来自中国。

在本次调查的高校中，有24所高校开设了中华文化与传播课程或类似课程，占总被调查高校的88.89%。该课程具体名称为"中华文化与传播"的占比71.88%，名称为"中华文化与跨文化交际"的占比9.38%，名称为"中国文化"或"中国文化专题"的占比9.38%，名称为"中国文化要略"或"中国文化概论"的占比6.25%，名称为"中国文化史"的占比3.13%。按照《全日制汉语国际教育硕士专业学位研究生指导性培养方案》中学位核心课程的命名，选择"中华文化与传播"的最多。

调查中，各高校将该课程性质设为"必修"或"选修"，分别占比93.75%和6.25%。课程简介中是否强调了培养目标，选择"是"和"否"的各占50%。可见，有半数学生都对课程的培养目标印象不深刻。

对课程培养目标的理解，仅16人填写了该题，答案包括"了解中华文化，培养传播技能""了解中华文化""对文化教学能力的培养""培养汉语国际教育志愿者""增强学生传播中华文化的责任感与使命感""了解中外文化的传播差异"等。可见，受访学生对课程培养目标内容了解程度不一，所学重点也各不相同。

对这门课程所涉及的内容，所有人都提及"中华文化知识"，部分认为是"汉语教学中的文化教学""跨文化交际""中华文化传播的现状""文学、文化"，也有1人回答是"儒道思想"。

课程所占课时总数为30～39课时的占比最高，为65.63%；所占学分为2分的占比最高，为78.13%。课程开设学期为研究生一年级上学期，占比59.38%；开设在研究生一年级下学期，占比31.25%。课程学生多数为中国学生，在中外汉硕生是否分班上课的问题上，分开上课的占比40.63%，合班上课的占比56.25%。授课语言为中文的占比90.63%，中英双语的有6.25%。

授课教师的职称，副教授、教授、讲师的占比分别为50%、34.38%、9.38%。授课教师专业背景比较多样，但文学背景的占比最高，为50%。授课教师研究方向多样，但文学类占比最高，达50%。授课教师上课年限（从事中华文化与传播课程教学年限）6年以上的为59.38%，可见多数授课教师的教学经验丰富。

调查结果显示，以教师为主导的课堂比重达53.34%（多选题），以学生为主导的课堂比重为36.67%，学生报告和模拟教学也较多；期末考核方式多样，而撰写课程论文为主的期末考核方式最常见。

在课程有无配套教材问题方面，有教材的占比18.75%，配套教材为《中华文化与传播》《中国文化概论》《中国文化》《中国文化概况》等，无教材的占比81.25%。

现有的海内外大部分汉语文化教材目标人群是汉语作为第二语言的学生，内容主要是中华文化及文化内涵。现有教材不能满足汉硕专业需求，而针对汉硕生编写的课程教材少之又少。此外，也暂未发现既涵盖文化知识、文化传播策略，又展示教学案例、文化教学技巧的教材。因此，大部分院校教师都采用多本教材，并在教学过程中补充参考书目、文献和其他教学资源。调查中，授课教师推荐相关阅读书目的占比为53.13%。

在课程开设的学期中，阅读汉语国际教育文化教学、文化教材、文学及跨文化类论文，10篇以上的占15.63%，7~10篇的占9.38%，4~6篇的占31.25%，0~3篇的占10.61%，可见汉硕生相关论文阅读量并不大。在该类论文中印象最深的是汉语国际教育文化教学类论文，占比55.56%。

当然，也有一些院校因为课时紧张或选课人数不足未开课。而这部分汉硕生都表示希望学校开设该课程，并对课程中文化课教学方法、中华文化知识、中华文化观念和文化传播能力感兴趣，希望体会历史文化、民族文化、传统文化等，学习怎么教授文化，以及如何提高自身文化素质、学习文化课教学方法，等等。

2. 访谈分析

本访谈一共有11道题，共统计46所高校，有效访谈56份，结果如下。

授课教师是否在课程中给出了"中华文化"的定义，结果显示，给出定义的占比55.36%。在给出的具体定义中，有引用的定义，也有教师自己总结的定义，基本上都很简洁，没有过多赘述，各家说法不一，但意义差别不大。

教师是否界定了课程中的"传播"，结果显示，明确界定了的占比为35.71%，已给出的具体定义则大体一致。没有界定"传播"定义的占50%，说明部分教师在授课时对"传播"概念的关注度不是很高，原因之一可能和课程培养目标以及该校对本课程命名有关。

认为自己了解课程的三个组成部分的，即中华文化知识学习、中华文化观念学习、文化传播能力学习，占比71.43%，但明确表示了解的同学占比为28.57%，说明大部分学生上完这门课以后对这三方面有一定程度认识，但还不够。一些学校在授课时着重于强调中华文化知识的学习，对中华文化观念学习和文化传播能力学习涉及较少。访谈结果也显示，大部分教师在授课过程中对上述三部分内容没有明确界定。

访谈还发现各高校这三部分内容设置情况各异，近50%的高校该课程设置是以中华文化知识学习为主，中华文化观念学习贯穿其中，文化传播能力稍有涉及；有26.7%的高校未对三者做详细界定，无法确定其课时的占比情况；有10.7%的高校均衡设置三部分内容。

授课教师如何定义课程学习者在中华文化与传播中的作用，结果显示，有58.93%认为学习者是中华文化传播的一种媒介，30.36%回答为汉语国际教师的储备力量。说明大部分授课教师有意识培养学习者在中华文化与传播中的作用。

在56位受访者中，89.29%的受访者表示该课程一定程度上培养了继续学习甚至终身学习的观念。根据访谈，形成学习观念的首要原因是教师在课程上的引导发挥了重要作用，教师不仅通过提问激发学生兴趣，课后还推荐参考书目；其次是学生自身因素，学生通过课程感受到知识与能力上的欠缺，愿意课后自学，促进职业发展；最后是社会因素，当今社会不断发展，跨文化交流与生活息息相关，这也促使学生与时俱进，不断学习新知识。

关于中华文化与传播这门课程的推荐书目等资源的形式和体裁，结果如图3-1、图3-2所示。

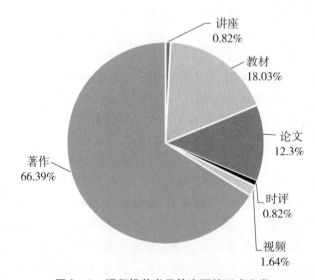

图3-1　课程推荐书目等资源的形式分类

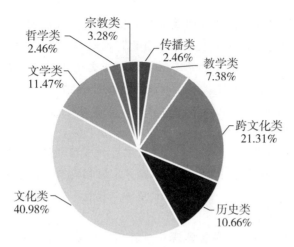

图3-2 课程推荐书目体裁分类

就资源形式来看,其中著作所占比重最大,为66.39%;其次是教材和论文,所占比重分别为18.03%和12.3%;时评、视频、讲座所占比重最小。就书目体裁来看,其中文化类书目占比最大,为40.98%;其次为跨文化类书目,占比21.31%;文学类书目所占比重为11.47%;历史类书目所占比重为10.66%;教学类、宗教类、哲学类和传播类书籍所占比重较小,分别为7.38%、3.28%、2.46%、2.46%。从整体来看,有利于加强学生对中外文化的了解、提高跨文化交流意识的文化类和跨文化类书目所占比重高达62.29%,可见课程推荐书目虽然种类较多,但并未脱离课程本身;其他类别书目总占比为37.71%,可作为辅助书目,加强学生对中外文化的具体了解。

推荐书目的中文书目有95种,外文书目32种。从比重来看,中文文化类、历史类、教学类书目分别占42.22%、11.11%、10%;外文跨文化类、文学类、哲学类、宗教类、传播类书目所占比重分别占21.88%、15.63%、6.25%、6.25%、3.13%。由此可见,受访者对中文书目的了解更深,且较多集中于文化、跨文化、历史、文学、教学方面,对哲学、宗教、传播方面的书目了解较少。

其中的中文书目等资源集中于著作、教材、论文、时评、视频上,尤其以著作和教材所占比重最多,分别为58.89%和21.11%。外文书目则集中于著作、教材、讲座上,尤其以著作最多,所占比重为87.5%。由此可见,受访者推荐的中华文化课程的中文材料更加形式多样。

在课程收获方面,受访者认为通过该课程获得一定收获,占比为92.86%。具体收获包括知识与技能的维度、方法和过程维度,以及情感态度与价值观维度，认为课程可树立学生文化自信，提高文化自觉意识和文化适应能力，激发其"学人发展和学术自觉"的动力。

在课程建议方面，6人希望可以增加中华文化教学的课时；4人建议更加系统地进行教学；4人建议课程应该更重视"传播"，使文化与传播融合；2人希望该课程可以就文化现象和内涵做出详细解释。

在教学形式方面，受访者建议多增加实践性内容，融入文化教学、文化传播相关案例和文化热点事件，课堂形式可以更加丰富，如多一些趣味性的视频和动画，根据条件增加对中华文化的体验等。课程期末考核除论文之外，应拓展更丰富的考核形式，此外，还有人希望该课程能有一本专用教材。

三、总结与建议

综上所述，根据本调查收集到的全国部分高校汉语国际教育硕士生的35份调查问卷和56份访谈。本文对中华文化与传播课程进行了调研分析，总结如下：在课程设置基本情况方面，大部分高校都会开设该课程或相似课程，且多为必修课，但培养目标不甚明确，授课内容和侧重点也不尽相同。就师资力量而言，该课程的授课教师经验丰富，具有6年以上上课年限的教师占比超过50%；授课教师研究背景多为文学类，也有教育学、语言学、汉语国际教育等。在教学情况方面，多数院校对"传播"的重视不够，对一些关键概念的界定也不同，部分院校只侧重于中华文化知识的讲解，未融合文化与传播，对汉语教学相关现象阐释不够。

本文对中华文化与传播课程建议如下：第一，对于课程相关概念的界定以及课程培养目标等应该有相对统一的标准；第二，课程中应该更加关注"传播"内容，不能只停留在对中国文化的讲解上；第三，课程的考核形式可以更加多元化；第四，课程设置可以多增加课堂实践活动，增强学生的教学实践能力。

总之，中华文化与传播课程应关注课程核心概念的界定，聚焦培养目标，在教授中国文化知识的基础上，注重文化知识与传播的融合，注重汉语国际教育文化教学概况、教学技巧的传授，注重汉语国际教育中国文化教学演示与实践，包括文化课试讲和文化活动讨论等部分，同时做到多种授课模式相结合，使中华文化与传播课程切实做到围绕高层次、应用型、复合型专门人才培养目标，在学术理论背景支持下，注重汉硕生创新性、技能性、实践性能力的培养。

(2019广东省学位与研究生教育改革研究项目"汉硕中华文化与传播课程框架具化研究"阶段性成果)

第二节　讨论分析与产出实践参考关注点

一、范例展示前的提问

在范例9和范例10展示之前，引导汉硕生关注如下问题：①论文关注汉硕生文化课程什么问题？②论文中如何回应这些问题？③对将来的文化教学实践有哪些启示？

二、课堂讨论

范例9和范例10展示结束之后，汉硕生先分小组简单讨论，然后集体讨论，最后由教师分析并总结。一般范例展示和讨论在第一课时全部完成，教师在第二课时进行小结和分析。范例展示之后，汉硕生通过阅读范例，要讨论的是范例9和范例10发现了汉硕文化课程中的什么问题，对汉硕生将来的文化教学实践有什么启示。

三、从三方面对范例进行总结和分析

（一）总结范例提出的问题

范例9和范例10都认为汉语国际教育在快速发展的同时也产生了许多亟待解决的问题，其中，汉语国际教育硕士研究生的中华文化与传播课程，既缺乏量身定做的教材，也缺乏相关的课程研究。

（二）尝试解决路径

范例9通过对具体班级的中外汉硕生进行有关中华文化与传播课程教学的问卷调查，同时结合海外志愿者对课程的反馈，了解到中外汉硕生对中华文化课程及教材的不同需求。中外汉硕生都非常需要了解中国文化知识；此外，中国汉硕生还想了解怎么进行文化课教学，而国际汉硕生则对组织文化沙龙感兴趣。在学习期间，两者遇到的最大困难都是没有教材。

时隔8年，范例10再次对中国汉硕生的中华文化与传播课程进行了问卷调查，不同的是，范例10将调查范围扩大到了全国27所高校，除了汉硕生，还得到了个别授课教师的相关数据。

（三）启发

中外汉硕生在课程学习中都非常重视中华文化知识的比重，在课程需求方面则有不同，中国汉硕生已经通过课程学习和海外实践了解到中华文化传播能力的重要，尤其是课堂管理和中华才艺的重要性，所以汉硕生在学习过程中要有意识地学习和培养这两方面能力。此外，调查也显示在目前的中华文化与传播课程中，不少院校其实并未清晰地界定课程的核心概念，以致课程只关注教授中国文化知识，而并未注重文化知识与传播的融合。

结合传播学理论，传播最基本的三要素——发送者、信息、接收者，都应该受到关注。范例9和范例10中，教师都是课程信息的发送者，而发送者的个人特征、传播技能等都会影响发送者对信息的把关行为，同时发送者的组织（如院校）其实也会影响教师对信息的筛选，所以在范例中可以看到有些院校教师并没有清晰地界定课程中的核心定义，且教师个人作为发送者的能力素质等都会影响其对信息的把关。而中华文化与传播课程，其课程信息首先同样具有信息的特征，既有客观性又有主观性，同时还具有多样性和复杂性，所以不同院校对课程的定义既有相同，也有不同的做法。但既然是课程信息，就应该符合它的认识功能和社会功能，所以在将来的发展中，课程核心定义应该尽量满足其认识功能和社会功能，即对汉硕生有启迪和教育等作用，而不能一直含糊下去。

同样，汉硕生作为课程的接收者，本身就有不同的个体心理差异，同时也有分众化的倾向。例如，中国汉硕生普遍关注如何进行文化课教学，而国际汉硕生更关注文化活动组织。总之，课程教学作为一种传播形式，院校、教师、汉硕生都必须认真思考其中的发送者、信息和接收者需要关注的不同方面。

第十六章　汉硕教学实习情况调查分析

[导　语]

1. 本编重点关注汉硕生文化教学实践能力的培养。文化教学实践能力既指汉硕生的专业能力，也指汉硕生的一般能力。
2. 本章讨论汉硕生可以从汉语国际教育硕士实习调查中得到的启发。
3. 本章体例编排为"范例展示＋分析＋产出文化实践启发"。

[关键词]　汉语知识；教学技能；课堂管理

第一节　范例展示

一、范例展示之前的准备

根据本编的安排，首先由教师展示范例 11 论及，接下来是本级汉硕生在课堂完成对范例 11 论文的讨论，最后教师总结并分析，进而从范例 11 产出文化教学实践关注点。

在范例课堂展示正式开始之前，本班汉硕生需要提前准备，在组长的组织下，共同完成范例 11 论文的课前阅读和小组分析。

二、范例展示

【范例 11】

汉语国际教育硕士教学实习情况调查分析

一、研究背景及意义

实习是培养学生实际工作能力的一个重要环节，可以使学生真正接触教学对象，了解教学内容、教学方法和教学效果，发现自身在知识和能力等方面的不足，以便弥补。本调查以问卷为主，以个别人员深度访谈为辅，对本院除汉语志愿者和其他国际学校之外的院内实习（以下简称"教学实习"）情况进行调查分析。调查结合了课程设置与实习方案，以期对学院专业课程设置和实习方案提出合理化建议。

二、调查问卷的整体情况分析

（一）问卷调查的目的

本次调查目的是考察中山大学国际汉语学院（现中山大学中文系国际汉语中心）教学实习情况，包括全程实习方案及课程设置方面的情况，考察课程设置的合理性，找出中山大学国际汉语学院教学实习存在的问题，提出相应的解决方法。

（二）调查问卷的设计与调查过程

本文的问卷由23道单选题、12道多选题和4道问答题组成，分成四个部分，调查对象是中山大学在读汉硕生。匿名问卷收回了49份有效问卷，约占总人数的63%。由于2009级汉硕生大部分已经毕业，调查比较困难，只收回了37%的问卷，而2010级和2011级汉硕生的问卷总回收率为77.5%，保证了这次调查结果的可靠性。

（三）教学情况的问卷调查

1. 参与教学实习基本信息

调查结果显示，参与教学实习的学生中，本科就读专业为英语或其他语种的占44.9%，专业人数占比最高。就读汉语国际教育的人数为第二位，占34.69%。在读研之前65.31%的学生没有教学经验，约占到总人数的2/3。教学实习以读写课为主，故有一半以上的学生教读写课，此外，汉硕生实习承担的课型占比从高到低分别为听力（占36.73%）、口语（占22.45%）、泛读（占24.49%）、精读（占8.16%）、汉字与HSK（汉语水平考试）辅导（占18.37%）。

有44.9%的汉硕生的每周课时数是4课时，36.73%的学生每周课时数为6课时。除了10名正在实习的2011级学生，其余被调查者的教学时间都达到了3个月或3个月以上，而教学实践达3个月以上的占到总人数的59.18%，近60%的实习生课时超过培养方案规定的40课时。

在教学形式上，有63.27%的学生独立承担课堂教学，28.57%的学生以独立教学为主，其他老师指导或配合，一小部分担任助教，学生均可以得到充分的锻炼机会。

2. 汉语国际教育教师的胜任能力特征

这部分主要调查实习生在实际操作过程中遇到的困难、问题以及对自身教学能力的认知与评价。

被调查者中，备课所花时间最多的是"设计教学活动"，占总人数的36.73%；选择"制作PPT"和"准备语言和文化知识"两项的人数较为接近，分别占总人数的 26.53% 和 28.57%；而"找教学材料"所花时间最少，占总人数的 8.16%。

当问及"在实习时面临的困难"时，"知识不足"为被选最多的一项，占总人数的 51.02%；其次是"所学理论无法应用于实际"，占到了 34.69%，这个问题与专业的课程设置息息相关；另外，有 30.61% 的学生选择了"学生态度不积极"；选择"课堂秩序难以维持"的人数占 22.45%，排在第四位；还有 16.33% 和 18.37% 的学生分别选择了"语言障碍"和"缺乏专门指导老师"。

不足方面，有 63.27% 的学生认为自己的教学技能不足，有 46.94% 的人觉得课堂管理能力不够，有 32.65% 的学生认为自己的汉语知识还不够，这是选择人数最多的三项。总之，汉语知识、教学技能和管理能力是实习教师最为欠缺的能力。认为准备不充分的，也是这三项。

顺利完成教学实习的最大优势，一半以上的学生认为自己在实习中的最大优势是"对工作充满热情与信心"，46.94% 的学生觉得自己"环境适应能力强"，另外也有很多学生认为自己的敬业精神比较强。选择人数最少的（"其他"选项除外）的三项为"文化知识丰富""教学能力强""语言知识丰富"，即前文已经总结的新教师最为缺乏的汉语知识、教学能力。

本次问卷还设计了一道实习者对自己教学实习工作胜任程度的问题。57.51% 的学生认为自己"还可以"。这是实习者对自己工作能力的肯定及鼓励。

从以上调查可知，大部分实习者能够明确认识到自己的不足，并设法去解决，工作热情高，因此对自身的评价也比较积极。与此同时，当被问到教学实习收获如何时，51.02% 的学生认为很有收获，剩下 48.98% 的学生认为有一些收获，均没有负面评价。这证明了教学实习对学生还是很有成效的，每位学生都或多或少能从中得到收获。

（四）关于研究生课程设置的问卷分析

1. 课程设置调查结果及其分析

这部分是关于汉硕生专业课程设置的调查，通过实习生在实习过程的实际感受，评价课程设置的科学性以及可能存在的问题。这部分调查分成选择题和问答题两类。

（1）课程设置问卷调查选择题。

在教学过程中，大部分学生（48.98%）认为所学知识在教学中的运用程度一般，其次有 42.86% 的学生基本用到了所学知识。选择完全用到或用不到的人数比较少。这个结果与前面有 34.69% 的学生认为教学中遇到的困难是所学理论无法应用于实际的结果基本一致。

对完成实习工作最有帮助的教学理论内容,选择人数最多的三门,分别为"汉语作为第二语言教学"(57.14%)、"汉语语言要素教学"(53.06%)、"教学设计与管理"(30.61%)。对于认为汉语本体及汉语作为第二语言教学类课程应占整个课程的体系多大比例,不少学生(38.78%)认为汉语本体及二语教学类课程应该占整个课程体系的21%以上,其次有32.65%的学生认为汉语本体类课程应该占到整个课程的16%～20%。问卷调查结果显示,被调查者中有中文背景(汉语言文学、汉语国际教育)的人数为46.93%,虽然其他非中文背景的学生在第一学期也选修了综合基础知识(汉语言文学),但是经过教学实践,仍然有40%以上的学生认为应该提高汉语本体的课程比例,更有半数以上(51.02%)的学生认为汉语作为第二语言教学这门课程的内容和学时应该增加。

在汉语知识及教学方面,对完成教学工作有帮助的,有71.43%的学生认为词汇教学系列非常有帮助,同时也有69.39%的学生认为语法教学比较重要,有32.65%的学生选择语音,有24.49%的学生选择汉字及其他。由此可以看出,词汇与语法教学是教学的重点,在教学中的利用率比较高。

在专业学习中,关于有效的学习方式,选择人数最多(81.63%)的是"课堂教学观摩",学院的"一带多"见习要求学生必须听指导老师16节课,还可以听其他老师的课,另外汉语作为第二语言教学也组织学生观摩北京语言大学和本院老师的教学录像,这种教学设计对学生能力的提高非常有效。选择人数较多的另外三种学习方式包括"课堂模拟教学等实践活动"(69.39%)、"教学案例与分析"(61.22%)、"有指导的讨论"(48.98%)。我院开设的汉语作为第二语言教学、教学设计与管理以及"一带多"见习的模拟试讲和试讲包含了课堂模拟教学等实践活动。

(2) 课程设置问卷调查问答题。

关于课程设置这一部分调查的最后有两个问答题。第一个问题是"对本院专业的课程设置,您有什么样的看法或建议?"大部分调查者都提出了意见,关于课程设置的意见主要分为五类:第一,开设的课程比较多,但是内容不够深入;第二,知识性课程比较少,学生的本体知识不够扎实;第三,应该更加注重教学能力的培养;第四,对课程内容的建议,如希望教学调查与分析课增加内容,讲解写论文和读文献时能用到的统计方法;第五,对管理方面的意见,如希望减少作业量,给学生更多看书消化的时间。

第二个问答题是"您觉得本专业的三种类型(核心课程、拓展课程、训练课程)分配比例是否合理,可以提出您的个人意见。"除去未作答或无效的答案，有90%以上的学生认为三类课程的比例分配比较合理。

2. 对国际汉语学院全日制研究生课程设置的建议

（1）加强汉语言基础知识教学。根据学生的反馈和实际情况，可以调整课程设置，增加汉语本体课程比例，开设针对不同本科专业的研究生的汉语本体课。

（2）完善教学类课程内容。本专业学制两年，目的是培养具有实际应用能力的汉语国际教育教师，注重实效性和实用性，建议调整内部结构比例，提高"汉语作为第二语言教学"在核心课程中的课时比例，增加"教学设计与管理""汉语语言要素教学"在拓展类课程中的比例。

（五）全程实习方案的问卷分析

1. 全程实习方案的调查结果分析

（1）实习方案问卷调查选择题。"在教学实践期间遇到问题，您是否主动和指导老师提出并讨论"，选择"一般"的人数最多，占总人数的42.86%，选择"经常联系"和"偶尔联系"的人数相同。77.55%的学生认为"一带多"需听16节课的安排比较合理，认为太多或太少的人数不多。91.84%的学生认为有必要在实习之前进行课型培训。

（2）实习方案问卷调查问答题。本次调查设计了两道关于教学实习的问答题。第一，"实习之中或之后是否收到学生或老师的直接反馈意见或评分，这些反馈或评分对你启发大吗？"绝大多数学生收到了反馈，认为启发性很大。第二，"您觉得我们有必要建立实习考核制度吗？可以提出您的个人意见。"80%的被调查者认为课堂教学实习应该建立考核制度。

2. 对实习方案的建议

根据调查结果，结合大部分学生的问题和意见及国际汉语学院实际情况，本文提出如下建议：

（1）建议学院建立资料库，方便师生使用。本次调查显示，有接近1/3的学生将大部分备课时间花在了准备课件上，主要原因是很难找到与课文相符合的图片，说明缺乏相应的资料储备。建议学院按照课型或教材分门别类积累与之相关的图片、例句，并按课型或教材种类分工收集，统一管理，向全体师生公开。

（2）规范课型培训。国际汉语学院在开学初，会按照课型及使用教材安排课型组培训，这种课型组培训对于新教师来说还不够规范，建议增加培训时间，将课型组培训与教材培训相结合。

（3）建立清晰正规的考核制度。目前，国际汉语学院在汉硕生实习结束后，会将留学生的评分以邮件形式发送给每位实习生。建议学院建立如下考核制度；完善全程实习方案；增设监督老师，建议课型组组长兼任；指导老师和留学生共同打分；将评分结果制作成纸质表格发给实习生。

（原载于《海外华文教育》2013年第3期，此处有删节改动）

第二节 讨论分析与产出实践参考关注点

一、范例展示前的提问

在范例11展示之前，引导汉硕生关注如下问题：①论文关注汉硕生国内实习的什么问题？②论文中如何回应这些问题？③对将来的文化教学实践有哪些启示？

二、课堂讨论

范例11展示结束之后，汉硕生先分小组简单讨论，然后集体讨论，最后由教师分析并总结。一般范例展示和讨论在第一课时全部完成，教师在第二课时进行小结和分析。

范例展示之后，汉硕生通过阅读范例，要讨论的是范例11发现了汉硕文化课程中的什么问题，对汉硕生将来的文化教学实践有什么启示。

三、从三方面对范例进行总结和分析

（一）总结范例提出的问题

实习是培养学生实际工作能力的一个重要环节，可以使学生真正接触教学对象，了解教学内容、教学方法和教学效果，发现自身在知识和能力等方面的不足，但汉硕生具体在本校面向留学生的教学实习情况如何，尚需调查分析，以期对汉硕生专业课程设置和实习方案提出合理化建议。

（二）尝试解决路径

汉语国际教育硕士专业学位的培养方式是课程学习与汉语国际教育实践相结合。根据这一方案，当时的中山大学国际汉语学院制定了《全日制汉语国际教育硕士专业学位研究生全程实习方案（学生版）》，目的是使汉硕生从入学起即沉浸在课堂教学的实践中，充分、切实培养学生教学与教学管理的能力。除出国的汉语志愿者，其余学生留在国内实习。通过对这部分汉硕生的调查发现，汉语知识、教学技能和管理能力是研究生作为新手教师最欠缺的三个方面。范例11在调查分析的基础上对本院汉硕生的课程设置和实习方案提出了具体改进建议。

（三）启发

从范例11可知，当时的汉硕生面对的是学院一套完善的实习机制，所以汉硕生能够进入指导教师们的课堂听满16节课，还能进入非学历留学生的班级参与不同课型的授课，并能得到相应指导教师对自己实习情况的及时反馈，实习后还有授课对象、指导教师的综合评分，从而切实得到沉浸式的教学实习经验。

目前形势已经发生了变化，本校汉硕生存在缺乏实习对象的问题，再加上疫情影响，出国担任汉语志愿者的机会也受到各种不确定因素的影响，国内和国外实习均有困难，但范例11通过调查得出的结论，仍然可以给今天的汉硕生带来启发，那就是：汉语知识、教学技能和管理能力是汉硕生作为新手教师最欠缺的三个方面。针对这三个方面，作为培养单位，要进一步完善汉硕生课程设置；作为学习者，汉硕生要有意识地在有限的条件下锻炼这三个方面的能力。

本教材接下来关于教学实践的案例也希望能对汉硕生的教学技能、课堂管理提供一些有益的启发。

第十七章 国内实习课堂管理案例分析

[导　语]

1. 本编重点关注汉硕生文化教学实践能力的培养。文化教学实践能力既指汉硕生的专业能力，也指汉硕生的一般能力。

2. 本章讨论汉硕生可以从国际学校小学生课堂管理案例中得到的启发。

3. 本章体例编排为"案例展示＋分析＋产出文化实践启发"。

[关键词]　发送者；信息；接收者

第一节　案例展示

一、案例展示之前的准备

根据本编的安排，首先阅读案例7，接下来是本级汉硕生在课堂完成对案例7的讨论，最后教师总结并分析，进而从案例7产出的文化教学实践启发。

在案例课堂展示正式开始之前，本班汉硕生需要提前准备，在组长的组织下，共同完成案例7的课前阅读和小组分析。

二、案例展示

【案例7】

国际学校的课堂奖惩

一、案例背景

（一）选题缘由

近年来，随着我国经济不断发展，"汉语热"在全球持续发酵，汉语学习者出现了低龄化的趋势。越来越多的国际学校在全球开设了汉语课堂，这为汉语国际教育专业的学生提供了大量实习和就业的机会。进入国际学校工作、实习的汉语国际教育教师普遍认为在国际学校最难的不是教学，而是课堂管理。但目前国内对课堂管理的研究主要集中在本地中小学，尚未涉及国际学校。而汉语国际教育研究方面，相关的论文大部分都是关于汉语国际教育课堂教学方面的研究，几乎没有专门的针对课堂管理方面的研究。国外对课堂管理的研究虽然比较全面，但也鲜有针对汉语作为第二语言教学的课堂管理研究。

本文收集整理2012年1—5月间广州美国人国际学校（American International School of Guangzhou）小学部实习教师遇到的各种中文课堂管理问题。经过分析，发现很多课堂管理案例都涉及奖励和惩罚的使用。合理地实施奖惩可以促进学生的身心发展，但滥用之则无法达到效果，甚至会对课堂管理产生非常消极的影响。本文选取4个问题最为集中、最具有代表性的案例进行了详细分析。希望通过这些分析，能给国际学校的教师及海外汉语志愿者在课堂管理方面提供借鉴和参考。

（二）研究对象

广州美国人国际学校（以下简称"美校"）成立于1981年，它由美国领事馆创办，是一所非营利性的国际学校，也是目前广东最大的一所被美国西部学校联合会认可的国际学校。学校从幼儿园到12年级，实行小班授课制，除个别班级学生人数接近20人，其他班级人数都在10人左右。由于家庭原因，学生流动性极强，人数不稳定。

二、奖励案例分析

通过对案例的描述，可以发现教师奖励学生的整个过程都围绕着奖励物发生。案例中教师使用不同的言语，导致学生不同的反馈，所以本文选取两个典型案例从奖励物、学生反馈、教师言语三个角度进行分析。

（一）奖励失败的案例分析

1. 案例背景

该案例发生在2012年2月份，实习教师在美国人国际学校已经实习了近2个月，开始逐渐进入独立教学阶段。案例中的班级为美国人国际学校一年级中文最高班。班级中的学生全部都是华裔，学生汉语水平很高，但是非常调皮，上课无法安静下来，学生不能按时完成实习教师布置的作业。

2. 案例描述

一年级课堂秩序混乱，学生不愿意完成作业，为了改变这种情况，实习教师决定在班级里实行奖励的方法：凡是努力完成作业和积极参与课堂活动的都会获得奖励，奖品是纸质的缩印一元钱"人民币"。某一天，好多学生迟到。实习教师站在讲桌前，对学生说"我们开始上课"。几个迟到的学生大声喊："老师，给钱！""老师，我写作业了，给我钱。""今天大家迟到，我不想耽误太多上课时间，写作业的同学非常好。""老师你课后发钱会耽误我们下课时间啊，我还想去上厕所！"一个小男孩不高兴地说。"好了我们先开始上课。""老师不给钱，我就不写作业。"他一脸不悦，不停嘟囔着。

实习教师没有理睬他，开始上课。在做课堂生词练习时，她将全部同学平均分为四组，以小组比赛的形式进行练习。但是今天大家的积极性明显不高，那个小男孩在小组里面不停地说话，声音越来越高。实习教师没有理睬他，带领学生进行组词比赛，最后有一个小组赢得了比赛，但是学生又嚷着要钱。"好，非常好。尤其那一组。""不给钱，我们就不写作业，也不上课了。"那个男孩突然站起来。班级陷入了混乱，几个孩子在旁边偷笑，有人鼓掌。僵持了一会后，下课铃响了。事后，实习教师向美校的指导老师反映了情况，指导老师问那个孩子："你为什么要上中文课？""为了学习中文。""那老师为什么要布置中文作业？""为了……""老师让你写中文作业是为了让你更好地学习中文，那你上课认真听讲、参加小组活动是为了挣钱吗？""不是……"小男孩低下了头。

3. 案例分析

（1）奖励物。

斯金纳（Skinner）的行为矫正（behavior modification）理论认为，学生在课堂上的各种行为都需要教师矫正，学生无法达到自我控制。教师可以使用鼓励、表扬、惩罚等方式达到矫正学生行为的目的。案例中，实习教师就试图使用奖励来激发学生的学习积极性，纠正学生的不良行为（陈国华，2013）。

a. 物质奖励。

案例中，一年级的学生正处于前运算阶段，对钱的概念比较模糊，没有明确的金钱观。实习教师的奖励虽然没有直接使用真正的钱币，但它让一年级学生认为老师奖励的就是钱。用钱激励学生会使学生认为钱很重要，对金钱产生盲目崇拜，这不利于学生身心的发展。滥用物质奖励还会混淆学生的学习动机，学生认为写作业就是为了获得奖励，导致学生对所学知识漠不关心。部分学生重视这种奖励，是因为重视金钱的价值。因此，课堂上出现学生无法安静上课，一直向老师"要钱"的现象。

b. 奖励物刺激性。

李虹（1993）指出奖励的效果取决于奖励物的刺激性。教师在进行物质奖励时要重视奖励物的刺激强度。过强的物质奖励会对学生的行为产生强烈的影响，导致以后的弱刺激奖励方式对学生没有作用。从刺激的强度的来看，奖赏的刺激强度要远大于表扬和赞许。

案例中的学生只有一年级，刚脱离幼儿园，还处于对新环境的适应期，内心敏感，对父母和教师依赖感强，受奖励和批评的影响较为明显。因此，对一年级实施缩印钱币的奖励方法刺激性过强，是不恰当的。案例中，实习教师为了节省上课时间，将奖励物由缩印钱币更换为口头表扬。但口头表扬与缩印钱币相比是一种弱刺激奖励方式，无法达到奖励的效果，因此案例中出现学生不满实习教师对获胜小组进行言语表扬，继续出现"要钱"的现象。

（2）学生反馈。

条件反射理论认为人类的一切行为源自动机。动机分为内部动机和外部动机两种。内部动机是指由个体的内在需要引发的动机（温晓虹，2013）。例如，学生产生了学习兴趣，从而积极主动地学习。而外部动机是指为了获得某种结果而引发的动机。例如，奖状、分数、教师对学生的认同。学生的学习动机本应该是内部动机即对汉语感兴趣，但案例中学生主要体现的是外部动机即对奖励的渴求。

案例中的教师在奖励学生时，没有全面考虑班级的学生情况。班级学生大体可以分为两类：一类是有内在动机，即喜欢汉语；另一类缺乏内在动机，即不太喜欢汉语。对于第一类学生，教师不需要过多奖励。奖励这类学生，无法增加他们的学习动机，还容易使他们对奖励产生依赖。奖励行为使学生将写作业与奖励物相联结，教师一旦不给予奖励就会削弱他们的内在动机。对于第二类学生，教师有必要实施奖励。适时地奖励第二类学生，可以增强他们的信心，使他们对汉语产生兴趣。

教育心理学指出使学生保持学习动力的不是外部刺激（外部动机），而是学生的内在动机。上述案例中的教师使用的缩印钱币的奖励方式虽然加强了学生的外部动机，但没有强化学生的内部动机。教师可以试图让教学内容更贴近学生生活，改变教学方法，将图片、游戏、视频等教学手段合理地融入中文教学中，使学生喜欢中文课，对中文感兴趣。

强化物可分为正强化物和负强化物两种（转引自李玉荣，1996）。正强化物就是教师在课堂上暂时性地忽略扰乱课堂秩序的行为，将注意力集中在学生遵守规范的行为，通过树立榜样来营造一个有序的课堂环境。而负强化物就是惩罚，比如在课堂上教师用言语批评。例如，教师在发现课堂秩序混乱时可以对学生说"我班的某某同学进入教室就打开书开始练习写字，让我们给他鼓鼓掌。"所以在上述案例中，教师可以使用正强化物的方法改善课堂混乱的秩序。

（3）教师言语。

奖励可分为赞许、表扬和奖赏。这里所说的教师言语侧重于言语奖励——赞许和表扬。积极的反馈（言语）对学生的动机有加强的作用，因此教师赞许和表扬对学生的行为是非常重要的。

案例中，实习教师无论是表扬小组还是表扬个人都仅限于"非常好"。教师总是重复这样的言语奖励，会导致学生认为老师的表扬毫无新鲜感、缺乏新意、不真诚。实习教师语言所承载的信息量太小，不足以使学生产生满足感。教师说"非常好"这种奖励指向目标是含糊的，没有阐明谁做了什么、究竟好在哪里，致使奖励效果微乎其微，所以教师在言语奖励学生时一定要明确奖励的对象（具体行为）。例如，教师可以说："你们小组非常好地完成了老师交给的任务，在游戏中小组成员一起合作，以最快的速度完成了任务，所以老师对你们提出表扬。"这种言语奖励方式就有效地说明了奖励的是谁，奖励学生的哪种行为。

4. 小结

由上述案例可以发现，教师为了提高学生的学习积极性，采用了缩印钱币的奖励方法，但这种方法不但没有达到奖励的效果还引发了师生冲突。

下面将介绍一个奖励成功的案例，通过这个案例可以看到教师如何有效地实施奖励。

(二) 奖励成功的案例分析

1. 案例背景

该案例中的孩子是美校五年级母语最高班的学生，他们从学前班就开始学习汉语，汉语水平很高。但五年级的学生不太认可新任的中文实习教师，上课也不愿意配合教师。

2. 案例描述

五年级的学生一直让实习教师很头痛，似乎对实习教师上课有明显的抵触心理。实习教师在讲台上讲课，学生在下面各做各的事情。实习教师让学生参与课堂活动，学生也很难打起精神。于是实习教师向美校的指导老师请教，指导老师建议使用奖励的方法来提高他们上课的积极性。实习教师决定在五年级实行这样的奖励方法：如果学生上课的时候能够认真思考并且回答教师提出的问题，实习教师就奖励他们一块水果糖。最开始，许多学生很兴奋。有几个学生却一脸不屑地说："不就是几块糖吗？"还有几个孩子在下面小声嘀咕："我妈妈说吃糖牙疼，我不要糖。"实习教师很无奈对所有学生说："老师知道你们家中都有糖，但这是对你回答对问题的一种奖励，说明你学到了东西。"

下课后，实习教师去请教指导老师，指导老师让她在课堂上多夸奖学生，不要只看重学生的学习效果，要适当扩大奖励范围。那天下课，实习教师主动对一个不喜欢上中文课的学生说："老师看到你经常帮助他人，你真是个好学生。"那个学生下堂中文课居然认真听讲并积极回答问题。后来，指导老师又建议实习教师换一种新奖励方式，即学生答对问题可以得到书签或者得到一颗小星星。选择小星星的学生要把小星星放到讲桌上的一个透明的大罐子里，当所有的孩子共同将罐子里的星星集满，实习教师就带领五年级的学生开一个中文主题party（聚会）。实习教师在班级里宣布了实施奖励的规则，许多学生说很喜欢小星星，并且期待能够与实习教师一起开party，这样的奖励措施使得师生关系变得越来越融洽。

3. 案例分析

（1）奖励物。

存在主义教育观强调"个人的自由选择"，它认为教育的目的不是让学生去接受什么，而是让学生学会怎样选择，学生选择的过程是一个认识自我和发展自我的过程。存在主义教育方法指出，教师要尊重学生，给予学生选择的权利。因此，教师在教育学生的过程中应该尊重学生的个人选择。

案例中，教师使用的"小星星和书签"的奖励物就符合了存在主义教育观。一方面，教师没有强制性地制定规则要求学生必须选择什么，也没有把自己的价值观和人生观强加给学生。另一方面，学生拥有选择的权利。自主选择自己想要的东西，可以使学生由被动接受者变成活动参与者，增强积极性。

课堂是有序的学习环境，给予学生选择的自由并不意味着学生可以做任何事。小星星和书签的奖励方式提供了选择的权利，使学生获得了尊重，增强了奖励的趣味性。而且这种选择保持在一定限度之内。教师给出了学生奖励的前提——要表现得好，并且给出了选择范围——书签或小星星。因此，这种奖励对学生的行为产生了变相控制作用。

整体效应要远远大于个体产生的效应，对集体进行奖励的效果要优于只对个体进行奖励的效果。案例中，教师就实施了个体奖励和集体奖励两种方法。糖果和书签都是个体奖励，但书签的奖励效果要优于糖果，因为书签与学习密切相关，更具有实用价值。但小星星和书签相比，小星星是一种集体的奖励方式。学生为了能够举办中文party放弃其他奖励方式而选择小星星，可以培养学生乐于分享的品质。实习教师在实施小星星的奖励方式后，班级秩序得到了有效改善，这就是整体效应大于个体效应的体现。

（2）学生反馈。

通过案例可以发现，学生都很喜欢老师的奖励物，学习积极性得到了很大提高，学生同实习老师的关系也得到了很大改善。这是因为小星星和书签的奖励方式大大满足了学生心理需求。对于国际学校的小学生而言，他们年龄还比较小，自我实现、审美、求知欲望表现得不明显。由于他们生活条件优越，父母和学校都能非常好地保护他们，生理和安全的需求表现得也不强烈，所以对他们来说爱与尊重是最希望得到的。爱的需求就是人人都渴望得到爱和关心，希望得到他人的帮助。案例中，教师夸奖学生的个人品质、生活方式使学生有种被关心、被爱护的感觉。这满足了他们渴望得到爱的需求。尊重需求包括尊重他人和被他人尊重。案例中的实习教师通过小星星和书签的奖励方式让学生自己选择喜欢的奖励物品，使学生有种被尊重的感觉，这满足了学生的尊重需求。

(3) 教师言语。

目前对学生的奖励多数只关注学习成绩，而忽视了其他方面的奖励。乐于分享、喜欢帮助别人、诚实、守信这都是小学生应该培养的优秀品质。在奖励学生时，教师应帮助学生认识到自己的优点。案例中的教师发现学生喜欢帮助他人，于是对学生说"你真是个好学生"，这是对学生思想品质的表扬。教师发掘学生的优点进行奖励，可以增强学生对教师的信任感，也可以帮助不同的学生树立信心。

学生对教师的信任感是至关重要的，这有利于建立良好的师生关系。良好的师生关系对于课堂管理是极为有利的，关爱型的师生关系会让彼此都受到尊重。美校的指导老师建议实习教师改变奖励策略，赞扬学生的生活习惯、学习习惯和道德品质，这会让更多的学生获得教师的夸奖，有利于建立良好的师生关系。小学生还处于认知发展阶段，容易受到身边人的影响，良好的师生关系可以使学生较快地接受新老师。案例中的学生对新老师的态度经历了一个从抵触到接受的过程。这就说明实习教师通过对学生的表扬，与学生建立了良好的师生关系。

没有经验的教师常常会将成绩作为奖励的重点，在表扬学生时会说"你学习成绩真好""考得真棒"，而有经验的老师不局限于成绩，会对学生进行全面表扬——"你乐于帮助别人，是个好学生""你把书包整理得真好""你从来没有迟到过"。因此，教师应该将奖励重点由对成绩的肯定转变为对个人的肯定，如个人品质、生活习惯、学习习惯等。全面的奖励有利于增强学生的自信心，使其接纳教师，增强学习兴趣。

(三) 奖励案例对教学的启示

分析上述两个关于课堂管理奖励实施的正、反案例，可得到如下启示：不单纯使用物质奖励，不使用刺激性过强的奖励，尊重学生的选择，多进行集体奖励。了解学生动机，满足学生需要，在表扬学生时一定要指向明确，包含大量的信息，善于挖掘学生的优点。

三、惩罚案例分析

惩罚在学生管理中有重要的地位，因此惩罚是一种不可忽视的课堂管理方法。但惩罚实施不当会造成非常恶劣的影响。本文选取了两个案例，第一个案例是师生之间发生了激烈的矛盾冲突，教师滥用惩罚，对学生身心造成了非常恶劣的影响。第二个案例是教师合理地实施了惩罚，矫正学生的不良行为。案例将按照惩罚时段分为惩罚前、惩罚中和惩罚后。其中，惩罚前可以从惩罚的目的、惩罚的原则进行分析，惩罚中从师生冲突的角度进行分析，惩罚后从学生反馈的角度进行分析。

(一) 惩罚失败的案例分析

1. 案例背景

本案例中的教师在台湾当地学校执教多年，案例中的班级是美校三年级，主要由非母语背景学生组成。

2. 案例描述

美校新招聘的教师很严厉，不允许学生上课发出任何声音。在课堂上，教师背过身在黑板上写东西，班级里的学生却在后面打闹。教师很不高兴，转过身大声说："不要说话了！"但学生们都若无其事地嬉闹着，没有人理睬她。她提高嗓门大声对全体学生嚷："都不许说话！"学生渐渐安静下来，她刚一低头，打算拿起书，学生又开始不停地打闹起来。她有点愤怒地说："闭嘴，你们无法坐着听课，就全都站起来！"学生缓缓站起来，课堂变得很沉闷。教师拿起书打算让学生回答问题，却发现课堂里的学生有的很难过，有的面无表情，有的好像不服气。

"老师，刚才 Blair（布莱尔）拿我铅笔。"这时教师发现 Tony（托尼）一副完全不在乎的样子，边笑边打着小报告，看到教师注视自己便愈加放纵。Blair 是教师平时最喜欢的学生，教师看了一眼安静下来的 Blair，对 Tony 说："你闭嘴，去那里站着。"小男孩一脸不服气说："刚才说话的还有 Blair, unfair（不公平）、unfair……"然后不停地在教室里叫喊。教师愤怒了，直接拿着胶带，一把将学生拉出了教室，用胶带将孩子的嘴封住。Tony 拒绝上中文课，家长向校长投诉，校长请教师离职。

3. 案例分析

(1) 惩罚的目的。

叶琴（2007）指出，惩罚按照目的可以分为教育性惩罚和非教育性惩罚两种。前者是为了纠正受教育者行为上的过失。后者是人们根据自己的主观意愿进行惩罚，是一种报复的方法，只以终止人的行为为目的，是"为了惩罚而惩罚"，单纯让学生感受惩罚带来的痛苦，这只会让学生产生报复心理和逆反情绪。

这就要求教师在惩罚学生时，要明确惩罚目的，认识到惩罚针对的是学生的不良行为，而不是受惩罚者本身。教师要让学生了解为什么会受到惩罚，其行为给别人带来了什么危害。只有这样，学生才能从心理上接受惩罚，改变自己的行为。

案例中，教师在惩罚学生的整个过程中都没有明确惩罚的目的。首先，在发现班级出现违纪现象的时候，只是对学生说"不要说话了"，批评对象不明确，会使学生产生教师没有批评自己的错觉，因此无法达到批评的目的。其次，当教师无法有效制止学生扰乱课堂纪律的行为时，对全班学生实施罚站，这种惩罚使部分学生产生抵触心理。最后，教师没有控制好自己的情绪，导致矛盾激化。回顾案例中教师惩罚学生的整个过程，其惩罚行为已经变成了一种泄愤行为。

（2）惩罚的原则。

王雪（2008：5）指出，规训和体罚都属于教育惩罚。规训是指言语上的惩罚，如批评、警告、斥责等。体罚是通过身体的刺激使学生感到疼痛，达到改正不良行为的目的，包括罚站、罚抄写等。根据教学经验，这两种惩罚方式不存在孰优孰劣，重要的是实施惩罚的人是否能够掌握尺度，是否能做到公平、公正。

此外，要注意惩罚适度原则。张栋（2012：27）在论述惩罚的适度性时指出，惩罚必须与学生所犯的错误相匹配，要综合考虑学生的各方面因素。惩罚的程度，要与学生的不良行为的程度成正比。但目前还无法量化这个比例，教师通常都是在实施惩罚后通过学生的反应来检验惩罚是否适度。案例中的教师存在过度惩罚学生的现象。对于班中的纪律问题，教师首先使用了规训的方法，严厉训斥所有学生。Tony屡教不改，教师对其实施了体罚，后来用胶带将其嘴巴黏住，对学生身心造成了极大的伤害。这种惩罚与学生所犯错误不成正比，因此是一种不适度的惩罚行为。

惩罚公平性原则。郭建耀（2008）指出，惩戒要公正，对所有的学生一视同仁，要使惩戒做到对事不对人。教师在维持课堂纪律时，一定要注意公平，否则无法收到良好的教育效果。教师和学生作为教学活动的主体，其地位是不平等的，多数情况下学生都是被动接受者，因此教师在惩罚学生时一定要做到公正。公正主要体现在两个方面：制定公平的规则和公平地实施惩罚。案例中，老师没有公平地实施惩罚，对课堂上违反课堂纪律的Blair和Tony持不同惩罚态度。由于偏爱Blair，因此没有理睬Blair的过失行为，而对 Tony 严厉惩罚，这对 Tony 非常不公平。

（3）师生冲突。

通过案例可以发现，教师和学生之间的关系不和谐，有激烈的矛盾冲突。林存华（2006）认为师生冲突可以从教育学、心理学、社会学和文化角度做分析。在美校，由于师生间的文化差异，师生冲突更明显地表现在文化方面。

第一，案例中的冲突表现为师生文化冲突、成人和儿童的文化冲突。师生之间有不同的价值观，当出现摩擦时，谁都没有放弃自己的文化，因此摩擦激化上升为冲突。案例中，教师代表成人文化，认为自己拥有绝对权威，学生应无条件服从。而学生代表了一种儿童文化，它受成人文化影响，既希望成为成人文化的一部分，又想打破这种成人文化主导的秩序。当教师以严厉的态度斥责学生时，后者产生了反抗情绪，变本加厉，将自己的行为视为向成人挑战。

第二，案例中的冲突表现为中美文化差异。在中国传统文化中，教师一直被等同于父母，要求学生要像尊敬父母一样尊敬教师，教师要像家长爱护子女一样爱护学生。当代新型师生关系更像是朋友关系，它要求师生之间有良好的沟通和交流。案例中的教师在台湾当地学校执教多年，但来美校执教时间还很短，对美式教育的校园文化不太适应。美式教育讲究民主平等，而该教师从开始就制造了一种紧张气氛，态度强势，导致课堂整体气氛不和谐。可能还深受其原来学校传统道德观的影响，该教师认为师生关系是一种命令和服从的关系。

（4）学生反馈。

谭亚莉（2000）认为，惩罚呈现的是一个负性刺激或剥夺一个正性刺激以使某种反应减少的程序。学生在受到教师惩罚后会出现三种行为模式：顺应模式、抑制性模式和对抗模式。顺应模式就是学生在被惩罚后为了避免再次受到惩罚而顺应教师要求。抑制模式是受惩罚后将所有过错归因于自己，从而产生不安、紧张、自责的情绪。对抗模式是受惩罚后，在心中要求教师有一个归因过程，如果教师归因不正确，学生就会产生逆反情绪。

案例中，教师发现班中学生发出声音后大声呵斥学生不要讲话，这时候多数学生为了避免再次受到斥责都安静了，这就是一种顺应模式。顺应模式的学生也分两类：一类是内心认同老师的，会安静下来，心里认识到自己的错误，愿意纠正自己的行为；另一类是不认同老师的，即使不在课堂上与老师出现激烈冲突，心中对老师的惩罚也是不满。教师让学生回答问题，教室里鸦雀无声，这很可能就是部分学生在受到惩罚后对自己扰乱课堂秩序的行为感到自责，认识到自己的不足。这类学生大多内心比较敏感，教师的严厉批评会严重损害他们课堂的积极性。该教师没有说明惩罚学生的具体原因就让学生闭嘴，很容易使一部分学生产生逆反情绪。案例中的学生 Tony 偏要在这时打小报告，就是一种反抗，说明其进入了反抗模式。

（二）惩罚成功的案例分析

1. 案例背景

此案例发生在 2012 年 1 月，圣诞节假期刚刚结束，学生似乎还沉浸在圣诞节的喜悦中，上课出现明显的注意力不集中、喜欢说话等现象。

2. 案例描述

实习教师进入班级就对所有学生说："上课！"但学生没有理睬她，继续打打闹闹，于是她大声对所有的学生发出指令："请安静！请坐好！"（这是美校为学生制定的安静指令）。学生很懒散地说："我安静！我坐好！"实习教师微笑地看着他们没说话。课堂安静下来，老师开始上课，可 Wendy（温迪）一直趴在桌子上玩手机。实习教师走过去将她的手机放进书包里，并将书翻到所学教材的页码。Wendy 开始认真听讲。很快课堂上又有学生嬉闹起来，实习教师告诫所有的学生："如果说话超过 3 次就会送到校长那里。"实习教师继续上课，并在白板上写下刚才扰乱课堂秩序学生的名字。没过多久，Robin（罗宾）发出笑声从椅子上突然跳起来。这时实习教师发现他已经被记名 3 次，于是就说："Robin, follow Miss Su and go to the office of headmaster, please.（罗宾，请跟苏老师到校长办公室。）"他突然央求："Please, I will never do that.（求你了，我不再这样做了。）"虽然实习教师心软，但根据几个月上课经验，以后惩罚他，他肯定不改正错误。于是，实习教师将 Robin 交给指导教师，送到校长办公室。校长拿出了学校的行为守则，指出他的行为违反了其中的规定，很严厉地批评了 Robin，让他签了一个 caution（警告）。实习教师回到教室继续上课，班级变得非常安静。学生认真听讲，并且积极回答问题。下课时，实习教师批评了 Wendy，希望她以后认真听讲。实习教师多次与 Robin 沟通，担心上次事情对他造成不良影响。Robin 安静了很多，和实习教师的关系反而变好了。

3. 案例分析

（1）惩罚的目的。

周冬梅（2006：4）将教育惩罚分为报应主义惩罚观和功利主义惩罚观。前者认为，惩罚的目的在于震慑。教师为了矫正学生的不良行为，通过惩罚的手段震慑学生，使学生更正自己的行为。后者认为，惩罚的目的在于预防。教师惩罚学生可以对其他学生产生威吓效应，预防不良行为。

案例中，教师实施了有效惩罚，达到了惩罚目的——震慑和预防。Robin 由于屡教不改被送到校长办公室，受到了应有惩罚。当教师要将他带到校长办公室，他立刻转变态度，乞求实习教师不要惩罚他，这说明惩罚对他起到了震慑作用。当实习教师回到教室发现所有学生都安静地上课，这说明学生已经认识到扰乱课堂纪律会受到惩罚，所以惩罚有效地预防了学生问题行为再次出现。

（2）惩罚的原则。

周冬梅（2009：15）总结前人观点认为，教师在实施惩罚时，要遵守目的性、法治、公正、灵活、底线、适度、适时等原则。

本案例中，教师之所以会实施惩罚成功，很大程度上源于其遵守了惩罚的适时原则。首先，教师没有在学生出现扰乱课堂管理问题时，立刻对学生采取措施，而是用目光暗示。这种方法可以有效保护学生的自尊心，这时候部分学生已经安静下来。实习教师看到学生上课玩手机，走过去将她的手机放进书包里，并将书翻到所学内容，这种管理方式有效避免了在课堂上直接批评学生。实习教师对学生进行了课后批评这种延时惩罚，也可让学生认识到自己的不足。但案例中的 Robin 一再扰乱课堂秩序，甚至从椅子上跳下来。这说明教师温和的课堂管理方法在 Robin 身上不奏效。这类学生性格易冲动，延时惩罚会减弱他的负罪感，因此教师就有必要采用及时惩罚的方法，这更有利于矫正学生的问题行为。

（3）师生冲突。

丁静（2004）指出，从教育学角度分析师生冲突，可以发现师生冲突深受学生不良行为影响。师生冲突按照激烈程度可以划分为一般冲突和激烈冲突。学生由于动机不明，自我管理能力差，往往会出现扰乱课堂秩序的行为，师生冲突不可避免。而师生冲突不但有消极作用，还有积极作用。

案例中的教师和学生就发生了一般性冲突，学生扰乱纪律，教师试图阻止，学生不听，由此引发师生冲突。最终，实习教师采用了第三者介入的方法解决。这次冲突有积极的建设性作用，在一定程度上有利于实习教师树立威信，并有利于重构师生关系。

（4）学生反馈。

案例中，学生的不良行为得到了矫正，惩罚也没有对学生身心造成不良影响。这最主要的原因是校长成功地实施了惩罚。此外，实施惩罚者拥有绝对的权威。

美校的校长在学校的地位是至关重要的，他不光承担着组织日常课堂教学的任务，还负责学校的课堂管理，因此校长在学生心中具有权威的地位。

案例中，校长在实施惩罚的过程中，明确地说出了对学生的要求，学生的过失在哪里，哪些行为违反学校的规定，将对他人造成什么不良影响，所以最后学生心甘情愿地接受惩罚。按照学校的学生行为规则，在课堂上屡次出现不良行为者需要签署 caution。如果有 3 个 caution，校长会约见学生家长。因此，实习教师将严重违反纪律的问题学生交给校长处理是一种解决课堂管理问题的好办法。

（三）惩罚案例对教学的启示

通过分析两个惩罚案例，可以得到如下启示：杜绝非教育性惩罚，实施教育惩罚的目的应该是震慑和预防；惩罚学生时应注意公平、适度和适时；惩罚学生后，区别对待进入 3 种模式的学生；加强交流，减少矛盾冲突，树立教师威信。

（原载于《海外华文教育》2015 年第 3 期，此处有删节改动）

第二节　讨论分析与产出实践参考关注点

一、案例展示前的提问

在案例 7 展示之前，引导汉硕生关注如下问题：①论文关注国际学校课堂管理的什么问题？②论文中如何回应这些问题？③对将来的文化教学实践有哪些启示？

二、课堂讨论

案例展示结束之后，汉硕生先分小组简单讨论，然后集体讨论，最后由教师分析并总结。因为案例 7 涉及课堂管理问题，所以分析和讨论会比较详细。

三、从三方面对案例进行总结和分析

（一）总结案例提出的问题

越来越多的国际学校在全球开设了汉语课堂，这为汉硕生提供了实习和就业的机会。进入国际学校实习、工作的汉语国际教育教师普遍认为在国际学校最难的不是教学，而是课堂管理。但目前国内对课堂管理研究主要集中在本地中小学，尚未涉及国际学校。而汉语国际教育研究方面，相关的论文大部分都是关于汉语国际教育课堂教学方面的研究，几乎没有专门的针对课堂管理方面的研究。国外对课堂管理的研究虽然比较全面，但也鲜有针对汉语作为第二语言教学的课堂管理研究。

（二）尝试解决路径

通过收集整理广州美国人国际学校小学部实习教师遇到的各种中文课堂管理问题，发现很多课堂管理都涉及奖励和惩罚的使用。案例显示，合理地实施奖惩可以促进学生的身心发展，但滥用则无法达到效果，甚至会对课堂管理产生消极影响。通过分析关于课堂管理奖励实施的正、反案例和惩罚的正、反案例，得到了具体启示。

（三）启发

通过调查发现，汉硕生作为新手教师往往特别欠缺课堂管理能力，所以案例7的启发就非常重要。案例7显示，对于低年级学生，课堂管理方面不应单纯使用物质奖励，更不应使用刺激性过强的奖励，而要尊重学生的选择，多进行集体奖励。同时，应该了解学生的学习动机，尽量满足学生被尊重的需要，在表扬学生时一定要指向明确，包含具体信息，善于挖掘学生的优点。

而教学管理中如何使用惩罚，案例7给出的启发是，应杜绝非教育性惩罚，教师实施教育惩罚的目的应该是震慑和预防。惩罚学生时一定要注意公平、适度和适时。惩罚学生后，还要善于区分应对惩罚不同模式的学生。师生间应加强交流，减少矛盾冲突。教师应努力提升自身能力，树立教师威信。

结合传播学理论，传播最基本的三要素有发送者、信息、接收者，三要素都应该受到关注。案例7中无论是奖励或惩罚，教师都是奖励或惩罚信息的发送者，而发送者个人的世界观和价值观、个人特征、传播技能等影响着发送者对信息的把控。案例7启发教师应该尽量公平公正。而奖惩的信息，也应该符合它的认识功能和社会功能。在案例7中应有启迪、教育等功能，而不是像贴住嘴的胶布那样，只是泄愤。同时，汉硕生还能从案例7中得到的启发是，作为接收者的小学生本身就有不同的个体心理差异，同时有分众化的倾向，即基本都有这个年龄段的特点，他们对事物还缺乏理性的认识，所以不能用"代币"作为奖励物。总之，课堂管理仍然是一种传播，教师必须认真思考其中的发送者、信息和接收者需要关注的方面。

第十八章　国内实习对教师形象的要求案例分析

[导　语]
1. 本编重点关注汉硕生文化教学实践能力的培养。文化教学实践能力既指汉硕生的专业能力，也指汉硕生的一般能力。
2. 本章讨论汉硕生可以从来华留学生对教师形象的要求中得到的启发。
3. 本章体例编排为"案例展示+分析+产出文化实践启发"。

[关键词]　发送者个人因素

第一节　案例展示

一、案例展示之前的准备

根据本编的安排，首先阅读案例8，接下来是汉硕生在课堂完成对案例8的讨论，最后教师总结并分析，进而从案例8产出文化教学实践启发。

在案例课堂展示正式开始之前，本班汉硕生需要提前准备，在组长的组织下，共同完成案例8的课前阅读和小组分析。

二、案例展示

【案例8】

来华本科留学生对教师形象的要求研究

身为人师的最初经验对于一名教师的整个职业生涯都至关重要。但新手教师走上讲堂的最初体验却有83%以上伴随着焦虑情绪，汉语国际教育教师面对的是具有跨文化背景的外国学生。研究发现，教师语言知识和能力、教学能力、学生异质性、教学条件、校方压力等因素通过学生课堂表现和师生关系的中介作用而影响教学效果、教师自尊和教师自我效能感，最终导致教学焦虑的产生（张蔚、徐子亮，2016）。

本文认为其中的自我效能等与教师的形象相关。所谓形象，指一个人对社会、对群体、对他人有了一定认知之后，便会产生相应的印象（薛明、余明阳，2012：156）。汉语国际教育新手教师常常疑惑、焦虑自己在留学生心目中究竟留下了什么印象，是否符合教师形象。所以研究教师形象有助于汉语国际教育新手教师减轻教学焦虑，更利于长远的职业发展。

从传播学角度来看，与他人互动时，我们在传播。作为汉语国际教育教师，从进入课堂起就开始了传播。这个过程中，学生对教师的第一印象首先来自教师形象。在人际认知中，第一印象会产生持久的心理效应，从而影响后续的信息传入。美国心理学家阿尔伯特·梅拉比安（Albert Mehrabian）在《无声的信息》中说明了视觉形象的重要性，认为每个人在给予他人的印象中，55%源于外表形象和举止，38%源于谈话方式，只有7%源于谈话内容（转引自于晶，2012）。对于来华留学生而言，汉语国际教育教师对其学习生活有重要意义，在当代学校教育中，研究证明：高素质的教师始终是决定学生成功与否的重要因素。优秀的教师会对学生的一生产生影响，大多数学生是否喜爱某一学科取决于教师素质（尹南南，2016）。

教师素质有不同定义，一般认为包括职业道德、人格素质、专业知识与教育教学能力四部分（李琼，2007）。人格是指个人在社会化过程中形成的性格特征和精神品格。所谓教师人格，是指教师在职业劳动过程中形成的道德意识和心理表征，即思想、性格、气质、能力等特征的总和（钱焕琦、蒋灵慧，2015）。本文所讨论的教师形象即属于教师人格。

在汉语教学工作中，大部分新手教师往往对即将展开的教学工作感到无措，除了担心专业知识储备不足、课堂管理能力欠缺之外，也对自己的教师形象是否符合留学生的要求而心存疑虑。留学生与国内大学生对教师形象的要求是否不同？对教师形象的要求是否存在性别差异？本文希望通过调查和对比对这些问题加以讨论，并从教师形象角度为从事汉语教学工作的新手教师提出一些有益建议。

一、教师外显和内隐形象定义

漫长的教育历程总结出的教师形象基本要求是，学高为师、身正为范。具体而言，教师形象是指教师群体的道德、修养、知识等内在特征通过行为、外表等外在形式综合展现给社会公众的整体印象（关桓达，2011）。可定义为：在教育教学活动及社会生活中，教师综合素养的外在表现，及其在人们头脑中形成的印象或评价（于晶，2012）。因其是复杂的多维系统工程，作为社会系统中的个体，教师良好的集体形象隐含职业角色下的个体形象，两者的统一便构成教师的职业形象。因为教师形象外显性与内隐性的统一，教师必须着手语言、仪表、人格与行为的完美塑造（朱德全，2000）。

总之，本文认为仅从教师个体出发，将教师形象理解为内隐和外显两个层面比较合理，即个体的教师形象包括外显的语言、仪表和行为形象，以及内隐的人格形象。

二、研究设计及样本的选择

性别是一种社会文化的建构（康奈尔，2003：26），男女两性对教师形象的要求可能不同，因此本文将从外显和内隐两方面来考察本科留学生不同性别对汉语国际教育教师形象的要求，并与国内大学生对教师形象的要求进行对比。

本次调查从中山大学本科留学生中选取两个年级进行取样。调查于2016年11月进行，因为调查由两位教师在各自任课班级随堂发出，所以问卷回收率高，共发出问卷97份，收回问卷97份，无效问卷0份，有效问卷97份。在被抽取的调查者中，男生52人，女生45人。

三、调查结果分析

（一）来华本科留学生对教师外显形象的要求

问卷一共20道题，第1～10题调查关于教师的外显形象，第11～20题调查关于教师的内隐形象。关于教师的外显形象，来华本科留学生的要求的统计与分析结果如下。

问题1. 上课时，你会注意教师的容貌吗？（单选题）

选择"会"的问卷有51份，选择"不会"的为12份，另有34份选择"不关心"，分别占问卷总数的52.58%、12.37%和35.05%。调查数据显示，超过一半的学生会注意教师的容貌，这符合第一印象重要性的界定。

问题2. 你认为教师的妆容、服装、发型等会影响你上课吗？（单选题）

认为"产生影响"的有31人，占31.96%。另有68.04%的学生认为"没有直接相关性"或"不关心"，可见教师妆容、服饰等对授课效果的影响不大。

问题3. 你认为教师上课应该穿什么样的衣服？（单选题）

11份问卷选择"穿着衬衫、西装"之类的正装，84份选择"都可以，是教师的自由"，仅有2份选择"T恤、牛仔裤"之类的休闲装。由此可见，留学生对教师的着装表现出了较大的宽容度，但正装倾向仍比休闲装倾向要显著。

问题4. 女教师上课不化妆，男教师衣服有点皱巴巴，你可以接受吗？（单选题）

调查结果显示，大多数学生接受教师自由的修饰状态，占比71.13%。

认为均无法接受的占10.31%。有15位学生认为"女教师可以不化妆，男教师不可以衣服皱巴巴"，仅有3位学生认为"女教师不可以不化妆，男教师可以衣服有点皱巴巴"。可见，学生对教师形象的要求中，"整洁"是比"修饰"更为基础的要求。

问题5. 女教师如果总是喜欢戴很多夸张的饰品，如大耳环、粗戒指、复杂手链等，你接受吗？（单选题）

在这个问题上，学生"可以接受"和"不关心"的总数共占80.42%，与中国人对教师外在形象的预设相比，留学生对于女教师的个人装饰问题表现得比较通融，仅有19.59%选择不能接受。

问题6. 教师的衣服较短或其他，你接受吗？（单选题）

选择"不能接受""可以接受""不关心"的比例相近，分别占35.05%、29.9%和35.05%。明确选择"可以接受"的学生为29人，略少于选择"不能接受"的学生。

问题7. 如果教师上课有一些不雅动作，如挠头、挠痒等，你可以接受吗？（单选题）

有43.3%的学生表示"不能接受"，有18.56%的学生表示"可以接受"，有38.14%的学生表示"不太关心"。对比前面几题的回答可以看出，学生对教师不雅行为的容忍度比对着装随意的容忍度低，并且"挠头"等行为可能易激活"不整洁"的联想，因而让学生"无法接受"。由此可见，学生仍将"整洁"视作基本要求。

问题8. 你希望教师怎样上课？（单选题）

选择"自信且面带微笑"的教师达到58.76%，成为学生的首选，38.14%的学生更喜欢"活泼、表情很丰富"的教师，仅有3.09%的学生选择"严肃认真"的教师。可见，学生既不希望教师过于"活泼"表现出"孩子气"，也不希望教师过于"严肃"显得难以接近，"自信"的教师才能较好地诠释学生心中理想教师的形象。

问题9. 上课点名时，教师用食指数人数，你可以接受吗？（单选题）

选择"可以接受"和"无所谓"的所占比例高达76.29%，另有23.71%的认为无法接受。总体上，大多数学生对教师的手势语并不敏感。

问题10. 当课堂比较吵时，教师用手拍桌子示意安静，你可以接受吗？（单选题）

选择"可以接受，比较能引起学生注意"的占比为47.42%，选择"不太能接受，感觉不太礼貌"的占比为27.84%，选择"无所谓"的占比为24.74%。与前面问题相比，"中立人群"明显减少，多数学生给出明确选择。教师"拍桌子"的行为，学生思考的首要标准是，能否提高课堂效率，而不是礼貌。由此可见，学生对教师课堂管控能力的要求明显高于对教师着装、行为是否得体的要求。

总之，来华本科留学生超过一半人对教师的外貌会比较关注，对教师衣着、首饰和一些课堂常用手势接受度较高，但不太接受挠头、挠痒等不文雅动作。显然留学生对教师的外显形象要求不高，但在涉及课堂管理等教师职业核心技能方面，学生的容忍度明显降低，体现出对"学习"这一目标的设定较为明确。

（二）来华本科留学生对教师内隐形象的要求

问题11. 你最不能接受教师的哪种行为？（单选题）

数据显示，来华本科留学生最不能接受的是"对待学生不公平"，占比39.18%；其次是"表里不一"，最后是"说话不文明，举止粗鲁"，分别占29.9%和26.8%。仍表现出来华本科留学生对教师内在形象的要求高于对外貌和举止的要求。

问题12. 你认为教师对自己的工作应该有什么样的态度？（单选题）

来华本科留学生选择"充满激情，钻研教学并且更关爱学生"的占48.45%，选"认真工作，态度严谨，钻研教学"的占27.84%。大部分学生都不赞同"上课只是一份工作"。这是"教师"这一职业的特殊性使然，上课必有"授者"与"接受者"。这是一个双方互动的过程，教师既需要较好的专业能力，同时又要考虑到学生的"接受能力"，二者应相互融合。

问题13. 你认为什么样的教师才是认真负责的教师？（多选题）

在这一多选题中，答案比较分散，数据显示：认为"备课充分"和"清楚地回答学生问题"是认真负责的教师应具备的首要素质，两项分别占比69%和61.86%。另有48.45%的来华本科留学生认为"能够根据学生来改变自己的教学方法"也是教师工作认真的表现。显然，学生对"认真负责的教师"的定义，有由核心能力向"边缘能力"呈比例下降的趋势。学生首先要求教师具备专业知识并能合理解答疑问，其次是会因材施教，然后才是教师专业能力的持续提高，再到关心学生生活，最后是批改作业和不迟到、不早退。可见"授业"和"解惑"是学生心中认真负责老师的最基本要求。

问题14. 你认为一个好教师应该和学生建立什么样的师生关系？（单选题）

有51.55%的来华本科留学生认为应该是"平等的朋友"关系。另外，有30.93%的学生认为是"知识的学习者和教授者"的关系。选择"长辈和晚辈"以及"领导和下属"的只占11.34%和3.09%。可见，超过半数的学生不满足于仅仅是知识"传授者"与"接受者"的关系，但也不喜欢"领导与下属"或"长辈与晚辈"的关系。

问题15. 你希望教师怎样关心你的学习？（多选题）

分居前三的选项是，"偶尔问我的学习情况""经常问我的学习情况""我不来上课，教师应该问我原因"，分别占比44.3%、42.2%和37.1%；还有20.62%的学生认为"学习是我自己的事情，不需要教师特别关心"；仅有7.22%的学生认为"我不来上课，教师不要问我原因"。由此可见，大部分学生都希望得到教师关于自己学业的问询，或者至少应该注意到没按时上课的学生。

问题16. 你认为下面哪些是教师"关心学生"的表现？（多选题）

对于教师关心自己的方式，学生们的选项也较为分散。有意思的是，学生既希望教师关心自己，但又不希望与教师过分亲密。大多数学生认为教师只需要在自己有困难的时候乐意伸出援手即可，但无论是批评还是表扬，教师都应该建立在了解学生性格、爱好的基础之上，并做到态度诚恳、温和。过分严厉和过分宽松，学生都不满意。

问题17. 你认为教师必须是严格遵守公共道德的人吗？比如遵守交通规则、不插队……（单选题）

超过一半（占比55.6%）的学生认为"应该是，教师的行为会影响学生，所以教师应该先做好榜样"。认为"不一定，但如果是，我会更尊重、更喜欢教师"以及"不需要，这和我学习汉语没有关系，我不太关心"分别只占26.8%和16.4%。可见教师不仅是"教书"也要起到"育人"的表率作用。

问题18. 教师应该有高尚的个人品德吗？比如诚实、善良、友好、喜欢帮助别人……（单选题）

有45.36%的学生选择了"应该有，教师品德高尚会给学生带来好的影响"，另有41.24%的学生选择了"如果有，我会更加尊重教师"，仅13.4%的学生选择"不一定要有，只要教师上课好就行"。

问题19. 你认为一个好教师应该怎么处理学生对自己的反对意见？（单选题）

有72.16%的学生认为教师应该"勇于承认自己的错误，接受学生的意见"，该选项占据绝对优势。还有13.4%的学生认为教师可以"表面不接受，但用行动改正"。只有8.25%和6.19%的学生分别认为"学生不应该反对教师"和"保持教师的威严，不允许学生怀疑"。这体现了新时代的学生希望教师能够正视自己的错误并积极改正的要求，亦是对不能反对"师长"

的传统教育观念的不满。这与上文问题14中，学生期望与教师建立"平等的朋友"关系互为印证，学生们希望老师也能虚心接受学生的意见。

问题20. 你觉得下面哪一项是好教师最应该具有的性格？（单选题）

比例较高的前两个选项是"尊重理解学生并成为学生的朋友"和"热情友善，喜欢帮助学生"，分别占45.36%和42.27%。另有8.25%和4.12%的学生分别认为应"认真严格，督促学生完成学习任务"以及"以身作则，要求学生做的事自己先做到"。这仍反映出留学生对师生关系的期望是"朋友关系"，教师乐于帮助学生。

综上所述，可以发现，在教师的内隐形象方面，大部分来华本科留学生不能接受来自教师的不公平对待，对教师的道德水平有较高期待。希望教师认真备课、钻研教学，关爱学生，在学生有困难时提供帮助。师生关系方面接受的是平等的朋友关系，希望教师能勇于面对自身错误并接受批评，热情、友善、尊重学生。总之，来华本科留学生对汉语国际教育教师的外显形象要求宽松，但其对内隐形象要求较高。

四、文化对比：与中国大学生对教师形象的要求是否存在差异

（一）中国大学生对教师形象的要求

关桓达（2011）的研究显示，当前中国大学生对大学教师形象的期望包括四方面：一是人格魅力。能够以其独特的人格魅力去影响和感染学生。二是道德品质。尤其强调教师要勇于维护公正、正义。三是业务素质。要求教师既要有渊博的专业知识，又要有精湛的专业技能；既要有高超的教学水平，又要有极强的科研能力。四是关爱学生。希望教师与自己沟通和交流，理解自己的创新性。

总体来看，中国大学生把知识渊博、治学严谨作为一位最受欢迎教师的首要标准。排在第二位的是态度和蔼，平易近人。排在第三位的是幽默风趣。排在第四位的是理解、尊重学生，与学生多交往，使师生关系更多地融入友情成分。排在第五位的是亲切热情，有活力。

姚本先、汪祚军（2009）的研究显示，学生最反感的是自以为是和武断的教师。知识贫乏、肤浅被排在反感的第二位。上课粗枝大叶、照本宣科是大学生反感的第三位。做作、虚伪、不守信用排在第四位。待人冷淡、不易接近排在第五位。总之，目前中国大学生对高校教师的要求更多地属于教师内隐形象。

（二）来华本科留学生与中国大学生对教师形象要求的异同

相同的是，中国大学生和来华本科留学生对教师的知识水平、道德水准都有较高要求，都要求教师尊重、关爱学生。

不同的是，半数以上的留学生选择接受朋友式的师生关系，而中国大学生接受的是融入友情的师生关系。在程度方面，留学生与中国大学生也存在一定差异。本调查还发现，有72%的留学生希望，教师在面对错误时可以勇于承认自己的错误，接受学生的意见。虽然暂时未找到准确的数据显示中国大学生希望教师如何面对自己的错误，但研究资料表明，中国大学生非常反感教师的武断、自以为是，以及知识贫乏，从某种程度上侧面反映了中国大学生希望教师勇于承认自己的错误。

总之，中国大学生更多地接受教师呈现"传道、授业、解惑"者的教师形象，但也有新的时代特点，如不喜欢不易接近的教师，而留学生可能更注重教师与学生民主、平等的朋友关系。

五、性别对比：来华本科留学生对教师形象的要求是否存在性别差异

语言学家尼科斯（Nyikos）说过："性别在教育学、心理学及语言学中是一个很重要的因素，把它排除在语言学习研究对象范围之外实在是不可思议。"［转引自杨荣丽、杨跃（2009：106）］了解不同性别来华留学生对教师形象不同的要求，有助于新手教师树立良好的教师形象，尽快顺利开展汉语教学工作。

（一）对教师外显形象的要求是否存在性别差异

关于教师外显形象的一致要求。大部分来华本科留学生对教师外显形象持较宽容态度，但不接受教师课堂上的挠头、挠痒等不文雅动作。

关于教师外显形象的不一致的要求。结果显示，男生似乎比女生更关心外显形象。女生对教师的外表不关心的比例远远大于男生。问卷调查时，中山大学中国语言文学系国际汉语中心教师性别构成为：男教师5人，占比31%；女教师11人，占比69%。女学生似乎并不关心同性教师的外显形象。

外表本身就具备极高的社会属性，会被他人观看并评价。人类的天性中就存在对外表吸引力的感知和认可，人们更容易用外表来评价女性（Bar-Tal and Saxe, 1976, 转引自王紫薇、涂平，2015）。男性和女性获得社会认可和接纳的主要途径不同，外表对于女性来说更为重要（王紫薇、涂平，2015）。数据显示，这里的"社会"认可和接纳似乎更多来自男性视角。此外，对于女教师的首饰，女生更不能接受夸张的风格，也更不能接受教师不太符合常规的穿着。总体上，关于教师的外显形象，似乎男生比女生有更高的接受度，也更关注教师容貌。

（二）对教师内隐形象的要求是否存在性别差异

来华本科留学生关于教师内隐形象的一致要求。结果显示，来华本科留学生无论男女，对于教师的内隐形象方面的备课充分和个人品德都有较高要

求,都希望教师尊重理解学生。

来华本科留学生关于教师内隐形象的不一致要求。数据显示,男、女留学生对教师内隐形象不一致要求主要体现在,女生更希望教师勇于承认自己的错误并接受意见,比例高达80%,而男生的这一比例是65.38%。教育过程中的性别公平能否实现,教师是关键。教师既是教育过程中不公平的引发者,又是教育过程中公平最直接的践行者。而教师能否成为教育过程中性别公平的践行者,主要取决于其对待男、女学生的期望、态度与情感(于康平,2010)。从古至今,教育是根据一定性别模式来塑造的。学校的教育环境、教师的教育行为和思想无处不表现出"性别化"教育的特征。现代女性主义者意识到:在人类社会存在的各种差别中,男女性别差别可能是最持久存在的一种。其不平等的表现形式更复杂,消除不平等的工作也更艰巨(史静寰,2000)。也许女生在生活中因为性别原因,对不公平有更多感受,所以也更敏感。

六、来华本科留学生对教师形象的要求对新手教师的启示

(一)在教学中树立平等观念

人际交往中形成最初印象的主要因素是外部线索,如仪表、副语言、声调、面部表情等;随着认知的深入,人格特质将逐渐成为印象形成的决定因素(薛明、余明阳,2012:157)。本调查印证了这一观点,作为需要长期接触的对象,来华本科留学生确实并不太在意教师的外显形象,但对教师的内隐形象期待较多,且有突出倾向。

这提示新手教师,比有意识地树立喜欢微笑等良好外显形象更重要的,是在公共道德和个人品德方面严格要求自己,切忌照搬中国传统师道模式;此外,谨记"知之为知之,不知为不知",应坦然面对自己可能出现的失误,将留学生放在平等位置给予尊重、理解。

(二)在教学中注重公正

留学生对教师的形象要求确实存在一定性别差异,但是,所有文化都对认同的安全感、被接纳感、可预见性、关联性、连续性等有着基本的动机需要(孙英春,2008:271)。因此,教师要特别注意做到公正、客观,这样教师和学生都对公正有了一致认同,而这认同的可预见性就会带来信任,在这样的良好氛围下,学生期待的群体认同得到积极认可时,必将有利于教学工作。

总之,教师要在外显和内隐两方面了解留学生对教师形象方面的要求,更好地树立自己注重平等、公正的教师形象,以利于教学工作的开展。

(原载于《海外华文教育》2019年第6期,此处有删节改动)

第二节　讨论分析与产出实践参考关注点

一、案例展示前的提问

在案例 8 展示之前，引导汉硕生关注如下问题：①论文关注教师什么方面的问题？②论文中如何回应这些问题？③对将来的文化教学实践有哪些启示？

二、课堂讨论

案例 8 展示结束之后，汉硕生先分小组简单讨论，然后集体讨论，最后由教师分析并总结。因为案例 8 涉及教师形象，所以分析和讨论会主要围绕传播过程的发送者进行。

三、从三方面对案例进行总结和分析

（一）总结案例提出的问题

汉语国际教育教师面对的是具有跨文化背景的外国学生，研究发现教师的教学能力、学生异质性、教学条件等因素通过学生课堂表现和师生关系的中介作用而影响教学效果、教师自尊和教师自我效能感，最终导致教师可能产生教学焦虑。其中的自我效能等与教师形象相关。形象，指一个人对社会、对群体、对他人有了一定认知之后，便会留下相应的印象。汉语国际教育新手教师常常疑惑、焦虑自己在留学生心目中究竟留下了什么印象，是否像一个老师，即是否符合其心目中的教师形象，所以研究教师形象有助于汉语国际教育新手教师减轻教学焦虑，更利于其长远的职业发展。

（二）尝试解决路径

教师形象是教师素质的一部分，对开展教学活动有着重要作用。为了让新手教师了解教师形象的重要性，本章通过问卷调查的方式，对符合来华留学生预期的教师外显形象和内隐形象进行描绘，结果证实留学生对教师内隐形象的要求高于外显形象。结果还显示，来华本科生留学生更倾向于接受朋友式的师生关系，更希望教师可以直面自身错误。其中，女生更不能接受来

自教师的不公平对待；而男生则对教师的工作态度有更高的要求，更希望老师经常问及自己的学习情况。总之，教师要在外显和内隐两方面了解留学生对教师形象方面的要求，更好地树立自己注重平等、公正的教师形象，以利于教学工作的开展。

（三）启发

从传播学角度来看，与他人互动时，我们在传播。作为汉语国际教育教师，从进入课堂起就开始了传播。这个过程中，学生对教师的第一印象首先来自教师形象。在人际认知中，第一印象会产生持久的心理效应，从而影响后续的信息传入。

结合传播学理论，可以发现，本调查中教师作为教学信息的发送者，其个人的世界观和价值观、个人特征、传播技能等会影响接收者对信息的接受。虽然发送者个人必然受制于其他因素的制约，但某些情况下，发送者个人因素的影响在整个活动中可能非常突出（胡正荣 等，2008：156）。教学活动中，教师显然有非常重要的影响。而且从传播的效果来说，其中一种"转移法"就指的是将某一令人尊敬的事物的权威、认可和威信转移到另一事物上，以使后者更可让人接受（赛佛林、坦卡德，2006：105）。本章提到优秀的教师往往是学生喜爱某一科目的重要原因就是如此。

案例启发教师，在教学活动中尽量做到公平公正，尤其应该树立性别平等观念。此外，也要关注个人的内隐形象，做一个有良好道德品质的人，同时努力提高自身教学水平和学识，谦虚温和，成为受学生尊敬和喜爱的教师，才能更好地完成教学工作。

第十九章　海外实习教材适用性研究案例分析

[导　语]
1. 本编重点关注汉硕生文化教学实践能力的培养。文化教学实践能力既指汉硕生的专业能力，也指汉硕生的一般能力。
2. 本章讨论汉硕生可以从海外实习教材适用性研究案例中得到的启发。
3. 本章体例编排为"案例展示＋分析＋产出文化实践启发"。
[关键词]　传播规则

第一节　案例展示

一、案例展示之前的准备

根据本编的安排，首先阅读案例9，接下来是汉硕生在课堂完成对案例9的讨论，最后教师总结并分析，进而从案例9产出文化教学实践启发。

在案例课堂展示正式开始之前，本班汉硕生需要提前准备，在组长的组织下，共同完成案例9的课前阅读和小组分析。

二、案例展示

【案例9】

海外实习教材适用性研究

一、引言

蓬勃发展的海外中小学汉语教学带动了教材的快速发展，以海外中小学汉语学习者为教学对象的教材也应运而生，但复杂多样的教学环境、教学体制下，不同学生群体对教材的需求呈现多样化。这些"走出去"的汉语教材能否满足需求，如何选用合适的教材实现教学目标，成为海外中小学汉语教学者共同面对的问题。本文重点关注海外小学汉语教学。

英国北威尔士地区要求所有小学汉语课统一使用《YCT标准教程1》教

材，在使用过程中，教师对教材使用反馈不一，或认为"教材内容太简单"，或认为"教材的单课内容过多"。本文拟结合教学实践情况，对教材适用性问题，即是否适用于当地教学、能否有效地实现教学目标进行研究，以期帮助教材编写者收集实践经验，提高教材编写质量。

二、教材适用性研究

（一）教材及汉语教材适用性定义

关于教材的适用性，学界目前没有一个明确定义，与"适用性"概念相似的有"适配性""适切性"等。通过整合可知，教材适用性主要与教材自身属性、使用环境及教材使用者三方面因素有关，可具体分析教材与使用环境、与教师和学生需求之间的相互契合、适配关系。

（二）海内外汉语教材适用性研究

海外教材适用性受到较多关注，一般研究与教材本身、教材使用环境和教材使用者的关系，但针对普适性教材、以小学生为使用对象的研究数量很少。

国内教材适用性评价可以通过教材编者表述与编写内容是否一致的内部评估，以及学生和教师需求、课程标准和测试要求的外部评估两方面进行。同时，教材的评价可从静态和动态两方面考虑，强调教材在课堂的使用效果。常见的汉语国际教育教材评估方法是量表分析法，即赵金铭研制的汉语国际教育教材评估一览表，包括9大部分和55项具体指标。

总之，教材的适用性研究，是教材的适用性评估，指教材运用于教学过程中，与使用环境、使用者使用效果的匹配度，匹配度越高则越适用。汉语国际教育教材的适用性评估具体分两步考察：第一，通过对教材静态内容的分析，判断教材是否是一本合格的汉语教材。即，是否与编写者的初衷、编写理念、原则相匹配，是否满足汉语国际教育教材编写的科学性、实用性、针对性、趣味性原则，是否突出儿童汉语教材的特点和现阶段水平。第二，在动态教学过程中，将教材与使用环境、教师、学生使用实际效果进行动态评估。即，教材能否与语言、文化背景、课堂教学环境相适应，能否满足学生的特点和需求，能否满足教师的需求，最终有效实现教学目标，等等。

三、《YCT标准教程1》内容分析

（一）教材整体编排

教材的编写理念体现了教材的核心思想，而教材的基本架构奠定了整套教材的编写形式。接下来，分析《YCT标准教程1》在编写背景、编写目的、编写原则、教材结构体例、教材排版形式与配套五方面的内容。

编写背景。随着海外孔子学院、孔子课堂的蓬勃发展，海外中小学汉语学习者掀起了新一轮汉语学习的热潮。孔子学院总部/国家汉办于2004年推出的中小学汉语考试（Youth Chinese Test，YCT）受到海外中小学学生热切关注，参加考试的人数逐年递增。据统计，2015年报名参加该考试的人数约9万人。

编写目的。在此背景下，高等教育出版社与国家汉办考试处共同研发了"YCT标准教程"系列丛书。一方面为拟参加考试学生"更有效地学习汉语，在YCT考试中取得优异成绩"提供参考；另一方面，教材结合汉语作为第二语言的学习理论和中小学生认知发展的特点，通过活动、歌曲、故事等形式多样的活动练习注重开发学生的多元智能，改变"海外中小学汉语学习者使用的教材各不相同"的现状，而"提供科学的课程体系和有效的教学方法"。

编写原则。其一，遵循"考教结合"的原则，基于YCT考试大纲设计有效的教学内容和活动，"以考促教，以考促学"。编者认为，该理念可帮助海外学习动机不强的中小学生，通过评估和反馈获得成就感、找到学习的乐趣，同时实现家校互通。其二，教材编写注重实用性、趣味性。编者在前言中"强调在真实的语言场景中，运用自然、实用的表达，学习有趣的内容。将学生的情感、态度考虑其中，通过游戏、歌曲、故事等形式调动学生的积极性，使其享受学习的乐趣"。其三，根据"听说领先，读写跟上"的原则，教材前三册对汉字的书写未做要求。

教材结构体例。教材包括前言、目录、主体内容、附录4部分。全书共12课，以单课形式编排。第12课为复习课，由3个综合练习构成。其他每课体例课包含核心句、生词、课文、练习活动、测试5部分内容。

教材排版形式与配套。《YCT标准教程1》教材为16开本，全册采用彩色印刷，整体色彩丰富。教材字体大小、行距适中，页边距空有留白，便于学生做笔记或补充内容。《YCT标准教程1》封面选取生日聚会为场景，"生日"话题是《国际汉语教学通用课程大纲》"个人信息"中的基本话题，与个人生活紧密相关。教材插图的编排对学生而言尤为重要，皮亚杰（Piaget）的认知发展理论提到，小学阶段的儿童正处于具体运算阶段，形象思维发展要远远高于抽象思维。从教材插图的数量上看，每课除核心句编仅展示两个句子外，其余各编均配有插图。从插图形式上看，以真实图片、卡通手绘图为主，设置元素插图、单幅插图、多幅插图等形式。其中，课文和迷你故事部分以单幅、多幅插图为背景图，将教学内容以对话形式嵌入图片中，学生自然代入图片角色习得运用语言。教材配套资源包括《YCT标准教程1活动手册》及网站链接音频（MP3格式）。

（二）核心句编

核心句编是每课的第一部分，其内容是本课的核心语言点，即语法内容。语法在第二语言教学中具有重要地位。吕文华（2002）指出，"教材中语法项目的选择和编排的成功与否，是教材成败的关键"。对教材语法部分的评估，需要考虑两方面内容：选择是否科学实用，编排和出现顺序是否合理。

教材共23个语法点，其中19个语法点与一级大纲完全重合，除此之外，还有4个属于二级语法项目。但语法分布不均衡，不符合由易到难、循序渐进的编写原则。此外，教材平均每课语法点数量（2个）编排合适，符合学习者的学习规律和特点；分层次编排语言点，遵循教材编写"由易到难、循序渐进"的原则。但有某一课中的语言点数量骤然增多、语法点过于集中的问题，会给学习者造成困难。

（三）词汇编

《YCT标准教程1》共收录词汇104个，其中，一般词汇93个，标※的补充词汇11个。教材完全参照考试大纲要求的80词编写。每课平均词汇量为9.45个，词汇量极差11，最多的一课有14个，最少的仅3个。从数量分布来看，教材的词汇分布呈现不均衡态势。

词汇难度等级方面，难度等级90%为甲级词汇，8.75%为乙级词汇，1.25%为专有名词，丙级、丁级词语均为零。可见教材词汇的选取具有一定科学性，词汇编排符合初级语言水平。

"语言是一套由刺激、反应而形成的习惯，语言教学的主要目标是语言熟巧，而字、词的高复现率和广泛而大量的练习是通向语言熟巧的唯一途径。"（盛炎，1989）教材中复现词汇（该词为生词且出现次数≥2）相对集中，保证了学生在短期内能完全掌握该词。总体教材词汇复现率高。

教材词汇释义的方法有很多种，鉴于本教材为初级阶段汉语教材，现借鉴王汉卫（2009）的三分法释义模式：语言式、非语言式和交互式进行考察。第一种释义是对生词的意思以英语为媒介语直接释义。此类释义在教材中有64个，占比61.53%。第二种释义是对词汇的非语言式释义，主要有图片释义法和符号释义法，占36.25%。第三种释义是指同时使用语言和非语言式释义，约占比2.22%。

（四）课文编

课文是教材中的重要组成部分，"每篇课文都应该做到字斟句酌，反复推敲，细细打磨，精益求精"（杨寄洲，2003），同时"教材难编，最难的是课文"也是事实。

张宁志（2000）提出可用"百字统计平均句数"法来判断课文所处难度级别，即句数在10以上的属于入门教材，6~10的为初级教材，小于6的为中高级教材。教材每课设置2~3段课文，每课课文总长度不超过7句，每课平均句长2.17~10个字。从整体上看，平均句长未呈现由少到多的递增趋势，单从该角度分析，课文难度不符合由易到难的规定。依据"百字统计平均句数"法统计全册课文，选取任意100字，平均句长均小于10，故本教材为入门级教材。

《YCT标准教程1》的话题涉及9大类，且"个人信息""情感态度""社会交往"三类居多，包括自我介绍、兴趣爱好、打招呼问候等与个人、生活密切相关的话题，具有一定的实用性和针对性。教材的单课编写体例为"核心句—词汇—课文—练习活动—测试"，没有固定的文化编，而是借助其他编呈现文化点。如第三课《他是谁》中，以成龙为代表引出了"谁""国""中国"等词语的学习。在练习活动和迷你故事中，相继出现章子怡、姚明等中国明星。

（五）练习活动编

语言学习需要通过有效的练习实现从"教"到"懂"，从"练"到"会"。教材全册练习活动共35个，每课平均设置3个专项活动练习。刘颂浩（2008）认为频繁更换题型需要学生花费更多时间去适应，所以教材中题型总数控制在15种左右比较合理。根据统计，《YCT标准教程1》中的活动类型共15种，其中，小故事、唱一唱、连线匹配、说唱活动四类活动出现次数均大于4，分别占总数的22.86%、14.29%、11.42%和11.42%；其余活动出现1~2次，与频率高的搭配使用。

"YCT标准教程"系列教材编写特色中提到教材采用丰富的练习和活动，注重开发学生多元智能。虽然多元智能理论仍有争议（张玲，2003），不过可以借鉴其类型对教材活动进行分类。整体上看，教材对各种智能知识都有所涉及。其中，言语智能排名第一，每个练习活动都与语言相关，涉及听、说、读、写等不同能力的练习；形体智能位居其次，充分说明了教材是面向小学生的体验教材，需要学生身体、思想、行为相结合动起来。这与认知发展理论的观点相一致，即学生的语言认知能力经历动作、形象、语言三个阶段。这也符合小学生活泼好动的特点。

练习活动涉及文化点中，只有第七课《中国文化》有一次以"文化点"设置活动练习。承接该课"动物"话题，以中国特色的剪纸呈现出十二生肖形象，以"拼音+汉字+英译"的释义方式介绍十二生肖，并设置思考题"你的生肖是什么？你父母的呢？"，鼓励学生和小伙伴一起讨论。"玩一玩"

练习活动分别介绍了中国人对1～10的数字手势表达，以及中国人的姓名文化。"小故事"中涉及的文化点皆以图片、文字呈现。与其他专门设置"文化"背景的教材相比，本系列教材更符合小学生的学习特点，在轻松的氛围中习得效果更佳。

总之，教材中文化点的数量并不多，通过课文呈现的知识点容易识别，其他隐藏在活动练习中的文化点需要细心发现。文化点的内容包括数字手势表达、中国明星、生肖剪纸、长城、生日习俗、北京等，属于贴近生活的文化。

（六）小结

教材前言指出其适用对象是海外中小学汉语选修课学生及拟参加YCT考试的学生，使用对象明确，有针对性。从教材前言中的编写原则、编写理念来看，教材内容基本符合"开发多元智能""听说所领、读写跟上"的编写原则；生词、课文、活动练习等设计，与Y4～Y6儿童学习者的特点相匹配，具有一定的针对性。但从"考教结合"的编写理念来看，YCT考试的内容对以兴趣为出发点的当地学生而言缺乏针对性。

在整体结构方面，教材兼具教学用书及考试用书双重特点，依次编排"核心句、词汇、课文、练习活动、测试"五大编内容，结构清晰，重点明确，具有较强的科学性。

词汇的选择与学习者的生活息息相关，课文话题具有一定的实用性，教材对教师来说有可选择性、灵活性。因此，教材具有较强的实用性。

教材使用大量卡通插图及激发学生兴趣的图片。在课文内容方面，采用对话体，使学生置身于交际场景中较自然地习得语言。课文涉及的话题有明星、过生日、喜欢的食物、动物等，对学生而言很有吸引力。练习部分最能体现趣味性，形式多样的游戏、活动可调动学生学习积极性。但是，不同学生感兴趣的方面有所不同，教材不可能满足所有学生的兴趣。

总之，从静态评估角度考察《YCT标准教程1》内容，发现教材编排基本符合学生作为第二语言学习者的特点，从教材编写原则来看，具有一定的科学性、实用性、趣味性，是一本合格的针对儿童汉语学习者编写的初级汉语教材。

四、《YCT标准教程1》适用性分析

接下来，本文从动态评估的角度对该教材的适用性进行考察分析。

（一）《YCT标准教程1》与使用环境适用性分析

在任何教育环境中都会存在教材与环境的适配问题，教材与其所处的环境的匹配度直接影响教材的适用情况。

北威尔士地区是英国典型的双语地区，威尔士语作为官方语言与英语同时使用。当地教育部门注重培养学生的全球化视野，鼓励他们在英语和威尔士语外，再选择其他一门或两门外语进行学习。所以从教材使用的国家环境来看，英国威尔士地区普遍使用双语，英语和威尔士语在当地同等重要，二者都属于印欧语系。而汉语所属的汉藏语系与之差距甚远，对学习者来说，汉语、汉字都是陌生且难以正向迁移的，尤其相较于其他相同语系的语言，难度较大。教材《YCT标准教程1》目前仅有英语为媒介语的通用版，无威尔士语及其他语言版本。教材内容及反映的社会、文化皆以普适、通用为主，无国别化、本土化特征。

英国小学课程教学没有固定教学材料，教师一般根据教学大纲自行设计、选取教学内容。现选用《YCT标准教程1》为汉语课程的固定教材，与当地教育文化特点不符。但基于现阶段两方面因素考虑，暂选用该教材。一方面，当地暂无汉语课程大纲，国内编写的大纲与教学实情不匹配，该教材满足学习者适用范围，且在英国其他地区使用后反响较好，并能满足未来推进YCT考试的需求；另一方面，吸取前任志愿者教师因自由选择教材导致教学内容重复、教学缺乏连贯性等教训，为保证教学质量，应使用统一教材。

《YCT标准教程1》中诸多编写理念、原则与当地外语教学大纲、主流外语教学理念相一致。另外，从教材使用的课堂环境来看，该地区小学汉语课因学校教学需求不同而存在差异。《YCT标准教程1》不一定能满足所有教学需求，故需要教师即时补充。

英国北威尔士地区小学汉语课程均为兴趣课，课程设置每周1节，每节45分钟～1小时，一学期约5～12节课不等，没有固定的教学进度，也没有考试要求。"YCT标准教程"是一套严格依据考试大纲编写的系统性较强的教材，学生很难系统、完整地学习整本教材。

总之，该教材在语言设置、使用对象、编排理念及原则、配套音频方面，与当地使用环境相符，但在社会文化、学校具体需求以及课时安排方面仍需考虑具体教学情况。因此，从北威尔士地区教学环境来看，教材语言相配、原则相符，具有一定适用性，但教材缺乏针对性；从课堂教学环境来看，教材满足部分教学需求，但对教师课时安排、教材使用提出了较高要求。故教材与使用环境的适用性一般。

（二）《YCT标准教程1》与学生适用性分析

学生作为教材使用者之一，对教材是否适用有直接发言权。统计可知，学生年龄从8～12岁不等，是Y3～Y6的学生。英国北威尔士地区小学生一般5岁进入小学学习，这一时段学生因年龄尚小，未开设外语课程，直到

8岁左右儿童言语能力进入发展阶段才开设汉语课程，符合儿童认识发展和第二语言习得规律。

从学生现有汉语水平来看，目前最高水平为35小时的学习者。如一学期全勤，平均学时大致为10小时/学期，故教材符合学生现有汉语水平。从班级学生人数来看，学生人数一般控制在5～22人。

综上所述，北威尔士地区小学汉语的学习，从学校开设汉语课程开始。孔子课堂学生相对稳定，适合系统性学习教材。教材与英国北威尔士小学生的年龄、汉语水平适配性较高。

学生的需求调查是最直接反映教材是否具有适用性的方式，但因"英国是最早对儿童权益进行立法的现代国家，高度重视儿童权利的保护"，以儿童为调查对象的研究，需要一系列繁杂审批。现学校为保护未成年人的安全及隐私，不允许任何个人进行研究性问卷调查。所以本文未直接收集到上述156名学生的学习需求及对教材的使用评价，只能后续根据教师教学观察及教材使用过程中的反馈来确定学生的学习需求和动机，以及对教材的适用性评价。

根据教师在不同教学点的访谈反馈，可知北威尔士地区小学生具有以下特点：好奇心强，不喜欢沉闷的课堂；性格多为外向型，有较强表达欲和表现欲；具有较强的公平意识和规则意识；个性化特点明显。

总之，教材的内容和形式可满足学生部分好奇心；教材中涉及语言表达的内容较多，活动版块的歌曲、画画、小故事等为学生提供展示机会。除此之外，教师仍应将教材活动转化为课堂活动并作为教材优化使用重点，满足学生语言智能及其他多元智能的发展，通过表达和展示建立信心；教材活动设计有单人、双人、小组等多种形式，在练习时需要考虑公平性，尽量让每个学生都有练习和展示的机会。教材不能满足所有学生的需求和特点，但能基本满足大多数学生的需求，针对具体课堂的差异化教学和活动设计，需要教师进一步补充。

（三）《YCT标准教程1》与教师适用性分析

教师是教材的另一个使用主体，接下来，本文通过对正在使用该教材的汉语国际教育教师访谈等途径进行研究，以此来分析《YCT标准教程1》与教师的适用情况。

访谈对象为5名班戈大学孔子学院的汉语教师志愿者和1名与孔子学院长期合作的华人教师，访谈采用半开放、半结构的方式，结果如下。

访谈显示，教材中虽然没有排编独立的语音编，但词汇以"拼音+汉字"的形式呈现，基本满足语音讲解和练习需求。对于语法部分，所有教师都认为教材核心句编排在每课开篇较合理。对于生词量，目前认为合适、偏多或偏少三种情况都有；所有教师基本认可教材中有关生词的母语解释和注释基本可帮助学习者了解基本含义，教师则对其使用规则及用法进行延伸；生词例句释义也可理解为另一种词汇复现。对于课文部分，教材课文以对话体为主，适合汉语初学者，话题具有实用性。对于练习部分，教材的练习是引发讨论最多的部分。教材活动数量不足，不能满足绝大多数学习者学习、练习的过程；部分练习难度大，超纲词汇多。对于教材整体评价，教材为新手教师提供了一定方向和方法上的指导，给教师自己设计活动提供了参考思路。

五、建议与结语

本文以英国北威尔士地区小学汉语课使用的《YCT 标准教程 1》为例，结合教材的实践教学及使用情况，从静态和动态两方面分析其适用性。

研究发现，教材符合汉语国际教育教材编写原则，也符合儿童第二语言习得规律，具有科学性、针对性、实用性、趣味性，是一本合格的儿童汉语教材。从教材使用环境、使用者两方面评估，该教材与英国北威尔士地区的教育文化特点相适应，与孔子学院汉语教师的教学也有一定适配性，但仍需调整、删除、补充部分内容以优化教材使用。具体应加强语音重难点编写、突出语法交际项目功能、提高词汇复现率、补充学习者感兴趣的话题，并选用适合学生学习风格的活动，以实现有趣有效的教学目标，最终达成教材的适用性。

（原文于 2021 年 5 月 "第一届欧洲华文教育学术研讨会" 上宣读并入选论文集，此处有删节）

第二节 讨论分析与产出实践参考关注点

一、案例展示前的提问

在案例展示之前，引导汉硕生关注如下问题：①论文关注教材适用性的哪些问题？②论文中如何回应这些问题？③对将来的文化教学实践有哪些启示？

二、课堂讨论

案例 9 展示结束之后，汉硕生先分小组简单讨论，然后集体讨论，最后由教师分析并总结。因为案例9涉及海外实习教材的适用性，所以分析和讨论会主要围绕与教学实践相关的内容进行。

三、总结和分析

（一）总结案例提出的问题

蓬勃发展的海外中小学汉语教学带动了教材的快速发展，以海外中小学汉语学习者为教学对象的教材也应运而生，但在复杂多样的教学环境、教学体制下，不同学生群体对教材的需求呈现多样化。这些"走出去"的汉语教材能否满足需求，如何选用合适的教材实现教学目标，成为海外中小学汉语教学者共同面对的问题。

英国北威尔士地区要求所有小学汉语课统一使用《YCT标准教程1》教材，在使用过程中，教师对教材使用反馈不一，或认为"教材内容太简单"，或认为"教材的单课内容过多"。本案例9拟结合教学实践情况，对教材适用性问题即是否适用于当地教学、能否有趣有效地实现教学目标进行研究，以期帮助教材编写者收集实践经验，提高教材编写质量。

（二）尝试解决路径

海外中小学汉语教材越来越多，但海外汉语教师仍感觉"无教材可用"，这其中突出的其实是教材适用性问题。为此，案例9以《YCT标准教程1》为研究对象，以教材适用性的相关研究、汉语国际教育教材编写评估理论及儿童第二语言学习相关理论为研究基础，运用定量与定性分析法、访谈法进行研究。通过对教材整体结构、语法、词汇、课文、练习等方面进行静态评估，对照教师在当地教学环境、面对当地学习者使用教材的情况进行动态评估，讨论教材在当地教学中的适用性。研究发现，教材在当地零基础汉语课教学中具有一定适用性，但还可从教学内容、教学环节等方面对教材进行删减、补充、调整，加强语音重难点编写、突出语法交际项目功能、提高词汇复现率、补充学习者感兴趣的话题，并选用适合学生学习风格的活动，以实现有趣、有效的教学目标，最终达成教材的适用性。

（三）启发

结合传播学理论可以发现，文化是某种集体的、和他人共享的东西（没有全然的个人文化）。文化必然具有某些模式、次序或规律，因此也具有某些评估[①]的面向（只要和文化所规定的模式具有某种程度的共同性），而且随着时间的演变，文化具备动态的连续性。基本上，可以从三个观点出发来观察文化：人、物（文本、文化制品）与人类实践（社会性的行为模式）。即可以把焦点放在文本和文化制品（电影、书籍、报纸文章等）本身，或它们的符号形式及可能的意义，还可以研究媒介制造者或使用者的实践（胡正荣 等，2008：291–292）。在案例9中，海外实习教师面临的就是要考察文本即教材以及教材使用者的教学实践等是否适合当地情况，以解决国内出版教材与海外实际情况的匹配问题。

案例9启发教师，海外教学活动中应遵守当地规则。例如，英国对儿童的保护机制决定了该案例无法取得低龄学习者对教材的反馈，只能转而向其他授课教师进行访谈。案例9中的教材是考、教结合的教材，但北威尔士地区的小学汉语课程均为兴趣课，没有固定教学进度，也没有考试要求，所以对于海外实习教师来说，要对教材进行调整以适应当地的规则。

总之，汉硕生可以从案例9中理解并产出知识：教学活动也是一种传播，而传播都遵守组织规则和规范性规则，这些规则都与文化密切相关。教师在海外教学时，要了解当地的组织规则和规范性规则，才能提高所使用教材在当地的适用性，同时更好地完成相关教学实践。

---

① 适用性其实就是评估。——编者注

第二十章 汉硕模拟文化教学案例分析

[导　语]
1. 本编重点关注汉硕生文化教学实践能力的培养。文化教学实践能力既指汉硕生的专业能力，也指汉硕生的一般能力。
2. 本章通过案例讨论并确定一种文化课教学流程。
3. 本章体例编排为"案例展示＋分析＋产出文化实践启发"。

[关键词] 文化课教学流程；信息客观性；传播行为目的

第一节　案例展示

一、模拟教学之前的准备

按照绪论所示，第三编最后将由本级（如2021年则为2021级）汉硕生分5个小组各完成1次模拟文化教学实践，也称"试讲"。在正式的课堂试讲之前，本级汉硕生观看往届教学录像，然后在各组组长的组织下，各自完成小组内的教学试讲任务。在任务开始前，各组应提前分工、筹划、统合，最后合作完成课堂试讲。

（一）先观看教学录像

每个小组在试讲之前都需要提前观看指定教学录像，并预先了解对课堂教学（也包括课堂教学的录像）的评价标准。需要说明的是，因为录像所属权等问题比较复杂，需在征得被录像的授课教师（该教师原为本校汉硕生）同意之后，再将该教师的完整教学单元录像交由课代表提前发给本班汉硕生。每组学生可以小组集体观看，也可以个人选择时间自行观看，然后全体汉硕生在课堂上重点讨论教学录像有关议题，内容大致包括该课结构、优点、不足、对汉硕生接下来试讲的启发等。

（二）所有小组先内部试讲

为了让每个汉硕生都能体验模拟试讲，在正式的课堂试讲之前，每组汉硕生都要首先在本组内部试讲，小组内部试讲要求录像，小组成员全部在组内试讲之后，推选出小组讲得最成型的版本作为本组试讲作业提交到课堂上，并由该组具体负责教学试讲的同学到讲台上面向全体汉硕生完成实际试讲。第三编结束时，如果有5个小组，则该年级一共完成5次课堂试讲。

往届各小组在试讲时大多能完成相应任务，当然也存在一些问题。下面选择其中一个案例进行展示和分析。

二、模拟文化教学案例

【案例10】

当代中国旅游

本组汉硕生根据教师对文化试讲的要求，将教学对象设定为初级汉语水平留学生，即注意降低模拟试讲的语言难度，然后根据教师要求将文化试讲主题确定为与当代中国人生活相关的专题，结合班级共同观摩以前教学录像之后的课堂讨论和教师针对教学录像的点评，了解有关教学流程，获取一定的文化课教学经验，再经过组内讨论和预先试讲，整合形成正式试讲内容，并通过"课堂主讲＋PPT＋短视频＋图片＋小练习"等形式完成本次试讲。

案例共三部分：旅游景点、出行方式和本次试讲有关课堂练习。

一、旅游景点

本部分介绍了中国的经典旅游景点。这一部分试讲，除了汉硕生的课堂讲授，还辅以简短的相关视频，展示中国国庆"黄金周"的上海外滩、陕西西安秦始皇帝陵博物院、北京八达岭长城、北京天安门广场、山西太行山大峡谷、南京中山陵、杭州西湖、成都宽窄巷子、重庆洪崖洞等景点游人如织的景象。作为试讲主体内容（在无教材的情况下，可视为供留学生学习的电子教材）的PPT（演示文档）框架很清楚，除了介绍本案例各部分内容，还以"知识点"的形式着重介绍了中国的"黄金周"概念和"天人合一"的哲学思想。同时，试讲的学生也注意到了课堂互动，展示了PPT的"小练习"环节，与现场的"留学生"进行师生互动。[①]

本部分的PPT内容还包括按照教师以前在课堂上的点评，即注意文化的叠合特点、文化信息的复合特征，给出了网络数据展示中国国内热门景点排名情况。此外，PPT主体内容既重点介绍了九寨沟等自然景观，也介绍了故

[①] 需要说明的是，因为疫情原因，2020年以来，本校留学生教学全部为线上授课，所以在汉硕生的线下课堂中，由本班其他组的中国学生来充任教学对象即模拟的留学生。

宫等人文景观，相对来说比较全面。

二、出行方式

本部分既介绍了中国热门旅游 App，也介绍了两种常见的中国人出行方式——自由行、跟团游。App 有实用性，出行方式的介绍则结合了语言点。

三、小练习

以这堂课所讲的旅游景点为目的地，请留学生设计一份旅行攻略，即去哪儿玩、怎么去、住哪里等。在课堂上或课后让留学生完成课程作业。

第二节 讨论与分析

该组汉硕生试讲结束之后，由全班汉硕生根据课堂教学评价系统先进行点评，然后教师总结点评，集体发现试讲问题，并探讨解决策略。而有关课堂教学评价系统，已经在试讲之前通过观摩教学录像加以讨论并完成。

一、试讲案例展示前准备

（一）了解课堂教学评价标准

20 世纪 80 年代之前，中国课堂教学评价的主要方式是基于经验评判的"听评课"。随着西方量化分析技术的引进，量化评价逐渐成为课堂教学评价的主流方式。21 世纪以后，课堂教学评价方式趋向多元化。一是课堂观察走向科学的听评课，二是课堂互动分析指向情境的评价。课堂互动分析不同于量化的课堂观察，它关注的核心问题是学习如何在互动中发生，互动如何为学习创设环境。总体上看，课堂教学的评价工具从单一考试转向综合评价。常见的评价工具有如下两种：第一种是测验型评价工具，如纸笔测验卷、成绩报告单等；第二种是非测验型评价工具，如观察量表、调查问卷、档案袋、互动分析记录表等（许娜 等，2020）。课堂教学评价工具的发展见表 3 - 2。

表 3 - 2 课堂教学评价工具的发展

工具	年份	应用对象
基于信息技术的互动分析编码系统（ITIAS）	2004	信息技术型课堂
决策导向评价模型（CIPP）	2006	不限
基于信息熵的课堂教学过程量化评价模型	2009	不限
中学课堂评价评分系统（CLASS-S）	2009	传统课堂

续表 3-2

工具	年份	应用对象
学生—教师（S-T）分析法	2011	不限
互动反馈系统（IRS）	2011	信息技术型课堂
LJCC 课堂观察范式	2012	不限
情感目标课堂评价工具	2012	不限
改进型弗兰德斯互动分析系统（IFIAS）	2012	信息技术型课堂
基于互动白板/平板的课堂教学行为分析量表	2012	信息技术型课堂
"有效教学"课堂录像分析编码体系	2013	不限
改进型学生—教师（S-T）分析法	2016	不限
翻转课堂教学质量评价体系	2016	翻转课堂
课堂教学行为云模型	2017	不限
基于 CIPP 模型的翻转课堂教学评价体系	2017	翻转课堂
基于"AHP-模糊矩阵"的翻转课堂综合评价系统	2018	翻转课堂
课堂教学"自动评价"系统	2018	不限

资料来源：许娜、高巍、郭庆《新课改 20 年课堂教学评价研究的逻辑演进》，载《教育研究与实验》2020 年第 6 期。

从课堂教学评价体系来看，应树立"学生中心""为学而教""以学评教"等科学的课堂教学评价观，建构多元化评价标准，改变单一的纸笔测验评价方式，综合采取课堂观察、课堂互动分析等方式，并立足多元主体视角，进行学生自评、学生互评、学生评教、家长评学、家长评教、合作评价等，全面实现素质教育背景下课堂教学的综合评价。而从教学的角度设计的评价指标体系见表 3-3，显然，该指标体系的选择偏向"以教论教"（陈佑清、陶涛，2016）。

表 3-3 从教学的角度设计的评价指标体系

评价项目	评价要素（每个要素占 5 分）
教学目标 （10 分）	1. 知识、技能、情感目标明确、具体 2. 具有本学科特点，符合课标要求和学生实际
教学内容 （25 分）	1. 概念讲授正确，原理教学清晰 2. 教学容量恰当，主次分明，重点突出 3. 能抓住关键，突破难点 4. 把握自身内在联系，小结归纳适时、恰当 5. 选取例子典型恰当，重视学科基本能力培养

续表 3-3

评价项目	评价要素（每个要素占 5 分）
教学方法（25 分）	1. 选取的方法恰当，创设的情境能激发学生主动学习和探究的兴趣
	2. 充分创设问题情境进行启发式教学，问题设计由浅入深，并充分体现本学科特点
	3. 把学科教学方法渗透到教学之中并适时总结，学法指导得当，体现个性差异
	4. 因材施教，分层指导，能根据学生反馈信息适时调整教学进度和难度；面向全体，体现三三式
	5. 能采取积极、多样的反馈评价方式，促进学生进一步学习的愿望，鼓励表扬得当
教学手段（15 分）	1. 教态自然，运用普通话教学，语言表达清晰简洁、准确、生动、有感染力、有节奏感
	2. 板书工整，脉络清晰，布局合理，板图制图规范
	3. 电教媒体或挂图选用恰当、合理、有效；课件设计的字体大小、颜色搭配能关注学生眼睛健康
教学效果（25 分）	1. 学生在讲、学、练等活动中参与度高，学习情绪饱满，思维活跃，讨论和回答问题积极
	2. 师生相互尊重，互动交流顺畅，学习气氛和谐
	3. 时间利用合理，按时完成教学任务
	4. 大部分学生双基落实，课堂上检测或运用的正确率高
	5. 能力、思想渗透得当，不同程度学生都有所获

资料来源：陈佑清、陶涛《"以学评教"的课堂教学评价指标设计》，载《课程·教材·教法》2016 年第 1 期。

本教材认为，表 3-3 主要从教师的角度或教学行为方面来设计评价指标，较少涉及从学生或学习行为表现的角度设计评价指标，对于本教材第三编的汉语教学录像观摩和随后的课堂模拟教学试讲来说，这个评价系统比较适合对汉硕生的教学实践培养，即更侧重从教师（此处指"汉硕生"，即未来的汉语国际教育教师）的角度出发评价课堂教学，更适合作为师资教育的汉硕生教学实践能力培养。

（二）根据课堂评价表讨论案例完成情况

在案例试讲完成之后，教师引导汉硕生根据课堂评价系统从试讲的教学目标、内容、方法、手段和效果等方面综合考量试讲完成情况，希望发现试讲在具体项目上的完成度如何、存在哪些问题、接下来应该如何改进。

二、课堂讨论

试讲结束之后，先由汉硕生集体讨论，然后由教师讲评。经过不同角度的讨论和分析，汉硕生全面了解案例中可以借鉴的经验、出现的问题和值得关注的地方，再经由教师总结并引入有关教学模式，从而可以顺利地从案例中产出规范性知识——文化课教学流程。在本教材第三编中，因为汉硕生学制和学时所限，试讲和讨论都设计在第一课时（45分钟）全部完成，教师在第二课时进行小结和讲授。

案例10为模拟试讲，而所有汉硕生都很清楚，作为专业学位研究生应该对实践格外重视，所以试讲结束之后，课堂讨论非常热烈。大部分汉硕生表示非常希望在本班课堂上模拟试讲，因为机会难得。而参与正式试讲的汉硕生则表示果然是"绝知此事要躬行"，原来无论自以为了解多少理论，在准备试讲和正式试讲的过程中仍然会发现，需要解决的问题实在太多了，甚至多到有点无从下手的感觉。也有同学表示，因为是模拟试讲，面对的教学对象是本班汉硕生模拟的留学生，所以真实的留学生课堂到底如何，感觉还是有点无从把握。此外，还有如果在面对没有给定留学生具体使用文化教材的情况下，本次的文化教学试讲与第一编的文化活动最大区别应该放在哪个环节，应如何明确文化教学课程的具体流程等问题。

第三节 分析与反思

一、案例后分析

（一）总结案例中的经验和存在问题

案例10的模拟试讲，因为前期汉硕生已经在本小组内进行了整合，所以对照表3-3，从试讲的教学目标、内容、方法、手段和效果等方面综合考量，可以得出以下五个结论。

第一，案例的模拟试讲教学目标清晰，即介绍当代中国人的旅游情况。这个主题符合留学生对中国人际交往、当代中国情况感兴趣的实际情况，也能满足留学生希望在中国各地旅游的实际需求，还能在文化教学中适度满足留学生的语言学习需求。例如，在试讲PPT中出现了适量语言点（"黄金周"）和文化点（天人合一）等。

第二，教学内容框架合理，容量恰当。本次试讲没有超时，刚好达到要求的45分钟[①]。试讲选取的例子也很恰当，所列举的人文景观和自然景观都是目前中国热门景点。但在教学内容方面也存在一些缺点，例如，在整体试讲完成之后，还欠缺一个小结和回顾，没有突出本次试讲的重点和难点。

第三，教学方法多元。在试讲过程中注意了师生互动，小练习注意创设情境，如设计一个具体的旅游线路等。

第四，在教学手段方面，试讲既有PPT，也有视频等内容，选用的视频可以非常好地突出中国"黄金周"的特点和概念，也能吸引学生注意力。

第五，教学效果方面，课堂气氛活跃，模拟留学生参与度高，教学时间运用合理。

（二）从案例中发现的问题

从第二编相关内容可知，本科留学生中国文化教学模式分为宏观、中观、微观三个层面比较合理。与教学实践关系密切的微观层面，可以通过三个步骤提升教学效果，即充分利用母语环境，让本科生走出去，再加上支架式教学活动，同时把中国汉硕生请进本科留学生课堂；在教学策略构建方面，分清楚陈述性知识部分，凸显教学目标，让本科留学生知道"是什么"；在教学活动构建方面，注意程序性知识，努力创设文化情境，使本科留学生知道"怎么办"。将这三个具有实操性的设想付诸实践，新手教师应该能较快熟悉本科留学生中国文化教学课堂，并进一步提升教学效果。

从案例10的实际情况来看，汉硕生通过第一编、第二编的学习，对留学生的文化课已经有了一定的了解，实施情况不错。不过，若结合目前较受关注的BOPPPS模型（bridge-in、objective、pre-assessment、participatory learning、post-assessment、summary）可以将文化课流程整合得更完善。

[①] 需要说明的是，因为汉硕生中华文化与传播课的课时总量为一学期36课时，所以第三编模拟试讲只能精简为45分钟一次，如果条件许可，90分钟应该是更理想的试讲时间。

二、借鉴 BOPPPS 模型整合文化课教学流程

BOPPPS 模型是北美高校教师技能培训过程中推崇的一个教学模型，是根据教育学人的认知理论提出的一种教学过程设计。BOPPPS 模型将知识点教学过程划分为引入——吸引学生的兴趣、目标——让学生知道该课程要到达的教学目标、预测——了解学生的基础知识掌握情况、参与式学习——让学生多方位参与教学从而掌握知识、后测——了解该课程是否到达教学目的、小结——总结知识点六个部分，简称"BOPPPS"。BOPPPS 模型的核心有两点：一是强调学生全方位参与式学习而不只是听讲；二是要及时获得学生的反馈信息，以调整后续教学活动。教师在课堂教学过程中可以借鉴这种模型，充分应用灵活多样、直观形象的教学手段，鼓励学生积极参与教学过程，使学生能深刻地领会和掌握所学知识。

知识点的教学需要关注知识的系统性、基本概念的定义、知识组成结构及知识的运用，但传统的课堂教学往往都是教师在讲授这些概念和知识，学生只是听众。目前的课堂教学活动中主要存在六个问题：一是没有明确的教学目标，只是把知识罗列出来，导致学生不知道学了这些知识有什么用；二是过分关注知识的系统性，在有限的课时下，不管重点知识还是外围知识，均通过大量的 PPT 放映灌输给学生，学生往往消化不了，还没等到考试便已忘记大部分的内容；三是教师对教学内容知识体系理解不深，缺乏对知识的亲身体验，导致对教学重点把握不到位；四是把学生当听众，学生没有或者很少有其他的参与方式，由于有电子课件，学生连笔记都不做，更不用说参与课堂实践，这导致学生很容易开小差；五是缺少及时从学生获得的反馈信息，不了解学生的接受情况，教学效果大打折扣；六是缺少对知识点的引入、技术实现和技术演化环环相扣的讲解，这一点是教师对知识点的理解程度受限和讲授技巧的问题。教学效果好坏的标准不是教师传授知识点的系统性，而是学生对知识的掌握程度，更是对知识运用的能力，起决定性的应该是对知识运用的主观能动性，是通过知识点的教学过程培养学生的一种进取精神和学习方法。

BOPPPS 教学模型强调学生全方位参与和及时的反馈交流。对于具体如何参考 BOPPPS 模型有效地开展课堂教学，可以从以下五个方面考虑：第一，明确教学目标与内容，教师在进行教学设计时要从"为什么学这个知识点"入手确定教学目标与内容，这也是引起学生兴趣的关键。学这个知识点的原因主要是由这个知识点的基础性、实用性决定的，教学目标要能够明确

且好评估；根据教学目标，再进一步确定通过哪些具体的教学内容提升学生的知识与技能；然后决定采取什么教学手段实现教学目标，使学生掌握教学内容。第二，综合采用多种课堂教学形式。根据教学目标和内容，教师可综合采用系统讲授、案例教学、小组讨论、学生互教、练习、角色扮演等多种教学形式，与传统的课堂讲授方式相比，这些教学形式需要加入很多课堂互动的环节，使得课堂具有实践性、创新性、开放性、趣味性、反馈及时的特点。第三，积极鼓励并且要求学生参与课堂教学。传统课堂的学生习惯被动接受教师所传授的知识，然而基于BOPPPS模型的课堂要求学生更多地参与教学活动，因此教师需要转换学生的学习观念，激起学生"我要学"的求知欲，尽量使学生认识到参与式学习、主动学习对提高学习效果的作用，鼓励他们积极参与教学活动。第四，精心安排上课内容和方式。基于BOPPPS模型课堂的核心是以学生为主体的参与式学习过程，这就要求教师能深挖知识点，对授课知识的认识高度上升，帮助学生处理在学习过程中可能出现的各种错误，并解答学生在解决问题过程中可能会产生的疑惑，阐明学生容易出现的错误点、易混点和解决问题的思维方式。因此，教师每次课前应认真准备，做好学生的教学需求分析。第五，及时收集学生反馈。为了鼓励学生参与教学过程并了解教学效果，教师应及时掌握学生学习动态，收集学生的学习信息并把有关的答案反馈给学生，调动学生的学习兴趣；利用反馈信息修改教学内容、改进教学方法。

总之，在基于BOPPPS教学模型进行的教学活动过程中，教师要时刻牢记教学必须是"教"与"学"双向互动，教学相长，在教学过程中，要体现"主导"性作用，让学生充分发挥学习过程中的"主体"性地位，通过主动学习、主动参与、主动探究、主动创新，不断发展，实现学生变被动学习为主动学习，变"要我学"为"我要学"，最终提高教学效果（罗宇 等，2015）。

第四节　从试讲案例产出文化课教学流程

一、文化课教学一般流程

结合本章第三节内容，即本科留学生中国文化教学模式分宏观、中观、微观三个层面，与教学实践关系密切的是微观层面。根据BOPPPS模型和案例10的试讲情况，可以整合出面向留学生的中国文化课一般教学流程，见表3-4。

表 3-4　中国文化课一般教学流程

步骤	流程	教学内容	教学时长（共45分钟）
1	导入：吸引学生的兴趣	提出文化相关问题	2分钟左右
2	目标：让学生知道该课程要达到的教学目标	介绍本课时需要学习的主要内容，为什么学这个文化知识点，突出基础性和实用性	2分钟左右
3	预测：了解学生的基础知识掌握情况	关于本文化专题，留学生已经了解的情况	3分钟左右
4	参与式学习：让学生多方位参与教学从而掌握知识	以15分钟为单位，分设与文化专题相关的教学内容，可以包括教师系统讲授、案例教学、小组讨论等形式	30分钟左右
5	后测：了解该课程是否达到教学目的	课堂练习：用陈述性知识和程序性知识分别检查是否达到教学目标，并收集学生反馈	5分钟左右
6	小结：总结知识点	总结、强调文化知识点和语言点	3分钟左右

二、文化课教学流程中的注意事项

通过整合，可以看到文化课教学流程可分为上述6个步骤。除此之外，经过历年教学实践，我们还发现在如下两方面需要格外关注。

（一）注意文化教学作为传播行为的信息客观性

通过本教材第一编的介绍可知，汉语教学就是一种传播活动，文化教学作为传播活动，传递的信息具有自身特征。

所谓信息就是两次不确定性之差，即信息是能减少或消除不确定性的东西。信息有一些固有特征，如客观性、普遍性、表达性和流动性等。信息按三分法，可以分别从内容、形式、效用三方面来分类。从效用方面看，只有两类，有效信息和冗余信息（董璐，2016：160-163）。

第一编第一章已经明确，信息发送者（汉语国际教育教师）要使自己的传播内容更受注意,就要把握以下原则:信息具有显著性和对比性;信息具有易得性;形式应灵活多变,如强调、对比、重复、变化等手法;还要考虑受众对媒介的接触习惯不同等。而受众对信息的理解过程,也是一个受众对信息进行再创造的过程。受众往往会加入主观因素而造成理解的差异。所以传播者要充分考虑这些因素的作用,控制和引导传播内容,尽量消除或减少造成受众理解偏差的可能,信息编码清晰准确,还要关注受众可能的逆反心理,提供客观、公正、符合受众需要、形式多样的信息,提高传播效果(胡正荣 等,2008:209-215)。

对于汉语国际教育视域下的文化课教学来说,虽然本教材已经论述过,比较合适的做法是多介绍中国当代文化内容,但改革开放以来,中国在社会生活各个领域发生了深刻变化,而其中文化的变化具有最深刻和根本的意义,所以相对来说,讲授中国当代文化是更为困难的事情。而且当代文化的诸多变化之中,最能凸显"文化"核心特质的是"人文价值性",即使人成人,推动人的生命存在更加自由、更有尊严、更能实现人的价值的力量的"文化"。改革开放四十多年来,中国社会生活的各方面发生了巨大的变化,与人相关的变化巨大。目前的状态是从泛政治化、泛道德化文化转向为在多重文化矛盾的共存中寻求新的文化秩序。多重文化的共存和矛盾与改革开放以来中国人的生存状况及其矛盾是内在联系在一起的。这些矛盾包括精英文化与大众文化的共存和矛盾,群体主义文化与个体主义文化的共存和矛盾,本土文化与域外文化的共存与矛盾。总之,文化主体的多样性和异质性,必然会导致不同文化主体及其所欲表达的文化价值之间的内在紧张,甚至相互冲突。这也使得"文化对话"成为当代中国文化发展过程中所凸显的一个重大主题。通过文化对话,促进不同文化主体及其价值观的相互理解,寻求可能的共识,避免由于这种分歧和矛盾所带来的冲突和对立,推动不同个人、不同共同体之间的和谐共存,已越来越成为人们自觉的努力方向(贺来,2019)。

在这种背景下,介绍中国当代文化就不得不面对这些变化及内在矛盾。落实到文化课所传递的信息当中,就要特别注意信息固有特征中的客观性和普遍性,不能因为教师的一己之喜,而偏向介绍复杂的当代文化的某一个也许不是有效信息的侧面。为了保证授课内容即文化信息的客观性和普遍性,应尽量去除冗余信息,因为对于信息来说,最重要的层面恰恰不是物理层面,而是"意义"层面,所以文化课授课内容要关注信息背后的意义,尽量提供客观、公正、符合受众需要、形式多样的信息,提高传播效果。

例如,某位汉硕生在介绍中国婚恋情况时,以一个80岁男性与20岁女性结合的特例作为中国婚恋情况的代表，这样的信息不仅不能消除"不确定性"，即不能让留学生了解中国婚恋的总体情况，反而可能会让留学生误以为这种极大年龄差是中国婚恋的常态。

为此，必须强调文化课内容中的信息要特别注意：信息是事物运动、变化、联系、差异的产物（胡正荣 等，2008：72）。如同通信一样，没有完美的精确通信，要防止"噪音"的存在，而噪音可能来自物质层面，也可能来自意义层面，总之是对传播过程的干扰。上文所举的婚恋特例，即干扰了消除信息差的传播过程。更合适的做法应该是寻找客观的数据或资料来传输客观、公正、符合受众需要、形式多样的文化信息。如案例10中汉硕生在介绍中国当代旅游时，通过大数据和中央电视台的视频资源介绍了中国境内旅游热点与"黄金周"的情况，就比较好地体现了信息的有效性，可以让教学对象清楚地了解当代中国人的旅游情况。

（二）注意文化教学作为传播行为的目的

正如本章第二节中汉硕生在讨论案例10时的疑问，如果都是面对没有给定留学生具体使用文化教材的情况，文化教学试讲与第一编的文化活动最大区别应该是什么？

通过以前的教学实践我们也发现，有些汉硕生在准备文化教学试讲的时候，往往会将第一编的文化活动PPT运用在试讲环节，这一误用的真正原因其实是没有区分文化教学作为传播行为的传播目的。

因为目前传播学界对人类传播还没有形成绝对一致的看法。有的采用二分法，将人际传播分为亲身传播和大众传播；有的采用四分法，将其分成人的自我传播、人际传播、组织传播和大众传播（胡正荣 等，2008：53）。作为汉语教学活动的传播可以归为人际传播，虽然同样难以绝对地和组织传播相区分。

本教材在绪论中也已经明确，汉语教学活动本身就是一种传播，而传播是一种行为、活动，是动态的，其中必有信息交互流动。这个过程强调共享，是一个了解别人进而使自己被别人了解的过程；同时强调互动、关系，传播是人际关系成立的基础；也强调符号，要运用词语、图片、数据等传递信息、思想、感情等；还强调目的、影响、反应，传播是传播者传递刺激（通常是语言的）以影响另一些人（接收者）行为的过程（胡正荣 等，2008：51-52）。

第一编的文化活动与第三编的文化教学试讲，虽然在传播的分类上都属于人际传播，但正如聊天、关怀等都属于人际传播一样，形式并不相同，目的也不一样。其一，第一编的预设对象是中、高级语言水平留学生，在语言难度方面不用做太多考虑，而是要更关注信息的公正客观。其二，文化活动和文化教学试讲虽然都强调信息的共享、互动、符号、目的和影响等，但作为课程的文化试讲在"目的"上就不同于第一编的文化活动，作为课程试讲的第三编教学实践，根据 BOPPPS 模型所示，必须特别注重教学目标。

在开展第三编的教学实践即试讲时，教师在进行教学设计之初首先要从"为什么学这个知识点"入手确定教学目标与内容，而且教学目标要能够明确且好评估；根据教学目标，再进一步确定通过哪些具体的教学内容提升学生的知识与技能；然后决定采取什么教学手段实现教学目标，使学生掌握教学内容。其次，要综合采用多种课堂教学形式。根据教学目标和内容，可综合采用系统讲授、案例教学、小组讨论、学生互教、练习、角色扮演等多种教学形式，注重实践性、开放性、趣味性等。再次，对比第一编的文化活动，课程试讲也要积极鼓励学生参与课堂教学。此外，还要帮助学生处理在学习过程中可能出现的各种错误，并解答学生在解决问题过程中可能会产生的疑惑，阐明学生容易出现的错误点、易混点和解决问题的思维方式。最后，要及时收集学生反馈，及时掌握学生学习动态，收集学生的学习信息并把有关的答案反馈给学生，调动学生的学习兴趣；利用反馈信息修改教学内容、改进教学方法等。

总之，汉硕生应该从案例 10 中理解并产出的知识包括：一是，了解面向留学生的中国文化课一般教学流程；二是，文化课教学流程中需要注意两方面，即既要注意文化教学作为传播行为的信息客观性，还要注意文化教学作为传播行为的目的。

结　　语

本教材通过第一编和第二编，建构起汉硕生叠合的文化传播能力和文化教学研究能力结构，第三编文化教学实践能力，则重点在培养汉硕生的专业能力（将来面向留学生的教学能力）以及一般能力（将来也可能面向中国中小学生的教学能力，总之需要掌握一定的与文化信息传播相关的课堂教学能力）上。本编具体章节讨论了汉硕生课程教学情况以及与文化教学实践相关内容，编排采用范例和案例的体例。此处的"传播"含义仍然指向交流信息。

根据《汉语国际教育硕士专业学位研究生指导性培养方案》，专业实践是其中一个重要环节。而且作为专业学位的研究生，在实践能力上应该有更高要求。而目前国内汉硕生来源涵盖多种专业，汉硕生课程设置还不尽合理，有待优化，汉硕生海外教学实践中会面对各种问题，而国内课程对实习的指导还存在指导不够、国内实习基地比较缺乏、评价还缺乏相对统一标准的问题。

针对上述问题，本编首先从汉硕生中华文化与传播课程相关调查研究中，发现目前汉硕生课程设置与教学中存在的问题，然后从国内实习和海外实习两个角度，考察了来华留学生对汉语国际教育教师的要求、汉硕生在国内的国际学校实习中发现的课堂管理问题、海外实习面对的教材和教学环境适应问题、汉硕生在院校相关课程中的模拟教学问题等方面，最后，集中讨论汉硕生从这些问题和讨论中受到的启发。具体讨论如下。

一、汉硕生课程调查及研究分析

（一）汉硕中华文化与传播课程研究范例分析

第十五章通过范例9和范例10展示了汉语国际教育在快速发展的同时也产生了许多亟待解决的问题，其中，汉语国际教育硕士研究生的中华文化与传播课程，既缺乏量身定做的教材也缺乏相关的课程研究。范例9通过针对具体班级的中外汉硕生进行有关中华文化与传播课程教学的问卷调查，同时结合海外志愿者对课程的反馈，了解到中外汉硕生对中华文化课程及教材的不同需求。中外汉硕生都非常需要了解中国文化知识；此外，中国汉硕生还想了解怎么上文化课，而国际汉硕生则对组织文化沙龙更感兴趣。学习期间，中外汉硕生遇到的最大困难都是没有教材。时隔8年，范例10再次对汉硕生的中华文化与传播课程进行了问卷调查，不同的是，范例10将调查范围扩大到了全国27所高校，除了汉硕生之外，还得到了个别授课教师的相关数据。

中外汉硕生在课程学习中都非常重视中华文化知识的比重，在课程需求方面则有不同。调查也显示目前的中华文化与传播课程中，不少院校其实并未清晰地界定课程的核心概念，以致课程只关注教授中国文化知识，而并未注重文化知识与传播的融合。

结合传播学理论，可以发现，传播最基本的三要素——发送者、信息、接收者，都应该受到关注，范例9和范例10中，教师都是课程信息的发送者，而发送者的个人特征、传播技能等都会影响发送者对信息的把关行为，同时发送者的组织如具体院校也会影响教师对信息的筛选。而中华文化与传播课程，其课程信息首先同样具有信息的特征，既有客观性又有主观性，同时还具有多样性和复杂性。汉硕生作为课程的接收者，本身就有不同的个体心理差异，同时也有分众化的倾向。例如，中国汉硕生普遍关注如何进行文化课教学，而国际汉硕生关注文化活动组织。总之，课程教学作为一种传播形式，院校、教师、汉硕生必须认真思考其中的发送者、信息和接收者需要关注的方面，尽量传播清晰客观的信息。

（二）汉语国际教育硕士教学实习情况调查分析

第十六章通过范例11讨论了汉硕生的实习情况。实习是培养学生实际工作能力的一个重要环节，可以使学生真正接触教学对象，了解教学内容、教学方法和教学效果，发现自身在知识和能力等方面的不足。通过调查发现，当时中山大学制定的《全日制汉语国际教育硕士专业学位研究生全程实习方案（学生版）》，目的是使汉硕生从入学起即沉浸在课堂教学的实践中，充分、切实培养学生教学与教学管理的能力。汉硕生通过实习发现，汉语知识、教学技能和管理能力是研究生作为新手教师最欠缺的三个方面。范例11在调查分析的基础上对学院汉硕生的课程设置和实习方案提出了具体改进建议。

从范例11可知，汉硕生面对的是一套完善的实习机制，所以能够进入指导教师的课堂听课，还能进入非学历留学生的班级参与不同课型的授课，并能得到指导教师对自己实习情况的及时反馈，实习后还有授课对象、指导教师的综合评分，从而切实得到沉浸式的教学实习经验。

虽然目前形势已经发生了变化，本校汉硕生可能存在缺乏实习对象以及未必能出国实习的问题，但范例11通过调查得出的结论，仍然可以给院校和汉硕生带来启发，即针对汉语知识教学能力、教学技能和管理能力三个方面的能力锻炼。院校作为培养单位，要进一步完善汉硕生课程设置和实习机制；汉硕生作为学习者，要有意识地在有限的条件下锻炼这三个方面的能力。

二、汉硕生文化教学实践相关研究

（一）汉语课堂管理中奖惩案例分析

由于国际学校的教学对象和教学理念与国内中小学不同，汉语国际教育教师在教学时会遇到各种各样的问题。第十七章分析了在广州美国人国际学校小学部收集的关于课堂管理问题的案例7，可以发现，教师为了有效管理学生，很多情况下会实施奖励和惩罚。这两种教育方法使用得好，可以成功地引导学生；使用得不好，则不利于课堂管理。

通过调查发现，汉硕生作为新手教师往往特别欠缺课堂管理能力，所以案例7的启发就非常重要。对于低年级学生，课堂管理方面不应单纯使用物质奖励，更不应使用刺激性过强的奖励，要尊重学生的选择，多进行集体奖励。同时，更应该了解学生的学习动机，尽量满足学生被尊重的需要，在表扬学生时一定要指向明确，包含具体信息，善于挖掘学生优点。

结合传播学理论，可以发现，案例7中无论是奖励或惩罚，教师都是奖励或惩罚信息的发送者，而发送者个人的世界观和价值观、个人特征、传播技能等影响发送者对信息的把关行为。案例7启发教师应该尽量做到公平公正。而奖惩的信息，也应该符合它的认识功能和社会功能。同时，汉硕生还要从案例7中得到的启发是，作为接收者的小学生本身就有不同的个体心理差异，同时有分众化的倾向，即基本都有这个年龄段的特点，他们对事物还缺乏理性的认识，所以不能用"代币"作为奖励物。总之，课堂管理是一种传播，教师必须认真思考其中的发送者、信息和接收者这些需要关注的方面。

（二）来华本科留学生对汉语教师形象要求探析

第十八章认为，教师形象是教师素质的一部分，对开展教学活动有着重要作用。为了让新手教师了解教师形象的重要性，案例8通过问卷调查的方式，对符合来华留学生预期的教师外显形象和内隐形象进行描绘，证实留学生对教师内隐形象的要求高于外显形象。调查结果还显示，来华本科生留学生更倾向于接受朋友式的师生关系，更希望教师可以直面自身错误；女生更不能接受来自教师的不公平对待；而男生则对教师的工作态度有更高的要求，更希望老师经常问及自己的学习情况。

从传播学角度来看，与他人互动时，我们在传播。作为汉语国际教育教师，从进入课堂起就开始了传播。这个过程中，学生对教师的第一印象首先来自教师形象。在人际认知中，第一印象会产生持久的心理效应，从而影响后续的信息传入。教师作为教学信息的发送者，其个人的世界观和价值观、个人特征、传播技能等会影响接收者对信息的接收。虽然发送者个人必然受其他因素的制约，但某些情况下，发送者个人因素的影响在整个活动中可能非常突出。在教学活动中，教师显然有着非常重要的影响。从传播的效果来说，其中一种"转移法"就指的是将某一令人尊敬的事物的权威、认可和威信转移到另一事物上，以使后者更可让人接受。优秀的教师往往是学生喜爱某一科目的重要原因就是如此。

案例8启发教师，教学活动中应尽量做到公平公正，尤其应该树立性别平等的观念。此外，也要关注个人的内隐形象，做一个有良好道德品质的人，同时努力提高自身教学水平和学识，谦虚温和，成为受学生尊敬和喜爱的教师，才能更好地完成教学工作。

（三）国内教材在海外教学实践中的适用性研究

第十九章通过汉硕生的海外实习案例9可知，海外中小学汉语教材越来越多，但海外汉语教师仍感觉"无教材可用"，这其中突出的是教材适用性问题。案例9通过对教材整体结构、语法、词汇、课文、练习等方面进行静态评估，对照教师在当地教学环境、面对当地学习者使用教材的情况进行动态评估，讨论教材在当地教学中的适用性。研究发现，教材在当地零基础汉语课教学中具有一定适用性，同时还可从教学内容、教学环节等方面，对教材进行删减、补充、调整，最终达成教材的适用性。

传播学理论认为文化是某种集体的、和他人共享的东西，必然具有某些模式、次序或规律，因此也具有某些评估的面向。在案例9中，海外实习教师面临的就是要考察文本，即教材以及教材使用者的教学实践等是否适合当地情况，以解决国内出版教材与海外实际情况的匹配问题。

如果把传播界定为"交流"，那么传播也可以区分为语言传播和非语言传播，二者都与文化密切相关。语言传播和非语言传播都受没有用语言表达出来的，但是被广泛理解的规则所规范。传播规则是人们对传播意味着什么、在不同的场合哪些传播形式合适或不合适的共同理解。社会互动往往遵循这些特定的为社会所广泛承认的规则。海外实习教师遇到的教材及相关教学实践问题，从传播规则角度进行分析就可以发现，海外教学活动中应遵守当地规则。例如，英国对儿童的保护机制决定了该案例无法取得低龄学习者对教材的反馈，只能转而向其他授课教师进行访谈。案例9中的教材是考、教结合的教材，但北威尔士地区的小学汉语课程均为兴趣课，没有固定教学进度，也没有考试要求，所以对于海外实习教师来说，要对教材进行调整以适应当地的规则。

总之，教学活动也是一种传播，而传播都应遵守组织规则和规范性规则，这些规则都与文化密切相关。教师在海外教学时，要了解当地的组织规则和规范性规则，才能提高所使用教材在当地的适用性，同时更好地完成相关教学实践。

（四）汉硕生模拟文化教学实践研究

第二十章通过案例"当代中国旅游"专题的模拟文化教学试讲，总结案例中的经验和存在问题。从试讲的教学目标、内容、方法、手段和效果等方面综合考量，发现通过第一编和第二编的学习，案例中的模拟试讲，教学目标清晰；教学内容框架合理，容量恰当；教学方法多元；在教学手段方面，试讲既有PPT也有视频，选用的视频符合课堂学习特点，也能吸引学生注意力；教学效果方面，课堂气氛活跃，模拟留学生参与度高；教学时间运用合理。当然，也存在一些问题，例如，在整体试讲完成之后，还欠缺一个小结和回顾，没有突出本次试讲的重点或者难点。

通过借鉴BOPPPS教学模型，该章首先整合完成了面向留学生的中国文化课一般教学流程；其次，作为师资培养，该章特别关注汉硕生将来在文化课教学中需要注意的两方面：一是注意文化教学作为传播行为的信息客观性，二是注意文化教学作为传播行为的目的。

本编各章可以帮助汉硕生从汉硕生课程调查及研究、汉硕生汉语文化教学实践相关研究等多方面了解叠合的文化教学实践能力构成，拓展思路，进而成长为复合型人才。

参 考 文 献

巴尔,1995. 叙述学:叙事理论导论[M]. 谭军强,译. 北京:中国社会科学出版社.

白宏钟,2020. 汉语国际教育与中华文化传播[M]. 保定:河北大学出版社.

鲍尔德温,等,2004. 文化研究导论(修订版)[M]. 陶东风,等,译. 北京:高等教育出版社.

鲍丽娟,2021. 汉语国际教育专业硕士实践能力培养的教学策略[J]. 长春大学学报,31(2).

波伏娃,1998. 第二性[M]. 陶铁柱,译. 北京:中国书籍出版社.

伯格,2015. 观看之道[M]. 戴行钺,译. 桂林:广西师范大学出版社.

蔡萍,2017. 从舞台到银幕的叙事差异:谈话剧《驴得水》《你好,疯子》的电影改编[J]. 四川戏剧(7).

曹勇,秦艳萍,叶志芬,2017. 汉语国际教育硕士专业课程设置优化的思考[J]. 西安建筑科技大学学报(社会科学版)(3).

车青青,2015. 基于汉语国际教育的中国禁忌文化研究[D]. 重庆:重庆师范大学.

陈绂,2006. 五个"C"和AP汉语与文化课教材的编写[J]. 语言文字应用(S1).

陈国华,杨华,2013. 批判与沉默的背后:解读斯金纳的《言语行为》与乔姆斯基的书评[J]. 外语教学与研究,45(1):117–129.

陈秋盼,王海平,康丽颖,2018. 家庭帮衬:农村青年婚姻中高额彩礼的形成机制分析[J]. 当代青年研究(5).

陈祥雨,陈美华,2017. 建设"一带一路"沿线国家语言文化禁忌多媒体数据库[J]. 外语研究,34(5).

陈佑清,陶涛,2016. "以学评教"的课堂教学评价指标设计[J]. 课程·教材·教法,36(1).

崔蕾,张志春,2001. 从汉唐中日文化交流史看中国服饰对日本服饰的影响[J]. 西北纺织工学院学报(4).

崔希亮，2010．汉语国际教育与汉语国际教育的发展与展望［J］．语言文字应用（2）．

崔希亮，2012．汉语国际教育与中国文化走出去［J］．语言文字应用（2）．

崔希亮，2016．我们需要什么样的汉语教师［J］．国际汉语教育（中英文）（1）．

戴锦华，2007．电影理论与批评［M］．北京：北京大学出版社．

戴锦华，2015．中国电影暴露中国文化中空问题［J］．上海采风（8）．

邓春蓉，2016．21世纪中国电影中的中国形象［J］．电影文学（20）．

丁安琪，2018．汉语国际教育硕士：专业发展十一年［J］．国际汉语教育（中英文）（4）．

丁静，2004．关于师生冲突中教师行为的案例研究［J］．教育研究（5）．

董璐，2016．传播学核心理论与概念［M］．2版．北京：北京大学出版社．

董志远，2016．现象电影《港囧》和《夏洛特烦恼》比较研究［J］．戏剧之家（19）．

杜宁贝，2021．教师课堂行为对中学生数学学业成就的影响研究［D］．武汉：华中师范大学．

段鹏，2013．传播学基础：历史、框架与外延［M］．2版．北京：中国传媒大学出版社．

冯小钉，2016．适用于汉语国际教育的中国文化教材内容探讨［J］．广东外语外贸大学学报，27（3）．

傅修延，1993．讲故事的奥秘：文学叙述论［M］．昆明：百花洲文艺出版社．

高磊，2004．探析"韩流"文化现象对中国服装市场的影响［J］．武汉科技学院学报（6）．

高志怀，1994．语言与文化的关系探讨：兼论文化差异与语言教学［J］．河北师范大学学报（社会科学版）（4）．

葛兆光，2011．如何呈现"中国文化"和"中国风格"［J］．中国青年（24）．

葛兆光，2014．叠加与凝固：重思中国文化史的重心与主轴［J］．文史哲（2）．

葛兆光，2017．什么才是"中国的"文化［J］．中华书画家（4）．

关桓达，2011．大学教师形象期望的实证分析［J］．中国大学教学（2）．

郭建耀，2008．当前学校惩戒教育及其完善策略［J］．教学与管理（30）．

韩秀梅，2006．昆曲作了黄梅声：汉语国际教育中文化教学内容错位问题初探［J］．云南师范大学学报（6）．

贺来，2019．从人的发展角度看改革开放以来中国当代文化的重大转向［J］．湖北大学学报（哲学社会科学版）（6）．

贺晓宏，2010．高校影视文化课的意义与《影视赏析》课教学改革初探［J］．河南教育学院学报（哲学社会科学版）（5）．

胡范铸，刘毓民，胡玉华，2014．汉语国际教育的根本目标与核心理念：基于"情感地缘政治"和"国际理解教育"的重新分析［J］．华东师范大学学报（哲学社会科学版）（2）．

胡学军，2007．浅谈大学生美育中的影视欣赏课教学［J］．电影评介（11）．

胡正荣，段鹏，张磊，2008．传播学总论［M］．2版．北京：清华大学出版社．

黄飞，FELIX S K，郭林鑫，2019．在华留学生的心理痛苦与文化适应压力和应对的关系［J］．中国心理卫生杂志（2）．

黄福奎，2017．电影《驴得水》女性形象解析［J］．电影文学（12）．

黄会林，李雅琪，马琛，等，2017．中国电影在周边国家的传播现状与文化形象构建：2016年度中国电影国际传播调研报告［J］．现代传播（中国传媒大学学报），39（1）．

黄霜霜，2016．云南师范大学本科留学生"中国文化"课现状的调查与分析［D］．昆明：云南师范大学．

黄颖，2016．镜像内外的困囿与突围：论新世纪以来中国电影中的女性形象［J］．当代电影（12）．

吉艳艳，2016．近四十年间来华国际学生教育研究（1973—2013）［D］．武汉：华中师范大学．

贾磊磊，2016．影像讲述的中国故事：2015年中国电影的阅读笔记［J］．当代电影（3）．

贾内梯，1997．认识电影［M］．胡尧之，译．北京：中国电影出版社．

金文姬，2012．"哈韩"服饰对中国服饰的影响［J］．职业技术（4）．

景琦琦，2021．云南师范大学汉语国际教育硕士学位核心课程与拓展课程调查分析［D］．昆明：云南师范大学．

卡温，2003．解读电影：上册［M］．李显立，等，译．桂林：广西师范大学出版社．

凯南，1989．叙事虚构作品［M］．姚锦清，等，译．北京：三联书店．

康奈尔，2003．男性气质［M］．柳莉，等，译．北京：社会科学文献出版社．

康永超，马珍，张孟杰，等，2021. 20世纪80年代以来汉语国际教育文化教学研究述评［J］. 文化创新比较研究（11）.

库什曼，卡恩，1989. 人际沟通论［M］. 宋晓亮，译. 上海：知识出版社.

匡文波，武晓立，2019. 跨文化视角下在华留学生微信使用行为分析：基于文化适应理论的实证研究［J］. 武汉大学学报（哲学社会科学版）（3）.

黎煜，2017. 弱"武""侠"变：近年来武侠功夫片的价值观嬗变［J］. 当代电影（4）.

李虹，1993. 国外有关对儿童奖励策略的研究简介［J］. 心理学动态（3）.

李绿宜，2012. 汉语教师志愿者调查报告：以中山大学国际汉语学院为例［D］. 广州：中山大学.

李琼，2007. 学生心目中的教师形象：一个跨文化的比较［J］. 比较教育研究（11）.

李泉，丁秋怀，2017. 中国文化教学与传播：当代视角与内涵［J］. 语言文字应用（1）.

李泉，关蕾，2019. 汉语国际教育：教师、匠人、学者［J］. 国际汉语教育（中英文）（1）.

李泉，2012. 国际汉语教师培养规格问题探讨［J］. 华文教学与研究（1）.

李泉，2009. 汉语国际教育硕士培养目标与教学理念探讨［J］. 语言文字应用（3）.

李荣美，刘立敏，于瑾，2008. 浅谈大学英语电影赏析课教学［J］. 电影文学（13）.

李迎军，2010. 从中山装看传统服饰文化的继承与创新［J］. 艺术设计研究（1）.

李玉荣，1996. 工具性条件反射与儿童良好行为的建立［J］. 大连教育学院学报（3）：37-40.

梁海燕，2008. 斯特恩的教学模式和理论分析［J］. 首都师范大学学报（社会科学版）（S2）.

梁香伟，2016. 梦醒时分 情归何处：关于电影《夏洛特烦恼》的思考［J］. 电影评介（2）.

梁艳，2012. 论大学英语电影赏析课的多元分析模式［J］. 电影文学（3）.

廖宏勇，2014. 咖啡的现代性与媒介镜像［J］. 厦门大学学报（哲学社会科学版）（1）.

廖华英，鲁强，2010. 基于文化共性的中国文化对外传播策略研究［J］. 东华理工大学学报（社会科学版）（2）.

林存华，2006．师生文化冲突研究［D］．上海：华东师范大学．

刘成科，2014．多模态语篇中的图文关系［J］．宁夏社会科学（1）．

刘弘，孔梦苏，2014．汉语国际教育教材中虚拟人物的刻板印象研究［J］．语言教学与研究（1）．

刘湖森，2019．广西民族大学汉语国际教育硕士毕业就业去向调查研究［D］．南宁：广西民族大学．

刘宁，邵瑞银，2008．当代职业成功观的四大误区［J］．中国青年研究（2）．

刘颂浩，2008．关于汉语国际教育趣味性的几点认识［J］．语言教学与研究（5）．

刘颂浩，2016．就业困境和汉语国际教育硕士培养重点［J］．国际汉语教学研究（3）．

刘颂浩，2014．中国汉语国际教育模式的创建问题［J］．华文教学与研究（2）．

刘晓文，2012．新形势下高校汉语国际教育本科课程设置优化策略［J］．河南教育学院学报（1）．

刘珣，2020．浅议汉语国际教育专业［J］．国际汉语教学研究（1）．

刘英翠，2017．基于文本分析的民国报刊新闻述评话语研究［J］．编辑之友（7）．

刘毓民，2012．汉语国际教育［D］．上海：华东师范大学．

吕叔湘，1980．现代汉语八百词［M］．北京：商务印书馆．

吕文华，2002．汉语国际教育教材语法项目排序的原则及策略［J］．世界汉语教学（4）．

略萨，2000．中国套盒［M］．赵德明，译．天津：百花文艺出版社．

罗钢，1994．叙事学导论［M］．昆明：云南人民出版社．

罗萍，1999．当代中国婚姻状况结构变迁［J］．武汉大学学报（哲学社会科学版）（3）．

罗青松，2006．美国《21世纪外语学习标准》评析：兼谈《全美中小学中文学习目标》的作用与影响［J］．世界汉语教学（1）．

罗宇，付绍静，李暾，2015．从BOPPPS教学模型看课堂教学改革［J］．计算机教育（6）．

马尔丹，1992．电影语言［M］．何振淦，译．北京：中国电影出版社．

马箭飞，2004．汉语教学的模式化研究初论［J］．语言教学与研究（1）．

马琴，2009．英文电影对大学生跨文化交际能力培养的促进作用［J］．电影文学（5）.

马弦，2016. "头发""精灵"与"情人"：论《夺发记》的诗性语言及教诲意义［J］. 外国文学研究（3）.

马新钦，2019. 华文水平测试文化分级大纲研制的理念与程序［J］. 华文教学与研究（3）.

孟繁冶，2002. 从《中国服饰史稿》谈起［J］. 中州学刊（6）.

宁皖平，2010. 从颜色字构形看中国传统文化［J］. 广西民族大学学报（哲学社会科学版）（5）.

蒲瑶，张文涛，彭惠，2013. 在华留学生的跨文化适应问题调查及建议：以西北工业大学为个案［J］. 西北工业大学学报（社会科学版）（1）.

亓海峰，2015. 面向汉语国际教育的案例教学［J］. 国际汉语教育研究（0）.

钱焕琦，蒋灵慧，2015. 教师个体人格与职业人格的冲突与调适［J］. 教育伦理研究（0）.

钱穆，1994. 中国文化史导论（修订本）［M］. 北京：商务印书馆.

秦德清，2004. 中韩服饰文化比较［J］. 武汉科技学院学报（6）.

秦秋，2016. 中美教育中的创造性比较及其启示［J］. 江苏社会科学（5）.

曲明鑫，2017. 浅析《驴得水》中的女性形象［J］. 电影文学（20）.

赛佛林，坦卡德，2006. 传播理论：起源、方法与运用［M］. 郭镇之，主译. 5版. 北京：中国传媒大学出版社.

上海艾瑞市场咨询有限公司，2018. 中国婚恋幸福力指数研究报告2018年［C］//艾瑞咨询系列研究报告（2018年第11期）. 上海艾瑞市场咨询有限公司：52.

申莉，刘东青，2011. 浅谈汉语国际教育教师的专业发展［J］. 山西师范大学学报（社会科学版）（S2）.

盛炎，1989. 评狄佛朗西斯的汉语教材［J］. 世界汉语教学（2）.

施家炜，2016. 汉语国际教育专业人才培养的现状、问题和发展方向［J］. 国际汉语教育（中英文）（1）.

施拉姆，波特，2010. 传播学概论［M］. 何道宽，译. 2版. 北京：中国人民大学出版社.

石海清，2011. 中西近现代服饰文化比较研究［D］. 延边：延边大学.

史静寰，2000. 现代西方女性主义的教育理论与实践［J］. 山西师范大学学报（社会科学版）（3）.

史静寰，2004. 走进教材与教学的性别世界［M］. 北京：教育科学出版社.

斯蒂尔，林奇，谭金可，2014. 中国人对幸福的追求：中国经济社会转型中的个人主义、集体主义和主观幸福感［J］. 国外理论动态（5）.

宋苏晨，2004. 电影跨文化的分层解读［J］. 电影艺术（6）.

孙方媛，2019. 秘鲁孔子学院汉语学习者对中国文化的需求分析［D］. 上海：上海外国语大学.

孙乐芩，冯江平，林莉，等，2009. 在华外国留学生的文化适应现状调查及建议［J］. 语言教学与研究（1）.

孙英春，2008. 跨文化传播学导论［M］. 北京：北京大学出版社.

谭亚莉，2000. 教师的惩罚对学生行为模式的影响及教育对策［J］. 上海教育科研（6）.

唐黎标，2018. 中国茶文化与西方咖啡文化的对比［J］. 烹调知识（9）.

田友谊，2011. 试论中国教育传统对创造性人才成长的影响［J］. 高教发展与评估（1）.

汪洋，2017. 日本茶道与中国茶文化比较研究［J］. 福建茶叶（5）.

王飙，2009. 中国大陆汉语国际教育视听教材评述与展望［J］. 世界汉语教学，23（2）.

王彬，2010. 汉语国际教育教材人物角色设计问题探析：以五套初级汉语综合教材为例［D］. 上海：复旦大学.

王汉卫，2009. 论汉语国际教育教材生词释义模式［J］. 语言文字应用（1）.

王丽萍，李燕，2001. 个体利益：当代中国婚姻的基础［J］. 山东大学学报（哲学社会科学版）（3）.

王涛，2009. 二战后的国际教育：教育国际化的发展与未来［J］. 外国教育研究（1）.

王学松，2021. "文化三角形"的方法论意义［J］. 云南师范大学学报（汉语国际教育与研究版）（3）.

王雪，2008. 适度教育惩罚研究［D］. 长春：东北师范大学.

王一川，2015. 当今中国故事及其文化软实力［J］. 创作与评论（24）.

王悦欣，2017. 中文影视资源及在汉语国际教育中的应用［J］. 河北大学学报（哲学社会科学版）（3）.

王紫薇，涂平，2015. 寂寞让人如此美丽：社会排斥对女性外表消费的促进作用［J］. 营销科学学报，11（3）.

文秋芳，2016. 在英语通用语背景下重新认识语言与文化的关系［J］. 外语教学理论与实践（2）：1－7.

温晓虹, 2013. 汉语为外语的学习情感态度、动机研究 [J]. 世界汉语教学, 27 (1): 73-85.

吴方敏, 陈颖, 2012. 汉语国际教育专业硕士实习问题的调查与思考 [J]. 云南师范大学学报 (汉语国际教育与研究版) (2).

吴思娜, 2013. 外国留学生听力课堂活动与教材需求分析 [J]. 汉语学习 (1).

吴晓玲, 2006. 中国与韩国传统服饰文化比较分析 [J]. 当代韩国 (4).

伍德, 2009. 生活中的传播 [M]. 董璐, 译. 4版. 北京: 北京大学出版社.

伍俊霞, 2016. 汉语国际教育初级教材虚拟人物研究 [D]. 长沙: 湖南师范大学.

徐岱, 2010. 小说叙事学 [M]. 北京: 商务印书馆.

徐莉, 2005. 发式文化的性别标识现象研究 [J]. 江南大学学报 (人文社会科学版) (6).

许娜, 高巍, 郭庆, 2020. 新课改20年课堂教学评价研究的逻辑演进 [J]. 教育研究与实验 (6).

薛明, 余明阳, 2012. 人际传播学 [M]. 上海: 上海人民出版社.

薛媛, 2014. 外国留学生对中国文化关注情况分析 [D]. 保定: 河北大学.

颜湘茹, 2018. 汉语国际教育口语教材人物设计分析: 以《中级汉语口语2》第一、二单元为例 [J]. 海南师范大学学报 (社会科学版), 31 (3).

颜湘茹, 付绎擎, 2013. MTCSOL课程设置与教学实习情况调查分析: 以中山大学国际汉语学院为例 [J]. 海外华文教育 (3).

颜湘茹, 2012. 汉语国际教育硕士"中华文化与传播"课程研究: 以中山大学国际汉语学院为例 [J]. 长沙理工大学学报 (社会科学版) (6).

颜湘茹, 廖晶琰, 2015. 汉语课堂管理中奖惩案例分析: 以广州美国人国际学校小学部为例 [J]. 海外华文教育 (3).

颜湘茹, 颜铌婷, 2019. 来华本科留学生对汉语教师形象要求探析: 基于问卷调查结果的对比分析 [J]. 海外华文教育 (6).

杨慧, 2013. 新世纪女性行业结构与性别隔离: 基于对第三期中国妇女社会地位调查数据分析 [C]//中国社会学会性别社会学专业委员会, 浙江省社会科学院妇女与家庭研究中心, 浙江省社会科学院旅游休闲研究中心. 2013年中国社会学年会"性别发展与美丽中国建设"论坛论文集: 10.

杨寄洲, 2003. 编写初级汉语教材的几个问题 [J]. 语言教学与研究 (4).

杨柳, 2009. 头发的编码: 中国当代电影的头发叙事 [J]. 电影评介 (6).

杨荣丽, 杨跃, 2009. 英语词汇学习策略的性别差异性探析 [J]. 复旦外国语言文学论丛（1）．

杨毅，2010．以《看电影 学汉语》为主要研究对象的影视视听说教材研究［D］．西安：陕西师范大学．

杨增成，2019．系统功能语言学视角下的图文关系研究述评［J］．中国外语（2）．

姚本先，汪祚军，2009．新时期高校教师形象探析：大学生心目中最受欢迎的教师调查［J］．高校教管理（5）．

叶琴，缪子春，2007．论教育惩罚的有效实施［J］．教书育人（3）．

叶婷婷，2016．中西文化比较之英美咖啡文化与中国茶文化［J］．福建茶叶（12）．

伊理，2011．汉语国际教育的内涵解析［J］．云南师范大学学报（汉语国际教育与研究版）（4）．

易娜伊，2014．社会文化理论视角下汉语国际教育硕士课程实施的个案研究［D］．长春：东北师范大学．

尹波，2017．影视文学作品中的中西方茶与咖啡文化研究［J］．福建茶叶（5）．

尹南南，2016．试论好教师培养的实施策略［J］．现代基础教育研究（6）．

于晶，2012．论教师良好的外表形象在师生关系建立中的作用［J］．教育科学（4）．

于康平，2010．教育过程公平的性别维度［J］．教育学术月刊（8）．

于屏方，杜家利，2020．汉语国际教育专业硕士培养中的问题及其对策分析［J］．文化创新比较研究（22）．

袁宣萍，2010．仿造中国：欧洲曾经的中国风［J］．装饰（2）．

张宝岭，2015．"男"柯一梦：《夏洛特烦恼》的女性主义解读［J］．青年文学家（36）．

张栋，2012．我国初中教师惩戒教育的实施研究［D］．重庆：西南大学．

张健，2010．中山装对当代新国服建设的历史启示［J］．东华大学学报（社会科学版）（3）．

张静，2018．案例分析的目标：从故事到知识［J］．中国社会科学（8）．

张婧磊，2016．从《夏洛特烦恼》看当下喜剧电影的特质［J］．电影文学（17）．

张玲，2003．加德纳多元智能理论对教育的意义到底何在？［J］．华东师范大学学报（教育科学版）（1）．

张宁钢，2015．浅谈电影服装设计中的汉服文化［J］．电影评介（8）．

张宁志,2000.汉语教材语料难度的定量分析[J].世界汉语教学(3).

张瑞坤,2018.中文影视作品在中高级汉语国际教育中的实践应用[J].文化创新比较研究(31).

张蔚,徐子亮,2016.基于扎根理论的汉语国际教育新手教师教学焦虑研究[J].华文教学与研究(2).

张燕燕,2019.中日韩文化资源的异与同[J].人民论坛(30).

张英,2004.汉语国际教育文化教材研究:兼论汉语国际教育文化教学等级大纲建设[J].汉语学习(1).

张英,2006.汉语国际教育文化因素与文化知识教学研究[J].汉语学习(6).

张英,2009.汉语国际教育文化大纲基础研究[J].汉语学习(5).

张子扬,李语然,2017.热喜剧,冷思考:全媒体环境下喜剧热潮的冷静思考[J].当代电视(7).

赵恩光,许海燕,刘莉,等,2019.茶、咖啡与动脉粥样硬化关联的研究进展[J].营养学报(4).

赵炜,2020.近三十年汉语国际教育文化大纲研究述评[J].华文教学与研究(2).

周冬梅,2006.论教育惩罚[D].长春:东北师范大学.

周立梅,2006.试论当代中国婚姻家庭伦理关系的新变化[J].青海师范大学学报(哲学社会科学版)(5).

周文霞,孙健敏,2010.中国情境下职业成功观的内容与结构[J].中国人民大学学报(3).

周小兵,罗宇,张丽,2010.基于中外对比的汉语文化教材系统考察[J].语言教学与研究(5).

周小兵,谢爽,徐霄鹰,2019.基于国际汉语教材语料库的中华文化项目表开发[J].华文教学与研究(1).

周芸,杨恬,2008.汉语教学的新变化、新问题、新任务、新意识:汉语国际教育学术研讨会综述[J].云南师范大学学报(汉语国际教育与研究版)(3).

朱炳祥,2000."文化叠合"与"文化还原"[J].广西民族学院学报(哲学社会科学版)(6).

朱德全,2000.试论教师形象设计的多维性[J].高等师范教育研究(11).

朱利安,2017.迂回与进入[M].杜小真,译.北京:商务印书馆.

朱勇,2019.基于学生日志的国际汉语教学案例分析课反思[J].语言教学与研究（1）.

朱勇，张舒，2018. 国际汉语教材中国人物形象自塑研究［J］. 华文教学与研究（3）.

LORBER J, 1993. Paradoxes of Gender［M］. New Haven：Yale University Press.

后　　记

　　要出版这部教材的想法，很早就在心中萌芽了，但真正开花结果，却是在 2021 年 8 月底。

　　本教材的原型是模糊、稚拙的，正如刚刚成为汉硕生中华文化与传播课程授课教师的我。那时自然是没有教材的，不过刚开始上课时，学生们都很和气，我也很和气。他们和气大概是觉得老师态度真的很好。我和气则是因为心底发虚，所以除了以诚感人、谦虚谨慎，似乎也别无他法。

　　慢慢摸索着、思考着也实践着，课程分为三大板块的结构在十年前逐渐定型。接下来的十年里每次上完一学期的课，我都会用各种形式收集这届汉硕生的课程反馈，在课上问，在课下问，邮件里问，卷面上问。后来有微信了，又在微信里问。而学生们在纸质问卷上、在电子问卷里的认真作答，给了我诸多灵感。所以每次面对新一级汉硕生，我都会笑着说，这门课成型的结构里，有你们师兄师姐的智慧闪光。

　　而这门课我能坚持下来，还要感谢周小兵老师。2007 年，我开始承担中华文化与传播课教学工作。一学期之后，我心生畏惧，想要一推了之，觉得自己何德何能给汉硕生开设一门中华文化的相关课程。毕竟，文化的海洋波澜浩瀚，潜藏其下的冰山体量无限，甚至每一支冰凌都闪着神秘的光。我能在这门课里讲什么呢？时任副院长的周老师收到我的邮件后回复说，可以理解，但请务必坚持下去，因为只有坚持下去才有可能与课程共成长，而这也是每一位教师的必经之路。

　　于是我硬着头皮尝试与课程共成长，除了听取学生的反馈，向同行请教，也去参加了一次又一次培训，去听每一个可能有启发的讲座，参加每一次可能相关的学术会议，台上所有的专家在我眼里都是无差别的发光"工具人"，我只想知道，他们能给我怎样的启发之光。

　　终于，我不仅有了课程三大板块的结构，也通过数篇论文细化了许多具体内容。在上课时，我一如当初的和气，不过此时的和气不再是心虚，而是经过了思考和沉淀之后的一点从容。我隐约觉得这叠合的三大板块恰好对应了汉硕生复合型的培养要求，于是渴望将课程的结构和内容固定下来形成教材，给那些在课堂上始终热切地、信任地望着我的汉硕生们，那样我们师生相对，将不再徒有两团和气。

　　这部教材的缘起是因为课程，而它的终于成型则依靠广东省研究生创新项目的经费支持。可以说，因和果里都有我对文化教学的不断探求。作为教师，其实我不知道自己曾经教过的汉硕生中有几人最终成了汉语国际教育教师，但我知道其中不少人成为教师。都是为人师，都处于"传播"之中，信息的流动始终相伴相随，所以我衷心希望这部教材能给汉硕生一点信息流动过程里的光，这缕光或许关涉文化教学的"道"与"器"。

　　中国传统向来重视虚实相生，气韵生动，所以虽然本教材希望建构的是属于汉硕生即准汉语教师能力范畴中的"道"——如何传输文化信息。但最终呈现在纸面上的，仍然像是一些与文化教学相关的三大板块构成的教学之"器"，比如文化课教学流程，比如应对留学生的花样提问。但我仍然抱着真挚希望，愿有心人可以通过这部重视"道"的文化教学"器"论，给准汉语教师、准教师建构起自己的教学之器带来一些启发。更希望各位准汉语教师、准教师，最终通过实践和思考，在个人的教学之器里逐渐充盈自己悟来的"道"。

　　毕竟将来的道，属于青年。汉语教学也一样。

　　衷心祝愿世界康宁，祖国繁荣昌盛，汉语教学事业蒸蒸日上。

颜湘茹
2021 年 8 月于广州

鸣 谢

在本教材成书过程中,中山大学出版社的王旭红女士助我良多,此外,还有许多人给予了我各种帮助,谨以此表衷心感谢!

鸣 谢 表

编/章	鸣谢人员
协助全书校对等工作	范嘉伟　吴其玲
第一编第一至六章案例	中山大学中文系2020级汉语国际教育硕士
第二编第八章	周冰冰
第二编第九章	施舒媛
第二编第十一章	吴英畏
第二编第十二章	梁璐　谢思宇
第三编第十五章	邓淑兰　范嘉伟　贾思钰　刘依铭　王江南　吴其玲等
第三编第十六章	付绎擎
第三编第十七章	廖晶琰
第三编第十八章	颜铌婷
第三编第十九章	郭茂欣
第三编第二十章	中山大学中文系2019级汉语国际教育硕士中华文化与传播课第二小组